HOE HOORT HET EIGENLIJK... IN NEDERLAND?

HOE HOORT HET EIGENLIJK... IN NEDERLAND?

KELLY SNEL & JANKE VAN DER ZAAG

Becht · Haarlem

Kijk voor meer informatie over de boeken van Uitgeverij Becht op **www.becht-boeken.nl**

Becht Lifestyle, 10e druk 2012

Uitgeverij J.H. Gottmer / H.J.W. Becht BV is onderdeel van de Gottmer Uitgevers Groep BV

Illustraties: Scarpa, Jan Schoen
Omslagontwerp: Volken Beck
Vormgeving binnenwerk: Jan Brands Bureau voor Grafische Vormgeving, 's-Hertogenbosch
Druk en afwerking: HooibergHaasbeek, Meppel

ISBN 978 90 230 1181 1
NUR 694, 757

INHOUD

VOORWOORD

Dit boek hebben wij geschreven voor iedereen die voor kortere of langere tijd of voorgoed in dit land woont. Aan de hand van nuttige, algemene informatie over Nederland geven wij inzicht in onze manier van leven, in het omgaan met elkaar en beschrijven wij veelvoorkomende situaties. Het is de bedoeling dat dit boek een bijdrage levert tot het gevoel van thuis zijn in Nederland: je prettig te voelen in het land waarin je al dan niet tijdelijk woont en leeft.

We willen een indruk geven van het dagelijkse leven in Nederland. Natuurlijk is er niet één manier van leven in Nederland. Er zijn verschillen per regio en het platteland kent andere gewoonten dan de stad. Ook het milieu waarin men verkeert speelt een rol. Dat hangt vaak samen met afkomst, opleiding en geld. Hoewel deze vaststelling enigszins een taboe is in Nederland, hebben deze omstandigheden wel degelijk invloed op de manier van leven.

Naast een uitgebreide algemene beschrijving van Nederland, de Nederlandse geschiedenis en feesten en feestdagen, geeft het boek informatie over onderwerpen als gezondheidszorg, onderwijs, kinderopvang en openbaar vervoer.
Er wordt uitgebreid aandacht besteed aan bezigheden als eten en drinken, sport, spel en vrije tijd en, heel belangrijk, aan hoe je contact legt met je (nieuwe) landgenoten. Ook worden de dagelijkse omgang en ergernissen van Nederlanders beschreven.
Spreekwoorden en gezegden en uitspraken over Nederlanders geven tot slot een aardig beeld van de eigen taal en cultuur van de Nederlanders.

Dit boek is misschien wel in het bijzonder van belang voor ouders die kinderen of een kinderwens hebben. Wanneer kinderen kortere of langere tijd in Nederland wonen, voelen zij zich vaak sneller dan hun ouders thuis in de maatschappij van hun nieuwe woonland. Het feit dat zij hier naar school en wellicht ook naar sportclubs gaan en Nederlandse vriendjes of vriendinnetjes hebben, speelt hierbij een grote rol. In de praktijk blijkt dat kinderen hierdoor taal, gebruiken en gewoonten zo snel leren dat hun ouders hierin vaak achterblijven. Dit kan invloed hebben op de ouder-kindrelatie, omdat hierdoor het natuurlijke overwicht van ouders op hun kinderen wordt aangetast. Als kinderen de gids van hun ouders (moeten) zijn, in plaats van omgekeerd, kan dit ten koste gaan van het gezag van ouders over hun kinderen.

Het behoort tot de verantwoordelijkheid van de ouders om hun kinderen vertrouwd te maken met de taal, de cultuur en de normen en waarden van het (nieuwe) land waarin hun kinderen wonen en leven.

Het kan zijn dat wat we beschrijven niet meer altijd herkend wordt als de alledaagse Nederlandse praktijk. De oude ongeschreven regels van fatsoen worden tegenwoordig helaas niet meer door iedereen nageleefd. Vaak is de reden hiervoor dat men deze niet (meer) kent. Het is daarom niet verwonderlijk dat steeds vaker de vraag wordt opgeroepen hoe we op een aardige en respectvolle wijze met elkaar om kunnen gaan.

Je kunt pas volwaardig deel uitmaken van een maatschappij als je de taal spreekt, de gewoonten en gebruiken kent en inzicht hebt in de achtergrond en betekenis hiervan. Wij hopen dat dit boek hierbij een hulpmiddel zal zijn.

N
W
O
Z
SCHIER-
MONNIKOOG
ROTTUM
AMELAND
TERSCHELLING
VLIELAND
TEXEL
Waddenzee
Groningen
Groningen
Leeuwarden
Friesland
Assen
Drenthe
Den Helder
IJsselmeer
Noord-
Holland
Flevo-
land
Markermeer
Lelystad
Alkmaar
Noordzee
Zwolle
Amsterdam
Almere
Haarlem
Overijssel
Enschede
IJSSEL
Den Haag
Zuid-
Holland
Utrecht
Utrecht
Gelder-
land
Arnhem
Rotterdam
LEK
NEDER-RIJN
RIJN
WAAL
Noord-
Brabant
Den Bosch
Breda
Tilburg
Eindhoven
Middel-
Burg
Vlissingen
Zee-
land
Venlo
MAAS
Limburg
Maastricht

NEDERLAND ALGEMEEN

HERINNERING AAN HOLLAND

Denkend aan Holland
zie ik breede rivieren
traag door oneindig
laagland gaan,
rijen ondenkbaar
ijle populieren
als hooge pluimen
aan den einder staan;
en in de geweldige
ruimte verzonken
de boerderijen
verspreid door het land,
boomgroepen, dorpen,
geknotte torens,
kerken en olmen
in een grootsch verband.
de lucht hangt er laag
en de zon wordt er langzaam
in grijze veelkleurige
dampen gesmoord,
en in alle gewesten
wordt de stem van het water
met zijn eeuwige rampen
gevreesd en gehoord.

Hendrik Marsman, uit: *Verzamelde gedichten* (1941)

NEDERLAND KORT

Nederland is een middelgroot tot klein land in West-Europa. De precieze geografische ligging wordt in graden aangeduid als: 53°33'22''N.B., 50°45'4''N.B, 3°21'30"O.L., 7°13'42"O.L. Nederland grenst in het oosten aan Duitsland, in het zuiden aan België en in het westen en noorden aan de Noordzee. Het heeft een oppervlakte van 41.528 km^2, waarvan 33.784 km^2 land en 7744 km^2 water. Ruim 25 procent ligt onder zeeniveau. Dit deel zou in elk geval onder water lopen als er geen duinen en dijken zouden zijn. Nederland heeft ruim 16 miljoen inwoners. Op elke vierkante kilometer wonen zo'n 480 mensen. Het is hiermee het op één na dichtstbevolkte land van Europa en het op twee na dichtstbevolkte land van de wereld. De grootste drie steden liggen in het westen van Nederland. Dat

zijn Amsterdam (zo'n 740.000 inwoners), Rotterdam (ongeveer 600.000 inwoners) en Den Haag (circa 470.000 inwoners). Amsterdam is de hoofdstad, Den Haag is de regeringsstad en Rotterdam is de havenstad. Het hoogste punt van Nederland ligt 323 meter boven NAP en ligt in Zuid-Limburg in de gemeente Vaals bij de grens met België en Duitsland. Het laagste punt van Nederland ligt op -6,74 meter beneden NAP in de gemeente Nieuwerkerk aan de IJssel. Het middelpunt van Nederland ligt in de buurt van het dorp Lunteren in Gelderland.
De ruimtelijke indeling van Nederland in percentages is ongeveer als volgt: bebouwd woongebied 5,32; bedrijfsterrein 1,59; overig bebouwd 1,92; recreatiegebieden 2,14; landbouw 55,66; glastuinbouw 0,36; bos 8,43; natuur (droog terrein) 2,01; natuur (nat terrein) 1,20; binnenwater 8,61; buitenwater (waaronder Waddenzee, Oosterschelde en Westerschelde) 10,04; verkeer 2,72; waaronder spoor 0,21 en hoofdwegen 2,45.
Nederland heeft twaalf provincies die elk een eigen provinciehoofdstad hebben. Dit zijn: Groningen (Groningen), Friesland (Leeuwarden), Drenthe (Assen), Overijssel (Zwolle), Gelderland (Arnhem), Utrecht (Utrecht), Noord-Holland (Haarlem), Zuid-Holland (Den Haag), Zeeland (Middelburg), Noord-Brabant ('s-Hertogenbosch), Limburg (Maastricht) en Flevoland (Lelystad). Nederland telt op 1 januari 2008 443 gemeenten.

Nederland is de grootste exporteur van zuivelproducten, pluimvee en bloemen en staat op de tweede plaats met landbouwproducten. Op de wereldranglijsten van exporteurs en investeerders staat Nederland op de achtste plaats. De haven van Rotterdam is een van de grootste overslaghavens (in tonnages) van de wereld. Op de bloemenveiling van Aalsmeer wordt jaarlijks zo'n 80 procent van de wereldproductie in bloemen geveild.

VOLKSAARD

Nederland is een liberaal land. 'Leef en laat leven' is een van oudsher veelgehoorde uitspraak. De laatste tientallen jaren werden nergens de banden met godsdienst en daarmee samenhangende moraal zo snel en grondig verbroken als in Nederland. De zestien miljoen inwoners zijn tegenwoordig individualisten die zich niet zomaar zonder argumenten laten overtuigen. Ze zijn ook in andere opzichten liberaal. In de inburgeringsfilm voor toekomstige (potentiële) immigranten werd benadrukt dat Nederlanders bijzonder veel waarde hechten aan topless zonnebaden. Pas nadat de vertoning van de film in de minder moderne geboortelanden van veel toekomstige immigranten problemen gaf is de inhoud

aangepast. Uit de Europese Values Survey blijkt verder dat slechts 6,4 procent van de Nederlanders bezwaar maakt tegen een homo als buurman. In de meeste Europese landen ligt dit percentage veel hoger, in Italië op 28,7 en in Engeland op 24,3.
Het nationalistische gevoel is in Nederland nooit zo sterk ontwikkeld geweest. Nog geen 20 procent van de Nederlanders zegt 'zeer trots' te zijn op zijn eigen land. Nederland scoort daarmee het laagst van alle Europese landen. Wel blijkt de meerderheid van de Nederlanders het zogenoemde 'oranjegevoel', een gevoel van nationale trots dat vooral verbonden is met sportprestaties, te kennen. Het begrip 'nationale trots' wekt in bepaalde kringen in Nederland daarentegen vaak irritatie op. Maar er wordt ook gezegd dat Nederland een sterk en vanzelfsprekend nationaal gevoel heeft. Juist omdat dit zo vanzelfsprekend zou zijn hoeft dit niet voortdurend te worden uitgedragen. Nederlanders hebben misschien wel een verborgen moreel superioriteitsgevoel. 'Ze zijn niet trots, ze zijn gewoon beter.'

Volgens een onderzoek van de Europese Commissie behoren Nederlanders tot de gelukkigste inwoners van de Europese Unie: 83 procent van de Nederlanders voelt zich meestal gelukkig. Uit een onderzoek van de Nederlandse Universiteit van Tilburg naar meningen en gevoelens van Europeanen blijkt dat Nederlanders tolerant zijn, en kinderen niet zo belangrijk vinden voor een zinvol leven.

DE NEDERLANDSE TAAL

De Nederlandse taal is de zesde taal van Europa en moedertaal van ongeveer 22 miljoen mensen. De Nederlands sprekende Vlamingen in België zijn daarbij gerekend. In het noordwesten van Frankrijk spreken zo'n zestigduizend mensen een Nederlands dialect. Op de Nederlandse Antillen en Aruba en in de voormalige Nederlandse kolonie Suriname wordt het Nederlands dikwijls door de overheid en in het onderwijs gebruikt. Vanwege de historische banden spreken ook in Indonesië veel juristen en historici Nederlands. Het Afrikaans, dat in Zuid-Afrika gesproken wordt, is verwant aan het Nederlands, maar wordt beschouwd als een eigen taal. Ook op andere talen heeft de Nederlandse taal invloed gehad, vooral op woorden en uitdrukkingen op het gebied van scheepvaart, waterwerken en landbouw. De Nederlandse taal wordt op ongeveer 250 universiteiten over de hele wereld gedoceerd. In Franstalig België, Noord-Frankrijk en in Duitsland kiezen veel scholieren het Nederlands als tweede taal. Nederland en Vlaanderen hebben in 1980 de Nederlandse Taalunie opgericht, een organisatie die zich

wereldwijd voor het Nederlands inzet en regels opstelt voor spelling en spraakkunst.
In de provincie Friesland wordt nog een tweede taal gesproken: het Fries. Deze officiële minderheidstaal is de moedertaal van ongeveer vierhonderdduizend Friezen. Zij heeft overeenkomsten met onder meer het Engels en de Scandinavische talen. Het Nederlands geldt in het gehele land als basistaal in het onderwijs, dus ook in de provincie Friesland.

WATER, POLDERS EN DIJKEN

Er is een bekend gezegde dat luidt: "God schiep de wereld en de Nederlanders schiepen Nederland." Op oude landkaarten is te zien dat het westen van Nederland in de Middeleeuwen voor meer dan de helft uit water bestond; door het droogmalen van stukken grond (inpoldering) is er veel land gewonnen. Ongeveer 60 procent van Nederland bestaat uit polders. Dit zijn door dijken omgeven gebieden waarbinnen de waterstand kunstmatig op peil wordt gehouden. De provincies Noord- en Zuid-Holland, Zeeland, Flevoland en delen van Groningen, Friesland, Brabant, en Utrecht bestonden in de eerste helft van de Middeleeuwen uit water of ontoegankelijk moerasgebied. Vanaf de negende eeuw begonnen boeren die op zoek waren naar vruchtbare grond met het graven

van sloten om het water te laten weglopen zodat ze er landbouwgrond aan konden leggen. In de zestiende eeuw werd het technisch mogelijk om met behulp van poldermolens grote meren in één keer droog te malen. Dit was het begin van de droogmakerijen. De eerste grote en beroemdste polder is de Beemster (drooglegging: 1608–1612). De Beemsterpolder staat vermeld op de werelderfgoedlijst van de Unesco. Nederland telt ruim drieduizend polders. Er wordt meestal gesproken over drie soorten polders: drooggemalen meren, aangeslibde stukken zee waar een dijk omheen is gelegd en drooggelegde laagveenmoerassen. De diepte van de polders wordt aangegeven met Nieuw Amsterdams Peil (NAP). Hiermee werd vroeger de gemiddelde stand van het water van het Amsterdamse IJ bij vloed aangegeven en tegenwoordig het gemiddelde vloedpeil van de Noordzee. Het laagste punt van Nederland en Europa ligt 6,74 meter onder NAP. Dit betekent dat hier zonder dijken bijna zeven meter water zou staan.
De bodem in het westen van Nederland is de laatste honderd jaar vijf centimeter gedaald. De zeespiegel is de laatste eeuw vijftien centimeter gestegen, zodat Nederland relatief steeds lager komt te liggen. Met behulp van dijken en droogmalen wordt voorkomen dat het land onderloopt. Nederland heeft 17.500 kilometer dijken. Per jaar wordt 2,3 miljard liter water uit de polders weggemalen.

DE NEDERLANDSE BODEM

De vier meest voorkomende grondsoorten in de Nederlandse bodem zijn klei, zand, veen en löss. Klei bleef achter na overstromingen van de zee of rivieren. Er wordt daarom ook wel onderscheid gemaakt tussen zee- en rivierklei. Zeeklei ligt in een brede strook in de kustgebieden van Groningen en Friesland, in de kop van Noord-Holland, op de Zuid-Hollandse en Zeeuwse eilanden en in de IJsselmeerpolders. Rivierklei komt voor langs de grote rivieren. Omdat klei bestaat uit heel kleine korreltjes is de dichtheid heel groot, waardoor het water er moeilijk in weg kan zakken. Pure klei is hierdoor niet geschikt als landbouwgrond. In de praktijk is klei altijd gemengd met zand en bestaat de kleigrond op de akkers zelfs voor meer dan de helft uit zand.

Het zand is in Nederland letterlijk komen aanwaaien. Tijdens de laatste ijstijd kwam de Noordzee droog te staan. Met de noordwesterstormen werd het Noordzeezand naar Nederland geblazen. Op veel plaatsen in Drenthe, op de Veluwe en in Brabant ligt het zand aan de oppervlakte. Zand bestaat uit vrij grove korrels waardoor water er gemakkelijker in wegzakt. Daardoor zijn hoge zandgronden droog en verdrogen planten hier snel. Zandgronden zijn hierdoor, en doordat ze weinig voedingsstoffen voor planten bevatten, niet zo vruchtbaar. Om zandgronden geschikt te maken voor landbouw moet er mest toegevoegd worden.

Veengronden liggen in de vroegere moerassen in het gebied van de duinen tot de Utrechtse heuvelrug. Ze liggen ook in de hogere delen van Nederland, zoals in Drenthe en Noord-Brabant. Veen is een grondsoort die bestaat uit samengeperste plantenresten. Dode planten hebben moerassen opgevuld met een laag halfverrotte resten. Na verloop van tijd ontstond hieruit veen. Het is een drassige grondsoort die alleen als landbouwgrond kan worden gebruikt als het grondwaterpeil wordt verlaagd. Maar als veen te veel uitdroogt, neemt het geen water meer op. Vroeger werd veen afgegraven en gedroogd tot turf. De turf werd gebruikt voor het bouwen van de zogenoemde plaggenhutten en als brandstof voor de kachel.

De grondsoort löss komt in Nederland alleen in Zuid-Limburg voor. Löss werd net als zand gedurende tienduizenden jaren door de wind meegevoerd uit de droge Noordzee. Het is lichter dan zand, waardoor het verder het land in werd geblazen en pas in Zuid-Limburg neerkwam. Löss is vruchtbare landbouwgrond. De dichtheid van löss ligt tussen klei en zand in, zodat de grond het regenwater goed vasthoudt. De voedingsstoffen spoelen hierdoor niet weg en de grond droogt niet snel uit.

NATUURLIJKE GRONDSTOFFEN

De Nederlandse bodem bevat zand, klei, grind, mergel en kalk. In diepere grondlagen zitten zout, aardolie, aardgas en steenkool. De bodem bij het Overijsselse Hengelo bevat zout. Men haalt dit uit de bodem door water omlaag te spuiten en de combinatie van zout, grond en water (pekel) op te pompen. In Zuid-Limburg werd steenkool gewonnen. De vondst van aardgas en de lage prijs van buitenlandse steenkool waren in de jaren zeventig de reden om de mijnen te sluiten. Er is in de Limburgse grond nog zo'n duizend miljard ton steenkool aanwezig, maar daarvan is slechts 4 procent winbaar met de gebruikelijke methoden. Nederland heeft aardolievelden in Schoonebeek in de provincie Drenthe, in West-Nederland en in zee (op het continentale plat). In 1959 werd het aardgasveld bij Slochteren ontdekt en vanaf 1967 geëxploiteerd. De gasbel bij Slochteren is zo groot dat veel van het aardgas naar andere West-Europese landen wordt geëxporteerd. Nederland behoort tot de grootste aardgasproducenten van West-Europa.

DE MOOISTE NEDERLANDSE LANDSCHAPPEN

Nederland kent vele honderden mooie en bijzondere natuurgebieden. De Stichting Natuur en Milieu heeft de mooiste honderd Nederlandse landschappen onderzocht en beoordeeld. In navolging van de beoordeling van hotels en restaurants werden sterren toegekend aan natuurschoon. Er werden aan deze gebieden punten toegekend voor onder meer cultuurhistorie, beleving en hoe uniek het gebied is (uniciteit). Ook is gekeken naar de spreiding over Nederland en de vertegenwoordiging van de verschillende landschapstypen. De mooiste vijftig landschappen hebben één tot vijf sterren gekregen.
De mooiste natuurgebieden in Nederland zijn volgens de beoordeling van de Stichting Natuur en Milieu:
- het waddeneiland Schiermonnikoog;
- het Friese Gaasterland;
- het rivierdal van de Drentse Aa;
- het Drentse natuurgebied Dwingelderveld;
- het natuurgebied de Weerribben in Overijssel;
- het gebied Woold en Vaart in Gelderland;
- natuurpark de Hoge Veluwe in Gelderland;
- het zuiden van het waddeneiland Texel;
- de Schoorlse duinen in Noord-Holland;
- het Geul- en Gulpdal, een rivierdal in Zuid-Limburg.

DE NEDERLANDSE ECONOMIE

Algemeen

De Nederlandse economie is een zogenoemde vrijemarkteconomie waarin de overheid zo nodig door middel van wet- en regelgeving kan ingrijpen. Dit wordt ook wel een geleide economie genoemd. Er is een regelmatig overleg tussen de overheid, het bedrijfsleven en de vakbonden. Dit wordt het poldermodel genoemd.

Land- en tuinbouw, veeteelt en visserij

Zo'n twee derde van het Nederlandse landoppervlak bestaat uit grasland en akkers. Er zijn in Nederland ruim tachtigduizend land- en tuinbouwbedrijven. Hoewel het aantal bedrijven de afgelopen vijfentwintig jaar verminderde, werden deze wel steeds groter. Door de trek van mensen van het platteland naar de steden is er meer behoefte aan groene recreatiegebieden. Daardoor vermindert het oppervlak dat als landbouwgrond en grasland voor veeteelt gebruikt kan worden. Dit is vooral in het westen van Nederland het geval. In het noorden van Nederland vindt een verschuiving van akkerbouw naar veeteelt plaats. Een belangrijk deel van de akkerbouw gebeurt op de zeekleigronden in het noorden en het zuidwesten van het land en in de IJsselmeerpolders. Belangrijke producten zijn aardappelen, tarwe, suikerbieten en vooral snijmaïs, dat gebruikt wordt als veevoer. De Nederlandse landbouwproducten, waaronder aardappelen, worden over de hele wereld geëxporteerd.

Nederland is de grootste exporteur van bloemen en bloembollen ter wereld. Andere belangrijke tuinbouwproducten zijn komkommers, tomaten, sla, champignons, fruit, paprika's en potplanten. Omdat het Nederlandse klimaat eigenlijk niet geschikt is voor met name tropische bloemen en planten worden deze gekweekt in glazen gebouwen, de zogenoemde kassen. In de kassen wordt het door het zonlicht algauw warmer dan buiten en als het te koud wordt kunnen de kassen verwarmd worden. Behalve bloemen en planten worden ook veel groenten en fruit, bijvoorbeeld aardbeien, in kassen gekweekt. Ze zijn door de warmte sneller rijp en kunnen als het daarvoor buiten te koud is wel in de kassen groeien. De bloemen- en plantenteelt in kassen wordt glastuinbouw genoemd en is het belangrijkste onderdeel van de Nederlandse tuinbouw. De bloemen- en plantenkassen liggen vooral in de provincie Zuid-Holland (het Westland) en rondom het Noord-Hollandse Aalsmeer.

Nederland heeft veel intensieve veehouderij. Dit houdt in dat varkens, kippen (pluimvee), kalveren en andere dieren op een kleine oppervlakte worden gehouden. De dieren leven meestal niet buiten, maar staan dicht op elkaar in een stal. De verzorging van de dieren is op deze manier eenvoudiger en dus goedkoper. Vooral op zandgronden in Gelderland, Noord-Brabant en Limburg is veel intensieve veehouderij. In de provincies Friesland en Noord- en Zuid-Holland zijn nog veel weidegebieden waar vooral de koeien in de zomer gewoon buiten in de wei en alleen 's winters op stal staan. Nederland streeft ernaar om in 2020 de wensen en behoeften van de Nederlanders met betrekking tot dierenwelzijn en diergezondheid in te passen in de productie van vlees. Nederland heeft altijd bekendgestaan om zijn visserij. De belangrijkste vissershavens zijn: IJmuiden, Scheveningen, Texel en Urk. Er wordt in de Noordzee en bij Ierland en New Foundland onder meer gevist op haring en makreel, schol, kabeljauw, schelvis, wijting en garnalen. In Zeeland en op de Waddenzee kweekt men mosselen, oesters en kokkels. Doordat bepaalde vissoorten sterk teruglopen, stelt de Europese Unie sinds 1983 jaarlijks de hoeveelheid vis vast die per land gevangen mag worden (vangstquota). Ook wordt het aantal dagen waarop gevist mag worden wel eens beperkt. Deze vangstbeperkingen zijn van invloed op de grootte van de Nederlandse vissersvloot, die de laatste jaren steeds kleiner is geworden.

Handel, industrie en toerisme

Nederland is relatief klein, maar heeft een voor de handel gunstige ligging aan de monding van rivieren als de Rijn, de Maas en de Schelde. Dit zorgt samen met het goede wegen- en spoorwegnet voor uitstekende mogelijkheden voor vervoer over land en water naar het zogenoemde achterland, waaronder het Duitse Ruhrgebied. Nederland heeft zich hierdoor ontwikkeld als de toegangspoort van Europa. De belangrijkste Nederlandse exportproducten zijn voedingswaren, levende dieren, chemische producten, (elektrische) machines, bloemen en aardolieproducten.

Nederland werd een industrieland toen eind negentiende eeuw meer mensen in de industrie werkten dan in de landbouw. Het zuiden van Nederland had al eerder kleding-, textiel- en schoenenindustrie. De regio Twente was het centrum van de katoenindustrie, maar deze is hier door de opkomst van de lagelonenlanden zo goed als verdwenen. Veel Nederlandse industrie is verplaatst naar andere landen waar artikelen door de lagere loonkosten goedkoper gemaakt kunnen worden. De overige industrie bleef zich voornamelijk in het westen van het land ontwikkelen. De melkproducten (zuivelindustrie) en slachterijen (vleesindustrie) werden belangrijker en werden de nieuwe exportproducten. Tegenwoordig zijn de belangrijkste industrieën de chemische, de voedselverwerkende en de metaalverwerkende industrie.

Het toerisme levert Nederland jaarlijks vele tientallen miljarden euro's op. Amsterdam, maar ook steden als Rotterdam, Den Haag, Delft, Haarlem, Utrecht, Groningen en Maastricht worden door veel toeristen bezocht. Historische gebouwen, monumenten, musea, tradities en de vele evenementen zijn belangrijke toeristische trekkers. Nederland telt rond de duizend musea en heeft daarmee de grootste museumdichtheid ter wereld. Het Rijksmuseum in Amsterdam met *De Nachtwacht* van Rembrandt is het bekendste kunsthistorische museum. Nederland is het bloemenland bij uitstek, de bollenvelden in Noord- en Zuid-Holland en de Keukenhof zijn wereldberoemd.

Haven van Rotterdam

Rotterdam is de grootste haven van Europa en was zelfs lange tijd de grootste haven van de wereld. Nu is het de vierde haven van de wereld, na Shanghai, Ningbo en Singapore. De haven biedt werkgelegenheid aan ruim 300.000 mensen in Rotterdam en omgeving. Het haven- en industriegebied strekt zich uit over veertig kilometer, van het centrum van de stad tot aan de Noordzee. Belangrijke oorzaken van het succes van de Rotterdamse haven zijn de bereikbaarheid voor schepen met een grote diepgang en de goede verbindingen met het achterland over het water, de weg, het spoor en via pijpleidingen. Het grootste deel van de lading in de Rotterdamse haven bestaat traditioneel uit aardolie en aardolieproducten. Een belangrijk deel van de aangevoerde goederen wordt in de haven verwerkt zoals onder meer het geval is met de raffinage van olie en de productie van kunststoffen. De haven speelt ook een belangrijke rol in de export van producten naar Europese landen en naar bestemmingen als de Verenigde Staten en het Verre Oosten. Vooral de containeroverslag neemt in de aan- en afvoer van goederen in belang toe. De Rotterdamse haven wordt gezien als een belangrijke kurk waarop de Nederlandse economie drijft. De laatste jaren doen ook steeds meer enorme passagiersschepen de haven aan.

Luchthaven Schiphol

De luchthaven Schiphol levert een belangrijke bijdrage aan de Nederlandse economie. Zo'n 3,3 procent van wat we met z'n allen verdienen (Bruto Binnenlands Product) komt voor rekening van de luchtvaartactiviteiten op Schiphol. De nationale luchthaven heeft per jaar ruim 50 miljoen vertrekkende en aankomende passagiers. De op de luchthaven gevestigde bedrijven en hun toeleveranciers bieden werk aan ruim 170.000 werknemers.

In 1916 landde het eerste vliegtuigje op de plaats waar nu nog steeds de luchthaven Schiphol is gevestigd, op de bodem van een drooggemalen meer, vier meter onder de zeespiegel. In 1919 werd de Koninklijke Luchtvaartmaatschappij (KLM) opgericht. Een halfjaar later opent de KLM vanaf Schiphol haar eerste lijndienst, Amsterdam–Londen. Tegenwoordig heeft Schiphol wekelijks zo'n 4000 vluchten naar 269 bestemmingen. Schiphol bezet qua passagiersaantallen wereldwijd de twaalfde plaats en is de vierde luchthaven in Europa.

Bloemenveiling Aalsmeer

Met een vloeroppervlak van 999.000 m² is het veilinggebouw volgens het *Guinness Book of Records* het grootste handelsgebouw ter wereld. Het veilen van snijbloemen begon in Aalsmeer in 1912 in een café. Tegenwoordig worden er elke dag tijdens het veilingproces van 6.30 uur tot ongeveer 9.30 uur gemiddeld 19 miljoen bloemen en 2 miljoen planten geveild. Deze worden vervolgens binnen een paar uur geëxporteerd naar bijna alle landen ter wereld. De jaaromzet van de bloemenveiling bedraagt ruim 1,7 miljard euro. Onder het dak van de Aalsmeerse veiling, dus ook bij exporteurs, groothandelaren, banken, transportbedrijven en andere dienstverleners, werken in totaal zo'n 10.000 mensen. In piekperiodes, zoals rond Valentijns- en Moederdag, kan dat aantal oplopen tot 12.000 De bloemenveiling wordt per jaar bezocht door zo'n 125.000 toeristen.

BEVOLKINGSOPBOUW IN NEDERLAND

Er is de laatste jaren in Nederland sprake van een ongekend lage bevolkingsgroei. Het geboorteoverschot, het verschil tussen het geboortecijfer en het sterftecijfer, vormde in 2006 zelfs een voorlopig historisch dieptepunt. Sinds het begin van de metingen in 1900 was het geboorteoverschot niet meer zo laag geweest. De groei van de Nederlandse bevolking komt voornamelijk voor rekening van niet westerse allochtonen. Zij waren de laatste jaren verantwoordelijk voor ruim zestig procent van de bevolkingsgroei. In 1970 was nog maar iets meer dan één procent van de bevolking niet-westers allochtoon. Tegenwoordig telt Nederland volgens het Centraal Bureau voor de Statistiek ruim 1,9 miljoen niet-westerse allochtonen en 1,5 miljoen westerse allochtonen.

Volgens de verwachting van het Centraal Bureau voor de Statistiek zal het inwoneraantal van Nederland toenemen tot 17 miljoen rond 2035. Deze toename zal vooral veroorzaakt worden door mensen die vanuit andere landen in Nederland komen wonen (migratie). Nederland zal naar verwachting nog voor het jaar 2040 te maken krijgen met een afname van de bevolking. Door het aantal ouderen in Nederland zal het aantal sterfgevallen per jaar sterk toenemen. In 2030 zal naar verwachting het aantal sterfgevallen het aantal geboorten overtreffen. Van elke honderd inwoners zijn er nu drie ouder dan tachtig jaar. Naar schatting zullen in 2030 van elke honderd inwoners er acht ouder zijn dan tachtig jaar. Dit zijn in totaal zo'n 1,3 miljoen tachtigplussers.
Er zijn zo'n 2,5 miljoen alleenstaanden in Nederland en de verwachting is dat dit er over twintig jaar 3,7 miljoen zullen zijn. Dit komt doordat mensen steeds later trouwen en voor hun huwelijk meestal een aantal jaren alleen wonen. Na een echtscheiding duurt het een aantal jaren voor mensen een nieuwe partner hebben gevonden en veel mensen willen na een echtscheiding niet meer samenwonen. Omdat mensen steeds ouder worden, stijgt ook het aantal alleenstaande bejaarden dat na de dood van de partner zelfstandig blijft wonen.

Dalende trend in geboorten

In 1946, net na de Tweede Wereldoorlog, werden in Nederland 284.000 kinderen geboren. Ook in de jaren erna bleef het aantal geboorten erg hoog. Dit wordt wel de naoorlogse geboortegolf genoemd. Sinds het begin van de jaren zeventig neemt het aantal geboorten in Nederland snel af. Redenen hiervoor zijn onder meer het gebruik van de anticonceptiepil en het hogere opleidingsniveau van vrouwen, die vaker dan vroeger een betaalde baan hebben en het krijgen van kinderen steeds vaker uitstellen. Sinds 1975 is de gemiddelde leeftijd van de moeder bij de geboorte van het eerste kind gestegen van vijfentwintig tot rond de dertig jaar. Hiermee behoren Nederlandse moeders internationaal gezien tot de 'oudste' ter wereld. Het huidige lage aantal geboorten hangt ook samen met de afname van het aantal vrouwen van rond de dertig, de leeftijd waarop de meeste vrouwen in Nederland moeder worden. Door de sterke daling van het aantal kinderen dat in de jaren zeventig werd geboren, neemt het aantal vrouwen van rond de dertig in de komende jaren nog verder af. Hierdoor zal naar verwachting ook het aantal geboorten blijven dalen.

Aantal kinderen per gezin

In Nederland zijn voor jonge paren twee kinderen de wens en de norm. Rond 1950 had een Nederlandse vrouw gemiddeld drie kinderen. Dit aantal was destijds het hoogste van alle West-Europese landen. Na de komst van de anticonceptiepil in 1963 werd het makkelijker om het aantal kinderen te bepalen en daalde het aantal geboorten sterk. Het aantal kinderen ligt nu met gemiddeld 1,7 à 1,8 kind per vrouw bijna de helft lager dan vijftig jaar geleden. Dat het aantal kinderen lager ligt dan men op jongere leeftijd wenste kan te maken hebben met echtscheidingen, de hoge kosten van kinderen en de combinatie van werk met de zorg voor kinderen. Streng gelovigen hebben over het algemeen meer kinderen. Ook krijgen vooral niet-westerse allochtonen nog grote gezinnen. Bij Marokkaanse vrouwen ligt het gemiddelde aantal kinderen op ruim drie (dit was overigens twintig jaar geleden nog zes) en bij Turkse vrouwen op tweeënhalf.

Levensverwachting

De levensverwachting in Nederland behoort tot de hoogste ter wereld. Deze ligt voor vrouwen op bijna 82,8 jaar en voor mannen op 78,5 jaar. Nederland telt zo'n 1400 mensen die ouder zijn dan 100 jaar. Halverwege de vorige eeuw waren dat er nog maar 40. De levensverwachting voor mannen is sinds 1970 met ruim zes jaar en voor vrouwen met ruim vijf jaar gestegen. De daling van de sterfte aan hart- en vaatziekten is de belangrijkste reden van deze

stijging van de levensverwachting. Dit wordt mede veroorzaakt doordat steeds minder mensen roken in Nederland. Sinds 1950 is het percentage rokende mannen gedaald van 90 tot rond de 23. Bij vrouwen is dit na een eerdere stijging ook aan het dalen en ligt het nu rond 26 procent.
Hoewel de daling van hart- en vaatziekten een positieve invloed heeft op de levensverwachting van Nederlanders, wordt deze tegelijkertijd negatief beïnvloed door het toenemende overgewicht van Nederlanders. Dit overgewicht is de laatste tientallen jaren voortdurend gestegen en is de oorzaak van ziekten en kwalen die de levensduur kunnen bekorten.
Het sterftecijfer van allochtone Nederlanders ligt gelijk aan, of is zelfs lager dan dat van autochtone Nederlanders. Dit zou komen doordat de immigranten baat hebben bij de betere gezondheidszorg en minder snel de slechte westerse eetgewoonten overnemen.

STAATSVORM

Het Koninkrijk der Nederlanden is een constitutionele monarchie met een scheiding van kerk en staat. De vrijheid van godsdienst werd in 1848 in de Grondwet opgenomen (verankerd). De scheiding van kerk en staat betekent dat de overheid zich niet bemoeit met aangelegenheden van godsdienstige of levensbeschouwelijke organisaties. Van hun kant mengen deze organisaties zich niet in staatszaken. De positie van de koning is geregeld in de Grondwet. Deze duidt het Nederlandse staatshoofd aan als koning, ook als het, zoals nu, een vrouw is. De Koning is staatshoofd van Nederland en de Nederlandse Antillen. De regering van Nederland wordt gevormd door de koningin (Beatrix) en de ministers. De regering draagt de naam van de minister-president. Sinds 1848 staat in de Grondwet dat de koning onschendbaar is en dat de ministers verantwoordelijk zijn. De koning kan dan ook niet gedwongen worden af te treden naar aanleiding van een politieke handeling; een minister wel. De onschendbaarheid van de koning komt ook tot uiting in het zogenoemde contraseign. Dit betekent dat elke wet die door het parlement is aangenomen niet alleen door de koning, maar ook door een minister moet zijn ondertekend. De koning verleent zo zijn gezag aan de wet, maar de minister is verantwoordelijk.
De koning(in) vervult enerzijds werkzaamheden (taken) van staatkundige aard. Hij speelt bijvoorbeeld een belangrijke rol bij de formatie van een kabinet. Anderzijds heeft hij taken van ceremoniële aard, zoals het ontvangen van andere staatshoofden en buitenlandse ambassadeurs en het afleggen van staatsbezoeken. Op dit

moment is koningin Beatrix het staatshoofd van Nederland. Als zij door prins Willem-Alexander wordt opgevolgd heeft Nederland na meer dan honderd jaar weer een koning.

Parlement

Nederland kent drie bestuurslagen. De regering en het parlement vormen de eerste bestuurslaag. Verder kent Nederland provinciale en gemeentelijke overheden.

Het parlement bestaat uit twee kamers. De Tweede Kamer telt 150 gekozen vertegenwoordigers van verschillende politieke partijen. De hoofdtaken van de Tweede Kamer bestaan uit het maken van wetsvoorstellen en het controleren van de regering. De Tweede Kamer houdt zich vooral bezig met de dagelijkse politiek, roept ministers ter verantwoording, doet uitspraken over nieuw beleid en behandelt wetsvoorstellen. Gewoonlijk worden eens in de vier jaar verkiezingen voor de Tweede Kamer gehouden. De leden van de Tweede Kamer zijn fulltime beroepspolitici, dat wil zeggen dat zij zich de hele week als volksvertegenwoordigers met politiek bezighouden en daarvoor een vergoeding krijgen.

De Eerste Kamer (ook wel Senaat genoemd) telt 75 vertegenwoordigers die gekozen worden door de leden van de Provinciale Staten. Dit worden indirecte (getrapte) verkiezingen genoemd: elke vier jaar worden de leden van de Provinciale Staten gekozen en deze kiezen vervolgens binnen drie maanden de leden van de Eerste Kamer. De Eerste Kamer houdt zich vooral bezig met de wetgeving en het controleren van de regering. Zij kan formeel alleen wetten aannemen of verwerpen, maar geen wetten indienen of wijzigen. De Senaat heeft in de praktijk door middel van het debat wel invloed op de wetgeving. De leden van de Eerste Kamer (senatoren) zijn deeltijdpolitici die vaak, naast hun werk in de Kamer, nog andere functies hebben.
De leden van de Tweede Kamer worden elke vier jaar rechtstreeks door de bevolking gekozen. De leden van de Eerste Kamer worden eens in de vier jaar gekozen door de leden van de Provinciale Staten.

Ministerraad

Alle ministers samen vormen de ministerraad. De ministerraad vergadert en besluit over het algemeen regeringsbeleid en zorgt voor de eenheid van het beleid. De minister-president is de voorzitter van de ministerraad. Hij is ook minister van Algemene Zaken. De minister-president draagt de ministeriële verantwoordelijkheid voor het optreden van de leden van het Koninklijk Huis. Daarnaast heeft hij een internationale rol.

Formeel benoemt de koning(in) de ministers en staatssecretarissen, maar net als bij alles wat de Koningin in functie doet, geldt hierbij de ministeriële verantwoordelijkheid. Het besluit over de benoemingen wordt dan ook mede ondertekend door een minister (de minister-president) en hij legt daarvoor verantwoording af aan het parlement. De Koningin beëdigt vervolgens de nieuwe ministers en staatssecretarissen.

Ministeries

Er zijn in totaal dertien ministeries, waarvan bijvoorbeeld het ministerie van Justitie er een is. Dit ministerie is belast met de coördinatie van het vreemdelingenbeleid. Ministers en staatssecretarissen maken plannen over allerlei zaken voor heel Nederland. De ministers van Justitie, Vreemdelingenzaken en Integratie hebben de taak de orde in de samenleving te bevorderen waarbij rechtvaardigheid, veiligheid en saamhorigheid vooropstaan. Iedereen in Nederland, hoe verschillend ook, wil graag een rechtvaardig en veilig land om in te kunnen wonen.

Provinciale Staten

Nederland heeft twaalf provincies. De volksvertegenwoordiging in de provincies wordt Provinciale Staten genoemd. Het dagelijks bestuur bestaat uit Gedeputeerde Staten. De commissaris van de koningin is voorzitter. Een provincie maakt plannen, bijvoorbeeld over het openbaar vervoer, de ruimte en de woningbouw in de regio. Iedere vier jaar worden verkiezingen georganiseerd voor de Provinciale Staten.

Gemeenteraad

De provincies bestaan allemaal weer uit een aantal gemeenten. Nederland heeft zo'n 415 gemeenten. De volksvertegenwoordiging van de gemeente is de gemeenteraad. Het dagelijks bestuur wordt gevormd door wethouders die allemaal een aantal taken hebben om de gemeente goed te besturen. De burgemeester is voorzitter van de gemeenteraad en het College van Burgemeester en Wethouders. Hij of zij is van oudsher ook hoofd van de brandweer en van de politie in de gemeente. De gemeente maakt plannen over het eigen gebied en houdt zich onder meer bezig met sociale voorzieningen, het huisvestingsbeleid en een steeds groter deel van de gezondheidszorg voor haar inwoners, waaronder jeugdbeleid en jeugdbegeleiding.

Troonrede

Ieder jaar op de derde dinsdag in september, Prinsjesdag genoemd, spreekt de koningin in de Ridderzaal de troonrede uit. Hierbij zijn de leden van de Eerste en Tweede Kamer aanwezig. In de troonrede vertelt zij wat de plannen van de regering voor het komende jaar zijn. Bijvoorbeeld hoe inburgering aangepakt wordt en wat de regels worden voor het recht op zorg. Hoewel de koningin de troonrede voorleest, heeft zij hem niet geschreven. Dat doen de ministers. De koningin rijdt op Prinsjesdag in de gouden koets van haar paleis naar het parlementsgebouw. De koningin wordt begeleid door lakeien en militairen te paard. De stoet trekt elk jaar veel bezoekers naar Den Haag.

EUROPESE UNIE

Nederland behoort tot de oprichters van de Europese Unie (EU). Vertegenwoordigers van Nederlandse politieke partijen zitten in het Europees Parlement. Zij worden via rechtstreekse algemene verkiezingen gekozen. De Europese Unie bevordert het economische klimaat, de sociale samenhang en de solidariteit tussen de landen die aangesloten zijn bij de Europese Unie. Daarvoor heeft de Eurpese Unie ook een grondwet opgesteld. In juni 2004 is de tekst van de grondwet door bijeengekomen regeringsleiders en staatshoofden goedgekeurd.
Alle afzonderlijke lidstaten moesten de tekst van de grondwet goedkeuren voordat de grondwet in werking treedt. Aan de lange traditie van louter enthousiasme is een eind gekomen toen de Nederlandse en Franse bevolking in een referendum de grondwet met grote meerderheid had afgewezen. Op 13 december 2007 is op een Europese bijeenkomst van regeringsleiders een nieuw verdrag ondertekend: het Verdrag van Lissabon. Dit verdrag vervangt de bestaande Europese verdragen, te weten het Verdrag van Maastricht en het Verdrag van Rome. Het verdrag moet de Europese Unie, nu met 27 lidstaten, beter bestuurbaar maken. Ook moet het democratischer worden en snelle beslissingen mogelijk maken. Het zegt daarnaast dat Europa zijn oorspronkelijke waarden (eerlijkheid, menswaardigheid, democratie, anti-racisme) in stand moet houden:
"De waarden waarop de Unie berust, zijn eerbied voor de menselijke waardigheid, vrijheid, democratie, gelijkheid, de rechtsstaat en de eerbiediging van de mensenrechten waaronder de rechten van personen die tot minderheden behoren."
Na goedkeuring door vertegenwoordigers van alle 27 EU-landen is het verdrag op 1 december 2009 in werking getreden.

Het Verdrag van Lissabon heeft – anders dan de afgekeurde grondwet – geen Europese vlag of volkslied meer. Wel krijgt de Europese vertegenwoordiging van alle landen meer te zeggen over Europa. Sinds 2010 heeft de Europese Raad ook een voorzitter, een Europese president.

NEDERLANDSE ANTILLEN: BONAIRE, CURAÇAO, SABA, SINT-EUSTATIUS, SINT-MAARTEN EN ARUBA

De Nederlandse Antillen bestaan uit zes eilandjes in de Caribische Zee, die tot de Atlantische Oceaan behoort. De Caribische Zee ligt aan de noordkant van Zuid-Amerika. De Nederlandse Antillen omvatten de eilandgebieden: de Benedenwindse of ABC-eilanden en de Bovenwindse of SSS-eilanden. De benedenwindse eilanden zijn: Aruba, Bonaire en Curaçao, de Bovenwindse eilanden zijn: Sint-Maarten (zuidelijke helft van het eiland), Sint-Eustatius en Saba. De officiële taal is het Nederlands. Daarnaast spreekt de bevolking Papiaments. Dit is een mengtaal van Nederlands, Spaans en Portugees. Veel mensen spreken ook Engels en Spaans.
Curaçao (hoofdstad: Willemstad) heeft een inwonertal van circa 125.000. Het eiland is 64 kilometer lang en – op het breedste punt – 16 kilometer breed, en heeft een oppervlakte van circa 472 km^2. Het eiland werd in 1634 veroverd door de Nederlanders.
Aruba (hoofdstad: Oranjestad) meet circa 32 bij 10 kilometer, en heeft een oppervlakte van ongeveer 190 km^2. Er wonen zo'n 100.000 mensen. Het ligt ten westen van Curaçao en is slechts 24 kilometer verwijderd van de kust van Venezuela. Op 1 januari 1986

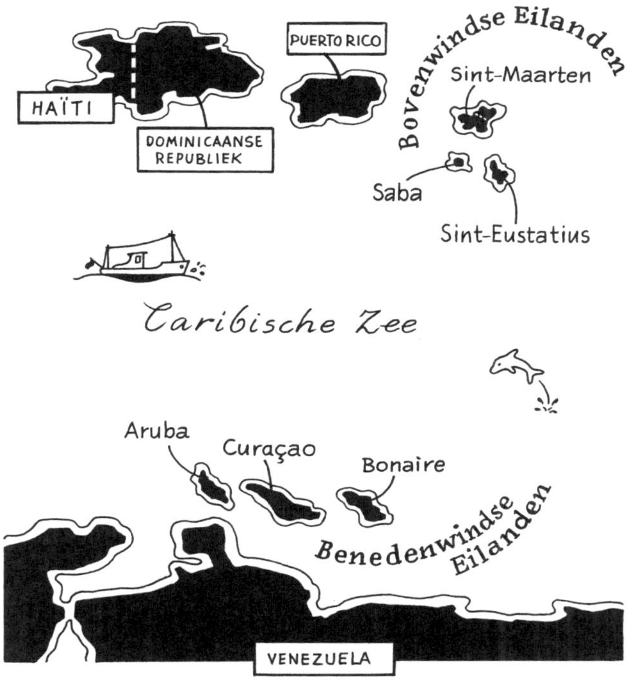

scheidde Aruba zich af van de overige Nederlandse Antillen. Het kreeg een zogeheten *status aparte* en werd daarmee een zelfstandig onderdeel van het Koninkrijk der Nederlanden. Bonaire is na Curaçao het grootste eiland van de Antillen. Het is 40 kilometer lang en 5 tot 12 kilometer breed en heeft, inclusief het onbewoonde eiland Klein Bonaire, een oppervlakte van 288 km². Het eiland heeft ongeveer 13.000 inwoners. De hoofdstad is Kralendijk. In 1633 veroverde Nederland Bonaire op de Spanjaarden.
Het Bovenwindse eiland Sint-Maarten is verdeeld in een Frans en een Nederlands gebied, met respectievelijk Frans en Nederlands als officiële taal. In de praktijk echter, is de voertaal op het Nederlandse deel meestal Engels. Het noordelijke, Franse deel van het eiland heeft een oppervlakte van iets meer dan 53 km² en telt ruim 31.000 inwoners. Het zuidelijke, Nederlandse deel van het eiland heeft een oppervlakte van 34 km² en er wonen zo'n 32.000 mensen. De hoofdstad van het Nederlandse deel van het eiland is Philipsburg. In 1648 tekenden Frankrijk en Nederland een overeenkomst waarin het eiland gedeeld werd. Pas in 1817 werd deze overeenkomst definitief; het eiland was toen al zo'n zestien keer van eigenaar verwisseld. Sint-Eustatius, dat door de bewoners Statia wordt genoemd, is 21 km² groot en wordt bewoond door 2100 mensen. Sint-Eustatius werd in 1493 ontdekt door Columbus en werd in 1636 door de Nederlanders veroverd op de Fransen. Saba is ongeveer 4,5 kilometer in doorsnee en meet een oppervlakte van 13 km² – het is daarmee het kleinste bewoonde eiland van de Antillen. Het eiland ligt 30 kilometer ten zuidwesten van Sint-Maarten en heeft ongeveer 1300 inwoners. De hoofdplaats is The Bottom. De voertaal op het eiland is Engels. Saba kwam in 1632 in Nederlands bezit.
De verhoudingen tussen Nederland enerzijds en de Nederlandse Antillen anderzijds werden in 1954 vastgelegd in het Statuut van het Koninkrijk. Sinds 10 oktober 2010 bestaan de Nederlandse Antillen officieel niet meer. Curaçao en Sint-Maarten zijn met ingang van die datum, net als Aruba, aparte landen binnen het Koninkrijk der Nederlanden. Bonaire, Saba en Sint-Eustatius (de BES-eilanden) zijn bijzondere gemeenten van Nederland.

HET KONINGSHUIS

Koninklijk Huis

Er is verschil tussen de begrippen Koninklijke Familie en Koninklijk Huis. Niet elk lid van de familie Oranje-Nassau is lid van het Koninklijk Huis.
Het Koninklijk Huis bestaat nu uit koningin Beatrix, haar zonen de prinsen Willem-Alexander en Constantijn, de dochters van prins Willem-Alexander, prinses Catharina-Amalia, prinses Alexia en prinses Ariane, de kinderen van prins Constantijn: gravin Eloïse, graaf Claus-Casimir en gravin Eleonore, de jongere zuster van de koningin, prinses Margriet en haar echtgenoot Mr. Pieter van Vollenhoven, hun oudste twee zonen, de prinsen Maurits en Bernhard jr., en de echtgenotes van de prinsen Willem-Alexander, Constantijn, Maurits en Bernhard jr., de prinsessen Máxima, Laurentien, Marilène en Annette.

Erfopvolging

De wettige kinderen van de koning(in) hebben het recht op erfopvolging, waarbij het oudste kind voorrang heeft. Als de koning geen wettige kinderen heeft, kunnen andere familieleden het koningschap vervullen. Het recht op troonopvolging blijft bestaan zolang iemand tot in de derde graad familie is van de regerende koning. Als een nieuwe koning aantreedt, kan een aantal leden van het Huis daarom het recht op opvolging verliezen.
Het lidmaatschap van het Koninklijk Huis is geregeld in de Wet Lidmaatschap Koninklijk Huis uit 2002. Lid van het Koninklijk Huis zijn het staatshoofd, het afgetreden staatshoofd en zijn familieleden tot in de tweede graad. Volgens deze wet hebben degenen die in 2002 al lid waren van het Koninklijk Huis, de rechten die zij op dat moment al bezaten, behouden. Zo blijven de zonen van prinses Margriet lid van het Koninklijk Huis totdat hun neef, de Prins van Oranje, koning wordt. Als een mogelijke troonopvolger trouwt zonder dat het parlement daarvoor bij wet toestemming heeft gegeven, verliest hij of zij het recht om op te volgen en eventueel ook zijn/haar lidmaatschap van het Koninklijk Huis.

De Grondwet bepaalt dat bij overlijden of het afstand doen van de troon (abdicatie) van de koning, het koningschap bij erfopvolging overgaat. Voor de opvolging van koningin Beatrix komt als eerste haar oudste zoon, prins Willem-Alexander, in aanmerking, gevolgd door zijn dochters prinses Catharina-Amalia, prinses Alexia en prinses Ariane, gevolgd door prins Constantijn, dochter Eloïse, zoon Claus-Casimir, dochter Eleonore en eventueel volgende kinderen. Prinses Margriet en haar oudste twee zonen komen na hen in de lijn van de troonopvolging.

In de Grondwet staat dat de koning niet wordt gekroond maar 'beëdigd en ingehuldigd in de hoofdstad Amsterdam'. De eed wordt door de nieuwe koning(in) afgelegd door het gelijktijdig opsteken van de wijs- en middelvinger onder het uitspreken van: 'Zo waarlijk helpe mij God almachtig'.
Het Huis van Oranje heeft overigens wel een echte kroon; deze wordt alleen niet gedragen. Tijdens de inhuldiging van koningin Beatrix lag de kroon samen met het rijkszwaard, de scepter en de rijksappel, op een speciale tafel, de zogenoemde 'credenstafel'. Zij zijn onderdeel van de rijksjuwelen. De kroon symboliseert de Nederlandse natie, het zwaard de macht van de vorst, de scepter het gezag en de appel het grondgebied.

Geboorteaankondiging

Er bestaan speciale rituelen voor als er een nieuwe kroonprins(es) geboren wordt. Vroeger was er een onderscheid tussen de geboorte van een mannelijke en een vrouwelijke troonopvolger. Als er een mannelijke troonopvolger werd geboren werden er 101 kanonschoten afgevuurd. Bij een vrouwelijke troonopvolger werden er 51 kanonschoten afgevuurd. Dat is sinds kort veranderd. Als er nu een nieuwe troonopvolger geboren wordt, worden er altijd 101 kanonschoten afgevuurd, ongeacht of het een jongen of een meisje is. De kanonschoten worden op vier plaatsen afgevuurd: op het Malieveld in Den Haag, in Den Helder, op Curaçao en op Aruba. Na de geboorte van de nieuwe prins(es) wordt op alle overheidsgebouwen de Nederlandse vlag met oranje wimpel gehesen. De geboorte wordt ook gevierd met het luiden van kerkklokken.

Overzicht van stadhouders, koningen en koninginnen

Willem van Oranje, Willem I (1533–1584). Stadhouder van Holland en Zeeland van 1559 tot 1567 en van 1572 tot 1584; stadhouder van Friesland van 1580 tot 1584.
Maurits (1567–1625). Stadhouder van Holland en Zeeland, van 1585 tot 1625.
Frederik-Hendrik (1584–1647). Stadhouder van Holland en Zeeland van 1625 tot 1647.
Willem II (1626–1650). Stadhouder van Holland en Zeeland van 1647 tot 1650.
Eerste stadhouderloos tijdperk van 1650 tot 1672.
Willem III (1650–1702). Stadhouder van Holland en Zeeland van 1672 tot 1702 en koning van Engeland van 1689 tot 1702.
Tweede stadhouderloos tijdperk van 1702 tot 1747.
Willem IV (1711–1751). Stadhouder van Holland en Zeeland van 1747 tot 1751, stadhouder van Friesland van 1711 tot 1751.
Willem V (1748–1806). Stadhouder van Holland, Zeeland en Friesland van 1751 tot 1795; Bataafse Republiek van 1795 tot 1806.

Lodewijk Napoleon (1778–1846). Koning van Holland van 1806 tot 1810.
Willem I (1772–1843). Koning van 1813 tot 1840.
Willem II (1792–1849). Koning van 1840 tot 1849.
Willem III (1817–1890). Koning van 1849 tot 1890.
Emma (1858–1934). Gehuwd met Willem III. Regentes na diens overlijden, van 1890 tot 1898 tot de 18de verjaardag van prinses Wilhelmina.
Wilhelmina (1880–1962). Koningin van 1890 tot 1948.
Juliana (1909–2004). Koningin van 1948 tot 1980.
Beatrix (1938). Koningin van 1980 tot heden.

DE NEDERLANDSE GRONDWET

De Grondwet is het belangrijkste staatsdocument van Nederland. De Grondwet bevat de belangrijkste (fundamentele) regels voor onze staatsinrichting en legt tevens de grondrechten van de burgers vast. Het is de hoogste nationale wet voor de Nederlandse staat. Andere wetten zijn hieraan ondergeschikt (dienen haar bepalingen in acht te nemen). De Grondwet van het Koninkrijk der Nederlanden dateert van 1814. In de loop van haar geschiedenis is zij verscheidene malen gewijzigd. Een belangrijke grondwetsherziening vond plaats in 1848 onder de staatsman Thorbecke.

De eerste tien en wellicht belangrijkste punten (artikelen) uit de Nederlandse Grondwet zijn de volgende:

Art. 1.
Allen die zich in Nederland bevinden, worden in gelijke gevallen gelijk behandeld. Discriminatie wegens godsdienst, levensovertuiging, politieke gezindheid, ras, geslacht of op welke grond dan ook, is niet toegestaan.

Art. 2.
1 De wet regelt wie Nederlander is.
2 De wet regelt de toelating en de uitzetting van vreemdelingen.
3 Uitlevering kan slechts geschieden krachtens verdrag. Verdere voorschriften omtrent uitlevering worden bij de wet gegeven.
4 Ieder heeft het recht het land te verlaten, behoudens in de gevallen, bij de wet bepaald.

Art. 3
Alle Nederlanders zijn op gelijke voet in openbare dienst benoembaar.

Art. 4
Iedere Nederlander heeft gelijkelijk recht de leden van algemeen vertegenwoordigende organen te verkiezen alsmede tot lid van deze organen te worden verkozen, behoudens bij de wet gestelde beperkingen en uitzonderingen.

Art. 5

Ieder heeft het recht verzoeken schriftelijk bij het bevoegd gezag in te dienen.

Art. 6

1. Ieder heeft het recht zijn godsdienst of levensovertuiging, individueel of in gemeenschap met anderen, vrij te belijden, behoudens ieders verantwoordelijkheid volgens de wet.
2. De wet kan ter zake van de uitoefening van dit recht buiten gebouwen en besloten plaatsen regels stellen ter bescherming van de gezondheid, in het belang van het verkeer en ter bestrijding of voorkoming van wanordelijkheden.

Art. 7

1. Niemand heeft voorafgaand verlof nodig om door de drukpers gedachten of gevoelens te openbaren, behoudens ieders verantwoordelijkheid volgens de wet.
2. De wet stelt regels omtrent radio en televisie. Er is geen voorafgaand toezicht op de inhoud van een radio- of televisie-uitzending.
3. Voor het openbaren van gedachten of gevoelens door andere dan in de voorgaande leden genoemde middelen heeft niemand voorafgaand verlof nodig wegens de inhoud daarvan, behoudens ieders verantwoordelijkheid volgens de wet. De wet kan het geven van vertoningen toegankelijk voor personen jonger dan zestien jaar regelen ter bescherming van de goede zeden.
4. De voorgaande leden zijn niet van toepassing op het maken van handelsreclame.

Art. 8

Het recht tot vereniging wordt erkend. Bij de wet kan dit recht worden beperkt in het belang van de openbare orde.

Art. 9

1. Het recht tot vergadering en betoging wordt erkend, behoudens ieders verantwoordelijkheid volgens de wet.
2. De wet kan regels stellen ter bescherming van de gezondheid, in het belang van het verkeer en ter bestrijding of voorkoming van wanordelijkheden.

Art. 10

1. Ieder heeft, behoudens bij of krachtens de wet te stellen beperkingen, recht op eerbiediging van zijn persoonlijke levenssfeer.
2. De wet stelt regels ter bescherming van de persoonlijke levenssfeer in verband met het vastleggen en verstrekken van persoonsgegevens.
3. De wet stelt regels inzake de aanspraken van personen op kennisneming van over hen vastgelegde gegevens en van het gebruik dat daarvan wordt gemaakt, alsmede op verbetering van zodanige gegevens.

MILITAIRE DIENSTPLICHT

De dienstplicht is de verplichting tot het tijdelijk vervullen van een baan door (een deel van) de bevolking. Meestal wordt de term dienstplicht gebruikt voor de militaire dienstplicht, waarbij jonge mensen een tijdlang verplicht deel uitmaken van het leger.
De dienstplicht is sinds 1 mei 1997 opgeschort, dit betekent dat er geen mensen zullen worden opgeroepen om hun dienstplicht te vervullen zolang de veiligheidssituatie dat niet vereist. Het Nederlandse leger bestaat hierdoor sinds die tijd volledig uit (vrijwillige) beroepssoldaten.
In Nederland werd de militaire dienstplicht in 1810 ingevoerd door de Franse bezetters onder Lodewijk Napoleon. Iedere man van twintig jaar moest zich inschrijven. Door middel van loting werd bepaald wie dienst moest nemen in het Franse leger. Het was mogelijk om tegen betaling een vervanger te regelen.
Later, tussen 1898 en 1996, gold de militaire dienstplicht voor alle mannen van achttien jaar. Uitstel, bijvoorbeeld vanwege studie, was mogelijk. Gewetensbezwaarden, mensen die principieel tegen het leger zijn, konden een vervangende dienstplicht vervullen in een andere sector.
Aan het eind van de twintigste eeuw verdween de oorlogsdreiging van landen onder een communistische invloedssfeer (Koude Oorlog), zodat de militaire dienstplicht in ons land kon worden afgeschaft. De rol van het leger veranderde. In plaats daarvan werd het Nederlandse leger steeds vaker ingezet bij vredesmissies. De moeilijkheid en het gevaar van deze missies maakte de inzet van dienstplichtigen omstreden. Bovendien werd steeds vaker gewezen op het discriminerende karakter van de dienstplicht. In een tijd waarin gelijke rechten en plichten voor iedereen steeds vanzelfsprekender werden paste een plicht voor alleen mannen niet langer.

HET VOLKSLIED

Algemeen

Het *Wilhelmus* is geschreven tussen 1568 en 1572 en is daarmee het oudste volkslied ter wereld. Philip van Marnix, Heer van Sint-Aldegonde (ca. 1538–1598) wordt algemeen beschouwd als dichter van de Nederlandse tekst. De muziek van het Wilhelmus is gebaseerd op een omstreeks 1569 populair Frans soldatenlied, afwisselend in drie- en vierkwartsmaat. Het lied is vermoedelijk ontstaan ten tijde van het beleg van Chartres. De oudste notitie is aangetroffen in *Deuchdelijke Solutien* (Antwerpen, 1574). De melodie is later uitgewerkt door Adriaen Valerius (ca. 1575–1625). Het Wilhelmus is sinds 1626 opgenomen in de in Nederland bekend gebleven bundel *Gedenck-clanck* van Valerius. De bewerking van Walther Boer uit 1932 is de officiële versie van het volkslied. Hoewel het *Wilhelmus* dateert uit de zestiende eeuw, is het pas in 1932 onder koningin Wilhelmina het officiële Nederlandse volkslied geworden. Daarvoor werd, sinds de stichting van het Koninkrijk der Nederlanden in 1815, 'Wien Neêrlands Bloed' als officieel volkslied gebruikt. De tekst van dit lied is van Hendrik Tollens en de muziek van Jan Frans Wilms.

Het *Wilhelmus* werd tijdens de Tachtigjarige Oorlog, in de tweede helft van de 16de eeuw, geschreven als eerbetoon aan prins Willem van Oranje, Willem van Nassau, Willem I, Prins van Oranje. Hij werd op 25 april 1533 als oudste zoon op slot Dillenburg in het Duitse Nassau geboren en erfde op elfjarige leeftijd het Zuid-Franse prinsdom Oranje en veel (aanzienlijke) goederen in de Nederlanden van zijn neef René van Châlon. De jonge Prins van Oranje groeide op aan het hof van Karel V in Brussel, om hem te vrijwaren van Duits-protestantse invloeden.

Willem van Oranje was de leider van het Nederlandse verzet tegen de Spaanse overheersing. Zijn leven staat in het teken van deze strijd, die ook heeft geleid tot zijn gewelddadige dood in 1584. Willem I, ook wel Willem de Zwijger genoemd, is de stamvader van het Huis Oranje-Nassau, het Nederlandse koningshuis zoals wij dat nu kennen. Omdat de Duitse prins van Nederland een onafhankelijk land maakte wordt hij nog steeds 'Vader des Vaderlands' genoemd.

Het *Wilhelmus* is een zogeheten naamvers (acrostichon). De eerste letters van de vijftien coupletten van het Wilhelmus vormen, in de oorspronkelijke spelling, samen de naam WILLEM VAN NASSOV.
Dit is de naam van Willem van Oranje in de oude spelling. In het volkslied verdedigt Willem zijn daden zowel tegenover God als tegenover de koning van Spanje. Hij wil deze, zijn baas, geen geweld aandoen. Hij wil alleen de overheersers verjagen (de tirannie verdrijven) van het Spaanse leger onder leiding van de gehate hertog van Alva. Daarnaast zoekt hij de steun van God voor zijn bekering tot het protestantisme. Hij werd hiervoor in 1584 in opdracht van de Spaanse koning Filips II doodgeschoten door een katholieke moordenaar.
Van de officieel vijftien coupletten worden bij officiële gelegenheden doorgaans alleen het eerste en soms ook het zesde couplet gespeeld. Daarom wordt bij deze coupletten een uitleg over de betekenis gegeven.

Wilhelmus

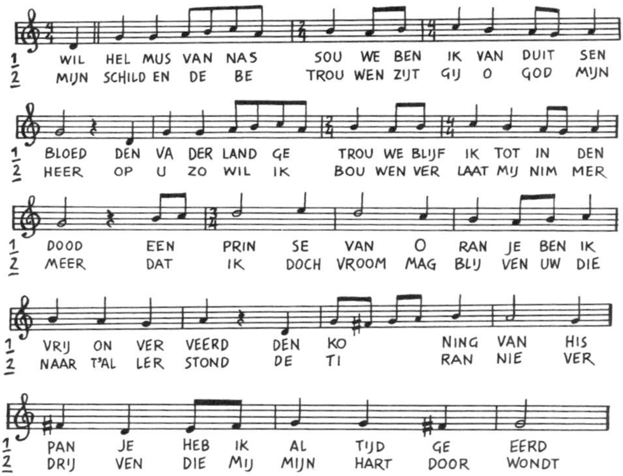

Wilhelmus van Nassouwe
ben ik, van Duitsen bloed,
den vaderland getrouwe
blijf ik tot in den dood.
Een Prinse van Oranje
ben ik, vrij onverveerd,
den Koning van Hispanje
heb ik altijd geëerd.

In Godes vrees te leven
heb ik altijd betracht,
daarom ben ik verdreven,
om land, om luid gebracht.
Maar God zal mij regeren
als een goed instrument,
dat ik zal wederkeren
in mijnen regiment.

Verklaring van de eerste twee regels:
De familie van Nassau kwam oorspronkelijk uit het gelijknamige Duitse stadje.
Regel 2–4:
Als kind erft Willem bezittingen in Nederland en Frankrijk, maar de band met Duitsland blijft.
Regel 4–6:
Willem trok 'vrij en onverveerd' voor niemand bang ten strijde tegen de Spanjaarden.
Regel 6–8:
Willem II vocht tegen het Spaanse bestuur, niet tegen de koning van Spanje, hoewel dit later veranderde.

Lijdt u, mijn onderzaten
die oprecht zijt van aard,
God zal u niet verlaten,
al zijt gij nu bezwaard.
Die vroom begeert te leven,
bidt God nacht ende dag,
dat Hij mij kracht zal geven,
dat ik u helpen mag.

Lijf en goed al te samen
heb ik u niet verschoond,
mijn broeders hoog van namen
hebben 't u ook vertoond:
Graaf Adolf is gebleven
in Friesland in den slag,
zijn ziel in 't eeuwig leven
verwacht den jongsten dag.

Edel en hooggeboren,
van keizerlijken stam,
een vorst des rijks verkoren,
als een vroom christenman,
voor Godes woord geprezen,
heb ik, vrij onversaagd,
als een held zonder vreden
mijn edel bloed gewaagd.

Mijn schild ende betrouwen
zijt Gij, o God mijn Heer,
op U zo wil ik bouwen,
Verlaat mij nimmermeer.
Dat ik doch vroom mag blijven,
uw dienaar t'aller stond,
de tirannie verdrijven
die mij mijn hart doorwondt.

Regel 1–6:
Willem II, zelf katholiek, was het niet eens met de hardhandige wijze waarop de Spaanse koning optrad tegen andersgelovenden. Willem bleef zijn geloof trouw, maar koos voor een tolerante houding ten opzichte van andersdenkenden. Zijn sympathie met de opstandelingen groeide en in 1573 bekeerde ook Willem zich tot het protestantisme.
Regel 6–8:
De gewelddadige Spaanse overheersing (tirannie) leidde tot veel verzet. Ook de gematigde tegenstanders komen in opstand tegen Spanje.

Van al die mij bezwaren
en mijn vervolgers zijn,
mijn God, wil doch bewaren
den trouwen dienaar dijn,
dat zij mij niet verrassen
in hunnen bozen moed,
hun handen niet en wassen
in mijn onschuldig bloed.

Als David moeste vluchten
voor Saul den tiran,
zo heb ik moeten zuchten
als menig edelman.
Maar God heeft hem verheven,
verlost uit alder nood,
een koninkrijk gegeven
in Israël zeer groot.

Na 't zuur zal ik ontvangen
van God mijn Heer dat zoet,
daarna zo doet verlangen
mijn vorstelijk gemoed:
dat is, dat ik mag sterven
met eren in dat veld,
een eeuwig rijk verwerven
als een getrouwen held.

Niet doet mij meer erbarmen
in mijnen wederspoed
dan dat men ziet verarmen
des Konings landen goed.
Dat u de Spanjaards krenken,
o edel Neerland zoet,
als ik daaraan gedenke,
mijn edel hart dat bloedt.

Als een prins opgezeten
met mijner heires-kracht,
van den tiran vermeten
heb ik den slag verwacht,
die, bij Maastricht begraven,
bevreesde mijn geweld;
mijn ruiters zag men draven
zeer moedig door dat veld.

Zo het den wil des Heren
op dien tijd had geweest,
had ik geern willen keren
van u dit zwaar tempeest.
Maar de Heer van hierboven,
die alle ding regeert,
die men altijd moet loven,
en heeft het niet begeerd.

Zeer christlijk was gedreven
mijn prinselijk gemoed,
standvastig is gebleven
mijn hart in tegenspoed.
Den Heer heb ik gebeden
uit mijnes harten grond,
dat Hij mijn zaak wil redden,
mijn onschuld maken kond.

Oorlof, mijn arme schapen
die zijt in groten nood,
uw herder zal niet slapen,
al zijt gij nu verstrooid.
Tot God wilt u begeven,
zijn heilzaam woord neemt aan,
als vrome christen leven,
't zal hier haast zijn gedaan.

Voor God wil ik belijden
en zijner groten macht,
dat ik tot genen tijden
den Koning heb veracht,
dan dat ik God den Heere,
der hoogsten Majesteit,
heb moeten obediëren
in der gerechtigheid.

DE NEDERLANDSE VLAG

Algemeen

De Nederlandse vlag is het symbool van de eenheid en de onafhankelijkheid van het Koninkrijk der Nederlanden. De kleuren van de Nederlandse vlag zijn helder vermiljoenrood, helder wit en kobaltblauw. Een vlag moet schoon zijn en er mag in het algemeen geen versiering of andere toevoeging op zijn aangebracht. Een verkleurde of versleten vlag hoort men niet uit te steken. Nederlandse of buitenlandse vlaggen horen niet 's nachts buiten te hangen. Over de afmetingen van de vlag zijn geen voorschriften opgesteld, maar standaard is de verhouding 3 : 2 (lengte : breedte).

Wanneer mag de vlag uit?

Elke vlag moet bij zonsondergang worden neergehaald en kan eventueel bij zonsopgang weer worden gehesen. Voor het uitsteken van de vlag vanaf overheidsgebouwen geldt vanaf 1980 een zogenoemde vlaginstructie. Hoewel deze niet voor particulieren geldt, wordt de vlaginstructie van de overheid vaak gevolgd. Het uitsteken van de vlag gebeurt op de onderstaande dagen (als deze dag op een zondag of erkende christelijke feestdag valt, geldt de datum tussen haakjes): Het uitsteken van de vlag gebeurt op de onderstaande dagen. Als deze dag op een zondag of erkende christelijke feestdag valt, geldt de datum tussen haakjes. Als er geen datum tussen haakjes vermeld staat, wordt er alleen op de dag zelf gevlagd.
Verjaardag van de koningin – 31 januari (1 februari); verjaardag van prins Willem-Alexander – 27 april (28 april); Koninginnedag – 30 april (29 april); dodenherdenking – halfstok vlaggen vanaf 18:00 uur tot zonsondergang, 4 mei; Bevrijdingsdag – 5 mei; verjaardag van prinses Máxima – 17 mei (18 mei); formele einde van de Tweede Wereldoorlog – 15 augustus (16 augustus); Prinsjesdag (opening van de Staten-Generaal, alleen in Den Haag) – derde dinsdag van september; verjaardag prinses Amalia – 7 december (8 december); verjaardag prinses Alexia – 26 juni (27 juni); Koninkrijksdag – 15 december (16 december). Op Koninginnedag en op bovengenoemde verjaardagen van de leden van het Koninklijk Huis wordt de vlag uitgestoken met oranje wimpel. Bij bijzondere gebeurtenissen in de Koninklijke Familie (zoals geboorte, huwelijk en overlijden) kan er een speciale vlagregeling afgekondigd worden.

Niet-officieel vlaggen

Als kinderen hun diploma van de middelbare school gehaald hebben, zijn zij 'geslaagd'. Dit is een feestelijke gebeurtenis en vaak wordt dan de vlag met de school- of rugzak in top uitgehangen. Bij de geboorte van een kind wordt ook wel gevlagd, soms met een babypop in een luier in top. Een vijftigste verjaardag of huwelijksjubileum kan ook een reden zijn om de vlag uit te steken. Op een woning of gebouw in aanbouw kan ook de vlag prijken, dit betekent dat het hoogste punt gehaald is. Voor al deze gelegenheden geldt dat de vlag met respect behandeld moet worden en 's avonds voor zonsondergang weer binnengehaald moet zijn.

Halfstok vlaggen

Ten teken van rouw hangt de vlag halverwege de stok. Bij halfstok vlaggen wordt de vlag eerst in de top gehesen en vervolgens langzaam neergehaald totdat hij op de helft van de normale hoogte hangt. De vlag mag nooit de grond raken of ergens tegenaan slaan. Dreigt dit te gebeuren, dan kan de vlag met de uiterste blauwe punt aan de vlaggenlijn worden vastgebonden. Bij het neerhalen van een halfstok gehesen vlag wordt deze eerst langzaam in top gehesen en vervolgens op dezelfde wijze neergehaald.

RELIGIES

Van oudsher behoren de inwoners van Nederland tot verschillende geloven. De belangrijkste twee religieuze stromingen zijn de protestantse en de rooms-katholieke. De tolerantie ten opzichte van andere godsdiensten in Nederland trok vanaf de zeventiende eeuw ook een groot aantal kleine, vooral protestantse, kerkgenootschappen aan waarvan de aanhangers elders vervolgd werden. Rond 1850 was in Nederland vrijwel iedereen kerkelijk. Uit de negentiende-eeuwse volkstellingen blijkt dat er lange tijd sprake was van een protestantse meerderheid en een katholieke minderheid in Nederland. De verhouding was ongeveer 60 tegen 40 procent. Vanaf eind negentiende eeuw raakt Nederland onder invloed van met name het socialisme steeds meer ontkerkelijkt. Vooral de protestantse kerkgemeenschappen verliezen in de daaropvolgende decennia veel leden. Het aantal gelovigen neemt langzaam af. In 1971 gaf nog ongeveer driekwart van de bevolking aan gelovig te zijn, in 2005 was dit nog maar iets meer dan de helft. Hiermee behoort Nederland binnen de Europese Unie tot de minst religieuze landen. Tegenwoordig is bijna een derde van de gelovigen rooms-katholiek en zo'n 20 procent protestants. Hiervan behoorde 14 procent tot de Nederlands Hervormde en 7 procent tot de Gereformeerde kerk. In 2004 zijn de protestantse, de Nederlands Hervormde, de Gereformeerde en de kleine Evangelisch Lutherse kerken overigens samengegaan in de Protestantse Kerk Nederland. Ongeveer 5 procent van de bevolking is islamiet en 1 procent is hindoe. De overige geloofsstromingen vormen samen één procent.

De verdeling tussen protestantse (Nederlands hervormd en gereformeerd) en rooms-katholieke gebieden in Nederland is vanuit het verleden ook nu nog duidelijk aanwezig. In het zuiden en oosten van het land zijn de katholieken in de meerderheid. De orthodoxe protestanten bevinden zich voornamelijk in de zogeheten *bible-belt*, een gebied dat loopt van de Zeeuwse eilanden via de Betuwe en Veluwe naar het noorden van Overijssel. De meeste protestanten wonen in het noorden in Friesland, in Groningen en in Noord-Holland. Vooral in de westelijke provincies Noord- en Zuid-Holland en Utrecht was er ook een aantal katholieke en gemengde gebieden.

De eerste islamieten zijn naar Nederland gekomen uit de voormalige Nederlandse koloniën Indonesië en Suriname. Het aantal moslims is sterk gegroeid met de komst van de Turkse en Marokkaanse gastarbeiders in de jaren zestig. In Nederland wonen zo'n één miljoen mensen met een islamitische achtergrond. De meesten van hen wonen in de grote steden. Het aandeel van de totale bevolking dat islamiet is, stijgt als gevolg van de immigratie en een relatief hoge vruchtbaarheid van immigranten.
Met de komst van moslims naar Nederland verschijnen er ook steeds meer moskeeën. Het aantal moskeeën in Nederland wordt geschat op 450. Ter vergelijking: er zijn meer dan 3000 protestantse kerken in Nederland, en zo'n 1800 rooms-katholieke.

KORT OVERZICHT VAN DE NEDERLANDSE GESCHIEDENIS

ALGEMEEN

Er is tegenwoordig binnen Nederland kritiek op het gebrek aan belangstelling voor de vaderlandse geschiedenis. Er wordt in Nederland vaak gezegd dat men de geschiedenis niet hoeft te kennen, omdat men tegenwoordig alles kan opzoeken. Maar verbanden kunnen moeilijk worden opgezocht, deze worden op basis van kennis gelegd. Kennis van de Nederlandse geschiedenis is, zoals vaak wordt gezegd, belangrijk om het heden te begrijpen en om er lessen voor de toekomst uit te trekken. Maar het is ook gewoon leuk om de betekenis en de achtergrond te weten van zoveel gewone dingen als de namen van scholen, die vaak vernoemd zijn naar wetenschappers uit het verleden, straatnamen, standbeelden, toneelstukken en gewoon al die andere dagelijkse zaken met verwijzingen naar het verleden.
Overigens lijkt in dit gebrek aan interesse de laatste tijd verandering te komen. Er ontstaat meer belangstelling voor de Nederlandse geschiedenis en er verschijnen veel boeken over het onderwerp. Ook heeft de overheid een opdracht aan een adviescommissie gegeven om voor het geschiedenisonderwijs per tijdsperiode aan te geven wat de leerlingen hierover moeten weten.

DE PREHISTORIE (TOT 50 V.CHR.)

De Nederlandse jaartelling begint in het geboortejaar van Jezus Christus, dit is het jaar 0. De tijd hiervoor wordt aangegeven met 'voor Christus' (v.Chr.).
Met de prehistorie wordt de periode bedoeld vóór de ontwikkeling van het schrift. In Nederland eindigt de prehistorie met de komst van de Romeinen. Er is weinig bekend over de prehistorie. Er zijn geen schriftelijke berichten of verslagen over de 'voorgeschiedenis' van Nederland. Alles wat bekend is over deze periode is afgeleid en verklaard uit bodemvondsten.

Het gebied van het huidige Nederland is ontstaan uit water, klei en zand. Vier grote rivieren, de Rijn, de Maas, de Schelde en de Eems monden hier uit in de zee. Het deltagebied van de grote rivieren blijft vanaf de vroegste menselijke aanwezigheid, circa 250.000 jaar v.Chr., tot ca. 50 v.Chr. het terrein van rondtrekkende mensen, nomaden. Zij komen in groepjes uit verre streken om hier te jagen. Langzamerhand ontstaan de eerste sporen van bewoning.

De eerste vaste bewoners zijn jagers tijdens de ijstijd. Zij leven van de jacht en de visserij. Hun aanwezigheid blijkt uit de vondst van vuurstenen werktuigen, zoals schrabbers, bijlen en pijlpunten. Na de ijstijd wordt het gebied bewoond door verschillende stammen, zoals blijkt uit overblijfselen van een jachtkamp die werden gevonden in Friesland en dateren uit ca. 8000 v.Chr. Uit grafvondsten en resten van boerderijen in Zuid-Limburg blijkt dat zich hier rond 5000 v.Chr. de eerste boeren vestigen. Op de noordelijke zandgronden, het huidige Drenthe, verschijnen omstreeks 3000 v.Chr. hunebedden. Dit zijn grafheuvels gemaakt met grote zwerfkeien.
In de noordelijke kleigebieden, het huidige Groningen, bouwen bewoners vanaf ca. 700 v.Chr. hun dorpen op terpen of wierden. Dit zijn kunstmatige heuvels waarop men woont en die bescherming bieden tegen de vaak voorkomende overstromingen.
De oudste sporen van mensen zijn gevonden in oude grindlagen in Zuid-Limburg. Ze zijn van zogenoemde Neanderthalers en naar schatting tweehonderdduizend jaar oud.

DE ROMEINSE TIJD (50 V.CHR.–450 N.CHR.)

In de eerste eeuw voor Christus vallen delen van het tegenwoordige Nederland onder het Romeinse Rijk. Rond 50 voor Christus zijn de Romeinen opgerukt tot de rivier de Rijn, die de grens vormt tussen het Romeinse Rijk en de 'onbeschaafde' gebieden. De Rijn, die loopt langs de lijn Nijmegen, Utrecht, Katwijk blijft tijdens het grootste deel van de Romeinse periode de grens van het Romeinse Rijk. Maar ook ten noorden hiervan hadden de Romeinen een grote invloed. Er werd vanuit het noorden veel handel met de Romeinen gedreven. Dit blijkt uit de vele Romeinse gebruiksvoorwerpen en munten die in grafvelden en terpen zijn gevonden.
Uit geschriften uit deze tijd blijkt dat het huidige Nederland rond het begin van de jaartelling bewoond werd door verschillende volken: de Friezen in het noorden, de Bataven in het oosten en de Kaninefaten in het westen. De Batavieren (Bataven) worden wel beschouwd als de voorouders van de huidige Nederlanders. De Romeinse Tijd is een periode van rust en een bloeiende handel. Er worden wegen, legerplaatsen en villa's (grote boerderijen) aangelegd. Ook ontstaan de eerste nederzettingen. Hieruit ontstaan later onder meer de steden Maastricht (Mosa Trajectum), Nijmegen (Noviomagus), Utrecht (Trajectum). Er is vooral in de tweede eeuw een bloeiende landbouw, handel en nijverheid. Vanaf de tweede helft van de derde eeuw komt er een eind aan de rustige periode van welvaart. Er komen steeds vaker overvallen van stelende (plunderende) stammen die de Rijn oversteken en het Romeinse gebied

binnenvallen. Ook de gewelddadige troonswisselingen van de Romeinse keizers en de steeds hogere belastingheffing maken de situatie er niet beter op. Rond 290 trekken de Franken het gebied binnen. De Romeinen slagen er niet in om de Franken te verjagen. In 355 schenkt de Romeinse keizer het gebied dat nu Vlaanderen en Zuid-Nederland beslaat aan de Franken.

DE VROEGE MIDDELEEUWEN (500–1000)

Na de ineenstorting van het Romeinse Rijk breekt een onduidelijke periode aan. Na de volksverhuizingen en de ook daardoor veroorzaakte val van het Romeinse Rijk, is het gebied in drie delen verdeeld. De Friezen wonen langs de kusten, de Saksen in het oosten en de Franken in het zuiden. Het is onduidelijk wat er met de Bataven en Kaninefaten is gebeurd. Het waarschijnlijkst is dat ze zijn opgegaan in de Franken of met de Romeinen zijn vertrokken. Verschillende delen van Nederland overstromen regelmatig, stammen komen en gaan, gebieden raken ontvolkt en de beschaving verdwijnt. Rond 500 zijn er grootschalige veroveringen door het Frankische stamhoofd Clovis, uit het geslacht der Merovingers. Het Frankische Rijk beslaat het gebied van het huidige Zuid-Nederland, België, Frankrijk en van Duitsland tot ver ten oosten van de Rijn. In 496 bekeerde Clovis zich tot het christendom en dit is het begin van uitgebreide gedwongen bekering tot het christendom (kerstening) in Noordwest-Europa. De Merovingers heersen tot in de eerste helft van de achtste eeuw. Willibrord, een Engelse monnik, wordt in 695 'bisschop der Friezen'. Hij sticht kerken in Utrecht en in het Hollandse kustgebied. De bevolking wordt langzamerhand bekeerd tot het christelijke geloof. Er is ook verzet. In 754 wordt Bonifatius bij Dokkum vermoord. Volgens één versie werd hij vermoord door heidense (ongelovige) Friezen, maar volgens een andere was het een ordinaire roofoverval. Karel de Grote, die zichzelf ziet als opvolger van de Romeinse keizers, wordt in 800 in Rome door de paus tot keizer gekroond. Het Frankische Rijk beslaat een groot deel van Europa, waaronder het tegenwoordige Frankrijk, Duitsland en het noorden van Italië. Door de grootte van het rijk werd het land in de praktijk bestuurd door zogenoemde leenmannen die verantwoording aan Karel de Grote verschuldigd waren. De functie van leenman werd in de loop van de tijd erfelijk. In 814 sterft Karel de Grote, en wordt hij opgevolgd door Lodewijk de Vrome. In 843 wordt het rijk verdeeld tussen de drie kleinzonen van Karel de Grote. De huidige Nederlanden vallen grotendeels toe aan het 'middenrijk' van Lotharius. In de periode hierna verzwakt het centrale gezag.

DE LATE MIDDELEEUWEN (1000–1500)

Het westen van het land wordt regelmatig getroffen door overstromingen. Hierdoor begint men met projecten om het water te beheersen. Dijken worden aangelegd en er wordt een begin gemaakt met de drooglegging van grote delen van West-Nederland, waardoor polders ontstaan. De strijd tegen het water is de reden voor het oprichten van waterschappen. Deze zorgen voor een gemeenschappelijk waterbeheer, een vroege vorm van democratie. Dit is het begin van de Nederlandse overlegtraditie, ook wel poldermodel genoemd. Een aantal steden in de noordelijke en oostelijke Nederlanden, waaronder Kampen, Zwolle, Zutphen en Deventer, sluit zich aan bij een internationaal handelsverbond van Hanzesteden. Vele tientallen steden rond de Noord- en Oostzee werken hierin samen.

In 1253 wordt Willem II, koning van Duitsland en graaf van Holland, gedood in de strijd tegen de opstandige Friezen en in 1296 wordt bij het Muiderslot graaf Floris V, zoon van Willem II, 'God van de boeren', door edelen vermoord. Op deze wijze sterft het Hollandse gravenhuis uit. Doordat graaf Willem IV kinderloos sterft, begint de strijd in Holland over de erfopvolging tussen zijn zuster en haar zoon, graaf Willem V. De aanhangers van graaf Willem V worden Kabeljauwen genoemd, omdat een kabeljauw veel eet en daardoor steeds sterker en groter wordt. De tegenstanders van graaf Willem V worden Hoeken genoemd omdat kabeljauw met een haak, een hoek kan worden gevangen. Het is min of meer een strijd tussen groepen edelen in Holland en Zeeland en een strijd om recht en erfopvolging. Het is te vergelijken met een burgeroorlog. De Hoekse en Kabeljauwse twisten zullen tot het einde van de vijftiende eeuw duren. Ze leiden min of meer tot een vertegenwoordiging waarin adel en steden politieke invloed en dus macht kunnen uitoefenen op de graaf (Staten).

DE TACHTIGJARIGE OORLOG (1568–1648)

Nederland is in deze periode een deel van het Habsburgse Rijk. Dit heeft een centraal bestuur en houdt streng toezicht op het naleven van de katholieke geloofsregels. De tegenwoordige vorm van Nederland (en België) ontstaat min of meer in deze tijd. Karel V (1500–1558) wordt koning van Spanje, keizer van het Duitse Rijk en heer der Nederlanden. In 1555 doet hij afstand van de troon.

Hij wordt opgevolgd door zijn zoon Filips II (1527–1598), die vanuit Spanje het enorme rijk, waaronder Nederland, regeert. Er ontstaat in deze periode een nieuwe geloofsstroming onder leiding van de godgeleerde Johannes Calvijn, wiens aanhangers zich verenigen in

de protestantse kerk. Als streng katholiek is Filips II fel tegen deze nieuwe stroming. Aanhangers worden streng vervolgd en velen van hen belanden op de brandstapel. Als Filips II voorgoed uit de Nederlanden vertrekt, vertegenwoordigt zijn halfzuster, Margaretha van Parma, hem als landvoogdes. Zij eist hoge belastingen die in combinatie met hoge graanprijzen en hongersnood leiden tot onrust onder de bevolking. Een verzoek om lagere belastingen en meer godsdienstvrijheid wordt afgewezen. Uit boosheid plundert de bevolking katholieke kerken. Dit wordt de *Beeldenstorm* genoemd. Hoewel de rust inmiddels is teruggekeerd, arriveert het Spaanse leger onder leiding van de hertog van Alva in Nederland.
Uit het verzet hiertegen ontstaat de Tachtigjarige Oorlog (1568–1648) tussen het katholieke Spanje en de protestantse Nederlanden. Willem van Oranje wordt de leider van de opstandelingen. In 1580 belooft de katholieke Spaanse koning Filips II een beloning van 25.000 gulden aan degene die de protestantse opstandeling Willem van Oranje vermoordt. In antwoord hierop zeggen de Staten-Generaal in 1581 de gehoorzaamheid aan de Spaanse koning Filips II op. De zeven noordelijke gewesten besluiten de Spaanse koning niet langer te erkennen. Zij leggen dit besluit vast in het Plakkaat van Verlatinghe. Willem van Oranje wordt op 10 juli 1584, na eerder een aantal aanslagen te hebben overleefd, in Delft vermoord door Balthazar Gerards, een fanatieke katholiek.
Willem van Oranje wordt in Delft begraven. Sindsdien worden leden van de Koninklijke Familie bijgezet in de grafkelder in de Nieuwe Kerk van Delft. In 1648 komt met de ondertekening van de vrede van Munster door Spanje en de Republiek der Zeven Verenigde Nederlanden een eind aan de Tachtigjarige Oorlog. De noordelijke Nederlanden worden onafhankelijk. De zuidelijke Nederlanden worden nog geregeerd door Spaans-Habsburgse en in de achttiende eeuw Oostenrijks-Habsburgse vorsten.

DE GOUDEN EEUW (1650–1750)

In de tweede helft van de zeventiende eeuw worden de grondslagen voor de latere economische, politieke en culturele bloei gelegd. Nederland maakt tot in de eerste helft van de achttiende eeuw een periode van bloei door. De rijkdom neemt snel toe. Er is een winstgevende handel met de landen rondom de Oostzee. De kooplieden gaan voor de handel in het Midden-Oosten en het Verre Oosten in 1602 samenwerken in de Verenigde Oost-Indische Compagnie (VOC). De handel in kruiden (specerijen) levert veel geld op. Later wordt ook de West-Indische Compagnie (WIC) opgericht die vooral handel drijft in slaven.
Nederland is een republiek in de tijd dat het grootste deel van

Europa uit koninkrijken bestaat. De nieuwe republiek werd wel de grote uitzondering van de zeventiende eeuw genoemd. In tegenstelling tot de meeste landen in Europa kreeg de 'derde stand', vooral de handelaren van de steden, het voor het zeggen. Zij ruilden een feodaal systeem in voor iets nieuws dat later kapitalisme zou gaan heten.
De Republiek wordt formeel geleid door stadhouders. Meestal, maar niet altijd, zijn dit prinsen van Oranje. De stadhouders waren het in de loop der geschiedenis niet altijd eens met de Staten-Generaal, een soort raad waarin rijke burgers van de belangrijke steden en gewesten zitting hadden. Dit leidde tot conflicten, waardoor er van 1650 tot 1672 een stadhouderloos tijdperk ontstaat. Daarna doet de Republiek weer een beroep op een Oranje-vorst: de Friese stadhouder Willem IV, een verre neef van Willem III, wordt stadhouder. Hij trekt een deel van de macht in de 'Republiek der Zeven Verenigde Nederlanden' naar zich toe en wordt stadhouder in alle gewesten. De latere Nederlandse koning(innen)en stammen af van Willem IV. Hij sterft in 1751 en wordt opgevolgd door zijn zoon Willem V.
In de nieuwe republiek speelt het protestantse geloof een grote rol. Er is wel vrijheid van godsdienst, maar andere religies dan het protestantse geloof mogen niet openbaar beleden worden. Alleen onopvallend en in zogenoemde schuilkerken is een andere godsdienstbeoefening toegestaan. De vrijheid van godsdienst in Nederland is wel groter dan in de omringende landen, waardoor Nederland de naam krijgt een tolerant land te zijn.

DE VERLICHTING (1750–1850)

De periode van de Verlichting wordt zo genoemd omdat er veel nieuwe ideeën over godsdienst, kunst en wetenschap ontstaan. Er worden veel genootschappen opgericht waarin mensen de nieuwe ontwikkelingen bespreken. Na de grote groei stagneert de economie. Het bestuur in de Republiek raakt verlamd door alle mogelijke misstanden. De stadhouders gaan zich steeds meer als vorsten gedragen, tot ergernis van het volk. Er ontstaat een zogenoemde patriottenbeweging tegen de decadente 'Franse' levensstijl van de regenten met hun pruiken. De patriotten eisen herstel van hun burgerrechten, die zijn aangetast door de stadhouders en regenten. Zij willen ook meer zeggenschap voor grotere delen van de bevolking. Legertjes van patriottische vrijwilligers, die zich in diverse steden hebben gevormd, organiseren zich. Er ontstaat een reeks conflicten. De Republiek wordt in 1795 tijdens de zogenoemde Bataafse Revolutie door Franse troepen 'bevrijd'. Het blijft tot 1813 onder Frans bewind. Stadhouder Willem V ontvlucht het

land. De patriotten stichten de Bataafse Republiek. De Nederlandse statenbond wordt vervangen door een eenheidsstaat met een centrale regering in Den Haag en een hoofdstad, Amsterdam. In 1798 wordt de eerste Nederlandse grondwet afgekondigd. Er wordt een scheiding tussen kerk en staat ingesteld. Alle Nederlanders krijgen burgerrechten, waarmee er een einde komt aan de formele standsverschillen. Voortaan kan iedereen benoemd worden in een politieke functie.
Keizer Napoleon van Frankrijk installeert in 1806 zijn broer Lodewijk Napoleon als 'Koning van Holland'. De Franse invloed wordt steeds groter en in 1810 wordt Nederland volledig ingelijfd bij Frankrijk. Nederland heeft veel te danken aan de Fransen. Er komt een burgerlijke stand (een bevolkingsregistratie) en het onderwijs wordt nationaal geregeld. Voor het eerst wordt er overal op dezelfde manier recht gesproken en belasting geheven en zijn de maten en gewichten in het hele land gelijk. In 1813 komt er met de val van Napoleon een eind aan de Franse overheersing. Dit leidt tot het ontstaan van het Koninkrijk der Nederlanden, waarin de noordelijke en zuidelijke Nederlanden (het tegenwoordige België) voor korte tijd verenigd zijn. Prins Willem van Oranje, zoon van de laatste stadhouder Willem V, keert terug naar Nederland en wordt koning Willem I. Hij gaat voortvarend aan de slag, met een krachtige economische politiek. Het kost hem moeite de macht te delen met de Staten-Generaal, zoals vastgelegd in de Grondwet. In 1830 ontstaat in de zuidelijke Nederlanden verzet tegen de overheersende koning. In 1831 erkennen de Europese staten een onafhankelijk Belgisch koninkrijk, met vorsten uit het Huis van Saksen-Coburg. Nederland erkent de Belgische onafhankelijkheid pas in 1839, waarmee de tegenwoordige grens van Nederland is vastgelegd.

In 1840 wordt Willem I opgevolgd door zijn zoon Willem II. Er ontstaat onrust onder de bevolking, men wil meer invloed op de landspolitiek. Onder dreiging van revolutie, zoals elders in Europa, aanvaardt Willem II in 1848 een nieuwe, liberale grondwet, geschreven door de Leidse hoogleraar J.R. Thorbecke. De koning regeert voortaan onder ministeriële verantwoordelijkheid. Samen met andere (bestuurlijke) wetten van Thorbecke ontstaat hiermee het Nederlandse politieke bestel dat in grote lijnen nog steeds van kracht is. De macht van het parlement neemt sterk toe, maar het kiesrecht is nog erg beperkt. Maar 2,5 procent van de bevolking mag meedoen aan de verkiezingen.

DE INDUSTRIËLE REVOLUTIE (1850–1930)

De industrie wordt in deze periode langzaam belangrijker dan de handel en landbouw. Er worden overal fabrieken gebouwd. Stoommachines zijn in opkomst en er worden wegen, spoorlijnen, kanalen en telegraafkabels (de voorlopers van de telefoonkabels) aangelegd. De slechte arbeidsomstandigheden verbeteren langzamerhand. Er wordt een arbeidswet en een wet op kinderarbeid aangenomen, en er komt meer aandacht voor sociale, verantwoorde woningbouw. Er komen meer scholen en andere scholen. De openbare scholen die door het rijk worden betaald zijn er voor iedereen. De katholieken en protestanten stichten hun eigen scholen, waaraan de overheid aanvankelijk niet wil meebetalen. Maar na de zogenoemde 'schoolstrijd' krijgen protestanten en katholieken uiteindelijk net zoveel staatssubsidie als openbare scholen.
Het kiesrecht, dat in de achttiende en negentiende eeuw slechts voor een klein deel van de bevolking geldt, wordt langzaam uitgebreid. Vrouwen moeten echter nog een lange strijd voeren, tot ook zij in 1919 kiesrecht krijgen.
Tijdens de Eerste Wereldoorlog (1914–1918) blijft Nederland neutraal, maar omdat de omliggende landen in oorlog zijn en de Noordzee niet veilig meer is voor schepen, worden ook hier veel goederen schaars en ontstaat er een tekort aan eten. Er wordt een bonnensysteem voor de voedseldistributie ingesteld, zodat het weinige voedsel eerlijk over de bevolking verdeeld wordt.

Aan het eind van de negentiende eeuw probeert een aantal Europese landen zoveel mogelijk gebiedsdelen overzee (koloniën) te krijgen. Nederland vergroot en versterkt haar positie in Indonesië. Dit gaat gepaard met veel grootschalige onderdrukking. In 1863 wordt de slavernij in de Nederlandse koloniën afgeschaft. De Nederlandse regering koopt voor een bedrag van bijna 12 miljoen gulden 12.000 slaven in Nederlands-Indië, 38.000 slaven in Suriname en 11.000 slaven op de Antillen vrij. Omdat men bang is dat de Surinaamse economie na de afschaffing van de slavernij zal instorten, zijn de slaven verplicht om nog tien jaar – maar nu wel tegen betaling – op de plantages te blijven werken.

DE JAREN DERTIG EN DE TWEEDE WERELDOORLOG (1940–1945)

Begin jaren dertig ontstaan mede als gevolg van de ineenstorting van de beurs in 1929 en de wereldwijde economische crisis erna, grote werkloosheid en armoede in Nederland. Er heerst onder de bevolking een afkeer van de politiek, omdat die geen oplossing voor de problemen heeft. Er komen nieuwe politieke stromingen op, zoals de Nationaal-Socialistische Beweging (NSB) onder leiding van Anton Adriaan Mussert, die sympathiseert met Duitsland. Ondanks dat Nederland strikt neutraal is valt Duitsland op 10 mei 1940 Nederland binnen.

De Tweede Wereldoorlog begint op twee verschillende plaatsen: in het onrustige Europa en in het Verre Oosten. In Europa begint Duitsland de oorlog, in het Verre Oosten is dit Japan. Er is geen enkele andere oorlog in de geschiedenis geweest waarbij zoveel landen betrokken waren, waarbij zoveel doden zijn gevallen en zoveel schade is aangericht. Het aantal doden bedraagt naar schatting 27 miljoen soldaten en 25 miljoen burgers. Er zijn zes miljoen joodse slachtoffers. In Japan komen door de atoombommen circa 150.000 mensen om. De Tweede Wereldoorlog kost zo'n 20 miljoen Russen het leven. De schattingen van het aantal slachtoffers in China lopen uiteen van 2,5 miljoen tot 13,5 miljoen. Er komen 4,5 miljoen Duitsers om, 450.000 Engelsen en 290.000 Amerikanen. De oorlog kost meer dan 210.000 Nederlanders het leven, 6238 soldaten en 205.000 burgers. In de hongerwinter van 1944–1945 overlijden 30.000 Nederlanders door honger en kou. Dit is in verhouding tot het aantal inwoners het hoogste aantal van alle bij de Tweede Wereldoorlog betrokken landen, met uitzondering van Duitsland. Het totale aantal slachtoffers van de oorlog ligt waarschijnlijk boven de 50 miljoen.

Het kleine en slecht bewapende Nederlandse leger maakt geen kans tegenover de Duitse troepen wanneer deze onverwacht, zonder voorafgaande oorlogsverklaring, het land binnenvallen. Koningin Wilhelmina en de regering vluchten naar Engeland om van daaruit het verzet tegen de Duitse bezetting te leiden. Er breekt voor Nederland een moeilijke tijd vol onderdrukking, roof en moord aan. Vooral de vervolging, het wegvoeren en vermoorden van de vele joodse Nederlanders was en is voor velen een traumatische gebeurtenis. Aan het eind van de oorlog waren nog slechts 30.000 van de oorspronkelijke 140.000 Nederlandse Joden over.
In september 1944 wordt het zuiden van Nederland door Canadese, Engelse en Poolse soldaten bevrijd. Na de hongerwinter, die vooral in het westen van het land veel slachtoffers maakt, wordt de rest van Nederland op 5 mei bevrijd als Duitsland zich overgeeft.
Ondertussen heeft Japan in 1942 het overzeese gebiedsdeel Nederlands-Indië, het tegenwoordige Indonesië, bezet. Alle Nederlanders worden door de Japanners tot het einde van de oorlog onder heel slechte omstandigheden in kampen vastgehouden. In augustus 1945 geeft Japan zich over en komt er ook in het Verre Oosten een eind aan de oorlog.

DE WEDEROPBOUW (1945–1960)

In de jaren na de oorlog wordt Nederland weer opgebouwd. Men leidt een sober leven van hard werken en niet zeuren. Na de oorlog blijkt dat Nederlands-Indië onafhankelijk wil worden. Nederland stemt hier eerst niet in toe, maar erkent na Amerikaanse invloed in 1949 de onafhankelijkheid van Indonesië. Nederland staat in 1962 onder grote internationale druk ook het laatste stukje Indonesië, Nieuw-Guinea, af. 'Indië verloren, rampspoed geboren', was toen een veelgehoorde uitspraak. Hoewel men bang was dat het verlies van de rijke kolonie Nederlands-Indië tot een economische crisis zou leiden, bleek het tegendeel het geval. In de jaren vijftig nam de welvaart in Nederland snel toe. Suriname en de Nederlandse Antillen blijven onderdeel van het Koninkrijk der Nederlanden, maar krijgen in 1954 meer zelfstandigheid.
In 1953 vallen bij de watersnoodramp meer dan 1800 doden in Zeeland en Zuid-Holland. Om een dergelijke ramp in de toekomst te voorkomen wordt begonnen met de aanleg van de Deltawerken. De westelijke kust wordt door de verhoging van bestaande dijken, de aanleg van dammen, nieuwe dijken en watervloedkeringen beschermd tegen nieuwe overstromingen.
Er worden in deze periode veel nieuwe sociale wetten ingevoerd, zoals de Algemene Ouderdomswet Wet (AOW), de Bijstandswet en de Wet op de Arbeidsongeschiktheid (WAO). Minister-president Willem Drees (PvdA) speelt bij de invoering van deze wetten een belangrijke rol. In 1957 wordt de Europese Economische Gemeenschap (EEG) opgericht. Nederland behoort bij de eerste zes leden.

PERIODE VAN WELVAART EN VERANDERINGEN (1960 TOT HEDEN)

Hoewel men in Nederland rijker is dan ooit, raakt men eind jaren zestig van de twintigste eeuw ontevreden over de bestaande maatschappelijke verhoudingen. Steeds meer mensen gaan er een eigen mening op na houden. Dit is het begin van de individualisering. Veel mensen vinden hun geloof niet meer zo belangrijk en gaan minder of niet meer naar de kerk. De ontkerkelijking leidt ook tot politieke veranderingen. Vooral de christelijke politieke partijen kunnen niet langer rekenen op hun vaste kiezers. De komst van de pil en andere voorbehoedsmiddelen zorgt voor een grote seksuele vrijheid. Vanaf de jaren zeventig verandert de Nederlandse samenleving snel. Nederland wordt het land van ontwapening en ontwikkelingshulp, van coffeeshop en porno, van feminisme en homorelaties. Met de economie gaat het na de oliecrisis in het najaar van 1973 slechter, en door schaalvergroting moeten veel boeren en winkeliers noodgedwongen hun bedrijf sluiten. De 'oude' industrie, waaronder de mijnbouw, scheepsbouw en de textielindustrie, gaat geheel of gedeeltelijk verloren, vooral door de grote internationale concurrentie van landen met lagere lonen. In 1975 wordt Suriname, een overzees gebiedsdeel van Nederland, onafhankelijk.

Tegenwoordig is Nederland een modern industrieel land dat daarnaast ook veel landbouwgewassen verbouwt en uitvoert. De werkgelegenheid verplaatst zich van productie naar (zakelijke) dienstverlening. Het behoort tot de oprichters van de NAVO, de Raad van Europa en de Europese Gemeenschap en was in het verleden vaak een stuwende kracht voor de verdere vereniging van Europese landen in de Europese Unie, bijvoorbeeld bij de invoering van de euro in 2000.

Verworven vrijheden zoals de minirok, naaktstranden, het drugsbeleid en het homohuwelijk zijn van belang voor Nederland. Het klimaat lijkt echter minder liberaal te worden door de komst van nieuwe Nederlanders met geloofsovertuigingen waarin een aantal Europees-Nederlandse kernwaarden en bijbehorende moraal niet vanzelfsprekend lijken. De historische gastvrijheid van de Nederlanders staat ook hierdoor de laatste jaren onder druk. Dit leidt tot spanningen en met name meningsverschillen over de mate waarin en de wijze waarop immigranten moeten worden toegelaten en integratie plaats moet vinden. Er komt meer nadruk op inburgering voor nieuwkomers.

FEESTEN EN BIJZONDERE DAGEN

ALGEMEEN

Nederland heeft, in verhouding tot andere landen van Europa, weinig nationale vrije dagen. Slechts bij enkele feestdagen – en geen enkele herdenkingsdag – krijgt men een officiële vrije dag. In Nederland ziet men een viering of herdenking als een persoonlijke aangelegenheid, die in de eigen tijd kan plaatsvinden. In tegenstelling tot wat in andere landen wel gebruikelijk is, worden in Nederland Kerstmis, Pasen en Pinksteren niet op één dag gevierd, maar op twee dagen. Pasen en Pinksteren zijn altijd op een zondag en maandag. Op de maandag zijn scholen, overheden en bedrijven dan gesloten. Feestdagen worden in Nederland meestal binnenshuis, eventueel met familie en vrienden, en betrekkelijk eenvoudig gevierd. Het accent hierbij ligt meestal op eten en drinken. Uitzondering is de vaak uitbundige Koninginnedag, waarop veel van de drukbezochte festiviteiten in de buitenlucht plaatsvinden.

NIEUWJAARSDAG

Nieuwjaarsdag, 1 januari, is een officiële feestdag. Overheidsinstellingen, scholen, winkels, kantoren en de meeste bedrijven zijn gesloten. Omdat de meeste mensen diep in de nacht naar bed zijn gegaan, staat men vaak wat later op. Daarna begint de dag voor veel mensen met de rechtstreekse televisie-uitzending van het traditionele Nieuwjaarsconcert, dat wordt uitgevoerd door het Wiener Philharmoniker in Wenen. Dit concert wordt in een groot aantal landen over de hele wereld rechtstreeks uitgezonden. Er worden veel werken gespeeld van de Oostenrijkse componistenfamilie Strauss. 's Middags gaat men veelal op bezoek bij de ouders, familie of vrienden om deze, voorzover men dat nog niet heeft gedaan, een gelukkig nieuwjaar toe te wensen.

DRIEKONINGEN

Driekoningen is een katholiek feest. De naam verwijst naar de 'drie wijzen uit het oosten' – Caspar, Melchior en Balthazar – die de pasgeboren Jezus Christus kwamen begroeten en geschenken voor de nieuwgeborene meenamen. Een ster wees hun de weg naar de stal waar Jezus was geboren. Op de avond van 6 januari lopen in sommige delen van het land groepjes verklede kinderen en volwassenen zingend langs de deuren. Ze zijn verkleed als koningen met een kroon op het hoofd en dragen lampions of een ster op een lange stok. Als dank voor het zingen krijgen ze snoep, fruit of geld.

CARNAVAL

Carnaval wordt veertig dagen voor het paasfeest gevierd. De datum verschilt per jaar, maar valt altijd tussen 2 februari en 8 maart. Het feest duurt drie of vier dagen, dat verschilt per regio. In de noordelijke provincies wordt niet op grote schaal carnaval gevierd. Daar begint het meestal op zaterdag en eindigt het feest op maandagavond. Carnaval wordt vooral ten zuiden van de grote rivieren (de Rijn, de Maas en de Waal) in het meer katholieke deel van Nederland gevierd. Hier eindigen de festiviteiten meestal op dinsdag rond middernacht. De meeste plaatsen hebben een carnavalsvereniging, die zich een groot deel van het jaar bezighoudt met de organisatie van het carnavalsfeest. Elk jaar op elf november benoemt de carnavalsvereniging een 'raad van elf' en wijst zij een Prins Carnaval aan. Ook de carnavalsgebruiken verschillen per streek. Over het algemeen wordt carnaval gevierd met een carnavalsoptocht met versierde praalwagens, muziekkorpsen en verklede mensen. Er wordt veel meegezongen met speciale carnavalsliedjes. 's Avonds gaat men al dan niet verkleed tot diep in de nacht uit en wordt er veel alcohol gedronken.

Het is onbekend hoe oud het carnavalsfeest precies is. In elk geval werd er in de Middeleeuwen al op grote schaal carnaval gevierd. In elk dorp en elke stad waren grote optochten van verklede mensen (maskerades). Het hoogtepunt bereikte het carnaval toen – en nu nog steeds – tijdens de drie dagen voor Aswoensdag, de dag waarop in de katholieke kerk de veertigdaagse vastenperiode begon. Ongestraft konden de carnavalsvierders stoom afblazen en dingen doen die anders niet mochten (niet door de beugel konden). Vanaf de zestiende eeuw groeide de weerstand tegen het carnaval. De kerken en overheden gingen zich inspannen om het feest in nettere banen te leiden in de hoop dat het langzaam maar zeker vanzelf over zou gaan. Na de Tweede Wereldoorlog beleefde het carnaval vooral in Zuid-Nederland een ware opleving met de opkomst van het moderne 'ontkerkelijkte' – en wat commerciëler geworden – carnaval. Nog steeds zijn daar drie dagen lang de Prins en zijn Raad van Elf de baas in Oeteldonk ('s-Hertogenbosch), Krabbengat (Bergen op Zoom), Lampegat (Eindhoven) of hoe hun stad of dorp tijdens de carnavalsperiode ook mag heten.

VALENTIJNSDAG (14 FEBRUARI)

Valentijnsdag is niet zozeer een traditioneel Nederlands gebruik als wel een uit de Angelsaksische landen, Amerika en Engeland afkomstig gebruik. Op Valentijnsdag koopt men bloemen of een cadeautje voor de partner of stuurt een speciale Valentijnskaart naar een geliefde. Als men iemand erg leuk vindt zonder dat de persoon in kwestie dit weet, kan men hem of haar een Valentijnskaart, een enkele roos of een boeket bloemen sturen. Vaak wordt er geen naam vermeld op de kaart of het cadeautje, maar wordt er een omschrijving van de afzender gegeven. De ontvanger moet raden van wie het afkomstig is. Valentijnsgeschenken zijn meestal klein, grappig en voorzien van een rood hart of lint.

1 APRIL

1 april is een dag waarop mensen elkaar voor de gek houden. Men verzint allerlei grappen om familie, vrienden of collega's beet te nemen. Iedereen, ongeacht leeftijd of positie, kan slachtoffer worden van een 1-aprilgrap, maar ook iedereen kan op deze dag zelf de grappenmaker zijn. Zo kan men iemand naar de winkel sturen om iets te kopen wat niet bestaat, zoals een doos halve spijkers of een tennisballenpompje. Bij kinderen zijn populaire 1-aprilgrappen de mededeling dat er een vlek of gat in iemands kleding zit. Vervolgens roepen ze '1 april', vaak gevolgd door 'kikker in je bil'. Televisie en radio verspreiden alle mogelijke fantastische berichten. Vervolgens wordt de dag erna bekendgemaakt dat het om een 1-aprilgrap ging. Aprilgrappen zijn eeuwenoud, maar onbekend is waar en hoe ze ontstaan zijn.

PALMZONDAG

De laatste zondag voor Pasen is Palmzondag. Jezus werd op deze zondag bij zijn intocht in Jeruzalem begroet als de Messias. Deze intocht wordt herdacht met palmpaasoptochten. Tegenwoordig ziet men ze niet veel meer, maar enkele tientallen jaren geleden waren er nog optochten van kinderen met palmpaasstokken of kruizen. Deze waren versierd met slingers en vogels van brood.

PASEN

Pasen wordt gevierd in de periode tussen 22 maart en 19 april, na de eerste zondag met volle maan na 21 maart, het begin van de lente. Paaszondag en maandag zijn officiële feestdagen. Overheden, bedrijven, winkels en scholen zijn gesloten, maar meubelboulevards en tuincentra zijn open en worden door heel veel mensen bezocht. Het ei speelt als symbool van vruchtbaarheid een grote rol tijdens Pasen. Er wordt ontbeten met gekookte (en beschilderde) eieren. Het gezegde luidt: 'één ei is geen ei, twee ei is een half ei, drie ei is een paasei'. Men geeft elkaar ook wel mooi versierde en verpakte chocolade paaseieren of paashazen cadeau. Voor kinderen verstopt men eieren, die zij vervolgens moeten zoeken. Vanouds was Pasen het lentefeest ter ere van de zon. De kerk maakte er het feest van de opstanding van. Rond Pasen worden er onder meer speciaal paasbrood, een luxe krentenbrood met spijs en poedersuiker en duivekaters, zoet brood, verkocht. De laatste decennia is ook de zogenoemde Paasboom populair. Dit is een bos wilgentakken die in een vaas in de huiskamer staat en versierd is met houten figuurtjes als eieren en paashazen. Vroeger kocht men voor Pasen, het begin van het voorjaar, nieuwe kleding. Hier komt het gezegde 'op je paasbest' - in je mooiste kleding - vandaan. Traditiegetrouw worden in Nederland in de periode voorafgaand aan Pasen vele orkest- en kooruitvoeringen gegeven van het muziekstuk de *Matthäus Passion* van de componist Johann Sebastian Bach. De uitvoeringen worden ondanks de lange zit, het stuk duurt zo'n drie uur, elk jaar door vele tienduizenden mensen bezocht.

KONINGINNEDAG

Op 30 april wordt Koninginnedag gevierd. Het is een officiële feestdag. Overheidsinstellingen, scholen, kantoren en de meeste winkels en bedrijven zijn gesloten. Koninginnedag is voor veel mensen het begin van een korte vakantie. De scholen zijn een week gesloten in deze periode, waarin Koninginnedag en Bevrijdingsdag vallen. Koningin Beatrix is op 31 januari jarig, maar bij haar inhuldiging tot Koningin gaf zij de wens te kennen dat Koninginnedag, zoals tot dan toe gebruikelijk, gevierd zou worden op 30 april, de verjaardag van haar moeder. Naast een eerbetoon aan de oude koningin Juliana had het ook een praktische reden. Veel van de feestelijkheden op Koninginnedag vinden buiten plaats en in januari is het hiervoor te koud. De koningin viert haar eigenlijke verjaardag in januari thuis met haar familie. Op 30 april bezoekt ze traditiegetrouw 's morgens twee verschillende plaatsen in het land. Zij wordt hierbij vergezeld door de meeste leden van de Koninklijke Familie. De bezoeken worden rechtstreeks uitgezonden op televisie.

Koninginnenacht

De laatste jaren begint het feest in veel plaatsen, vooral in de grote steden, al de avond voorafgaand aan Koninginnedag. Veel mensen dragen oranje kleding en oranje hoeden, vaak in de vorm van een kroon of andere versieringen. Cafés mogen langer openblijven en er zijn veel mensen die op straat met een glas in de hand feestvieren.

De vrijmarkt

Koninginnedag is de enige dag in het jaar dat iedereen zonder vergunning alles op straat mag verkopen. Dit wordt de vrijmarkt genoemd. De ene helft van Nederland verkoopt vanaf een tafeltje of kleedje op straat voor kleine bedragen alles wat hij het hele jaar heeft opgespaard zoals oud servies, boeken en cd's, kleding, schoenen, fietsen en meubelen. Het andere deel van Nederland loopt rond, op zoek naar leuke 'koopjes'. Kinderen spelen op een muziekinstrument of verkopen zelfgemaakte etenswaren als cake of koek. Populaire plekjes voor de verkoop worden vaak al enkele dagen of zelfs weken voor Koninginnedag met krijt of plakband op straat gereserveerd. Men zit vaak al vanaf de dag(en) ervoor op straat om het plekje bezet te houden. De verkoop mag meestal pas op de vroege ochtend van Koninginnedag beginnen, maar dit verschilt per gemeente. Vanaf 's morgens vroeg staan de centra van vooral de grote steden overvol met kraampjes met eten en drinken. In Amsterdam varen door de grachten ontelbare boten en bootjes, afkomstig uit de wijde omgeving van Amsterdam en meestal overvol met feestvierders.

Oranjeverenigingen en folklore

De vele feesten en activiteiten op Koninginnedag worden georganiseerd door de naar schatting duizend Oranjeverenigingen. Met de inzet van veel vrijwilligers worden er onder meer zeskampen met vaak – Oudhollandse – spelletjes als koekhappen en zaklopen gehouden en worden er uitvoeringen door muziekgezelschappen en sportverenigingen gegeven. Ook zijn er traditiegetrouw veel demonstraties van oude beroepen (ambachten) zoals klompenmaker, mandenmaker en glasblazer. Als er één dag is waarop men kan zien wat Nederlandse folklore betekent, dan is het op Koninginnedag. Het gaat niet alleen om oud vermaak zoals koekhappen of zaklopen, maar ook om sport, spel en theater, dans en muziek in al hun verscheidenheid.

Geschiedenis van Koninginnedag

Koninginnedag is nog niet zo heel lang een nationale feestdag. Het is pas in de tijd van koningin Juliana, de moeder van koningin Beatrix, een echte feestdag geworden en groeide vooral tijdens de regering van koningin Beatrix uit tot een nationaal volksfeest.
In de tijd van koningin Emma, de overgrootmoeder van de huidige koningin Beatrix, was er nog geen sprake van een Koninginnedag zoals wij die nu kennen. In die tijd woonde koningin Emma tijdens de zomer op Paleis Soestdijk en was het gebruikelijk dat de bevolking van Baarn, de gemeente waarin het paleis ligt, haar op haar verjaardag, op 2 augustus, bloemen bracht.

Op 31 augustus 1889 werd de verjaardag van de toen negenjarige prinses Wilhelmina, dochter van koningin Emma, voor het eerst in het openbaar gevierd. Deze zogenoemde Prinsessedag was de voorloper van de latere Koninginnedag, en had tot doel de nationale eenheid te benadrukken. De gedachte was dat Prinsessedag de plaatselijke oogstfeesten kon vervangen, die aan het einde van de zomer werden gehouden. Na het overlijden van haar vader, koning Willem III, werd Wilhelmina koningin. Omdat ze pas tien jaar oud was werd haar moeder, koningin Emma, aangewezen tot haar zaakwaarnemer (regentes). Aangezien prinses Wilhelmina officieel koningin was, werd Prinsessedag in 1890 omgedoopt tot Koninginnedag. Omdat Koninginnedag op de laatste dag van de traditionele schoolvakantie viel, werd het deze periode algauw een feest voor de kinderen. De koningin en haar familie woonden op Koninginnedag geen festiviteiten bij, tenzij er een speciale reden voor was. Dit was het geval ter gelegenheid van de vijftigste verjaardag van koningin Wilhelmina in 1930.

Toen Juliana, de dochter van koningin Wilhelmina, als koningin der Nederlanden werd ingehuldigd, werd Koninginnedag gevierd op haar verjaardag op 30 april. Koningin Juliana vierde haar verjaardag altijd thuis op Paleis Soestdijk, en hield daarmee de traditie van haar grootmoeder, koningin Emma, in stand. Op de ochtend van haar verjaardag stond zij samen met de koninklijke familie op het bordes van het paleis. Mensen uit het hele land kwamen haar daar bloemen en geschenken brengen. De bloemen werden op de trappen van het bordes gelegd; dit werd het bloemendefilé genoemd. Deze gebeurtenis werd vanaf halverwege de jaren vijftig op televisie uitgezonden. Tijdens de regering van koningin Juliana werd het langzamerhand gebruikelijk dat iedereen op Koninginnedag een vrije dag kreeg, waarmee 30 april een officiële feestdag werd.

4-MEIHERDENKING (DODENHERDENKING)

Tijdens de Nationale Herdenking op 4 mei herdenken Nederlanders allen – burgers en militairen – die in oorlogssituaties en bij vredesmissies waar ook ter wereld, zijn omgekomen sinds het uitbreken van de Tweede Wereldoorlog. Het is een normale werkdag en de kinderen gaan gewoon naar school. 's Avonds worden er in het hele land herdenkingen gehouden en bloemkransen gelegd bij monumenten voor de slachtoffers van de Tweede Wereldoorlog. Om acht uur 's avonds is er twee minuten stilte. De treinen staan stil en radio en tv zenden geen geluid uit. Uit respect voor de slachtoffers en degenen die hen herdenken worden kinderen 's avonds voor acht uur binnen geroepen en wordt er geen muziek gedraaid of luid op straat gepraat.

BEVRIJDINGSDAG

Van 1940 tot 1945 werd Nederland bezet door Duitsland. Op bevrijdingsdag, 5 mei, wordt het einde van de Tweede Wereldoorlog gevierd. Het heeft meer dan veertig jaar geduurd voor de Nederlanders het erover eens waren dat het bevrijdingsfeest jaarlijks moest worden gevierd. Inmiddels is de 5-meiviering een feestelijke dag waarop de Nederlanders vrijheid en verdraagzaamheid proberen uit te dragen. In alle provinciehoofdsteden en in Amsterdam, maar ook in veel andere plaatsen worden bevrijdingsfestivals gehouden. Op deze festivals worden popconcerten en theatervoorstellingen gegeven en discussies gehouden. Als afsluiting van de dag wordt traditiegetrouw het klassieke bevrijdingsconcert gehouden. Dit vindt plaats op en rond de Amstel voor theater Carré in Amsterdam en wordt bijgewoond door de Koningin en de minister-president.

HEMELVAARTSDAG

Hemelvaartsdag valt veertig dagen na Pasen op een donderdag in mei, in de periode van 30 april tot 3 juni. Het is een officiële feestdag. Overheidsgebouwen, scholen, winkels en bedrijven zijn op deze dag gesloten. Op Hemelvaartsdag wordt de Hemelvaart van Jezus Christus herdacht veertig dagen na Pasen. Vroeger werden er wel processies gehouden, maar tegenwoordig is het uitsluitend een vrije dag zonder festiviteiten of feestelijkheden.

MOEDERDAG

Moederdag wordt op de tweede zondag in mei gevierd. De dag is bedoeld om moeders in het zonnetje te zetten en te verwennen, maar dient volgens sommigen vooral een commercieel belang. Er wordt veel reclame voor moederdag gemaakt door de middenstand. Moeders van kinderen op de basisschool krijgen meestal cadeautjes die de kinderen op school gemaakt hebben en soms ook parfum, boeken, bloemen of huishoudelijke apparaten. Veel moeders hoeven op zondag niets te doen, want man en kinderen brengen ontbijt op bed, koken en wassen af. Volwassen kinderen gaan op bezoek bij hun moeder.

MEIFEESTEN

Het meifeest was vanouds een landbouwfeest, bedoeld om het moment in de jaarcyclus waar de verschillende gewassen worden bevrucht, te vieren. In de Middeleeuwen werd het feest overal in Europa gevierd. Tot in de vorige eeuw werd nog overal in Europa rond een meipaal gedanst. In Zuid-Limburg is deze traditie blijven bestaan en ook elders in het land ziet men steeds vaker de meiboom opnieuw verschijnen, soms ook als toeristische attractie. Door de katholieke kerk werd de meimaand uitgeroepen tot Mariamaand, waarbij men probeerde de verering van de Heidense vruchtbaarheidsgodin om te buigen naar een verering van de Heilige Maagd. De meifeesten worden in sommige plaatsen gevierd met optochten, muziekfestivals, braderieën en het ontsteken van grote vuren.

LUILAK

Tegenwoordig merkt men in de meeste plaatsen niet zoveel meer van Luilak, maar het was vooral voor kinderen uit de omgeving van Amsterdam lang gebruikelijk om op de zaterdag voor Pinksteren heel vroeg op te staan en de straat op te gaan om zoveel mogelijk lawaai te maken. Het was erg populair om bij mensen aan te bellen (belletje trek), op ruiten te bonzen en door brievenbussen 'Luilak, beddenzak' te roepen. Ook bonden kinderen met touwtjes lege blikken achter hun fiets. Deze sleepten over de grond en veroorzaakten zo veel herrie. Het hoogtepunt van Luilak waren vaak de grote luilakvuren. Deze gewoonte is in de loop van de tijd in de meeste plaatsen verdwenen. Veel bakkers verkopen met Luilak de zogenoemde Luilakbollen.

PINKSTEREN

Pinksteren wordt vijftig dagen na Pasen gevierd. Pinksterzondag en -maandag zijn officiële feestdagen. Overheden, bedrijven, winkels en scholen zijn gesloten. Meubelboulevards en tuincentra zijn meestal open en worden door veel mensen bezocht. De betekenis van Pinksteren is bij velen onbekend. De oorsprong is de katholieke herdenking van het neerdalen van de Heilige Geest over de apostelen. Daarnaast wordt ook de stichting van de katholieke kerk en de eerste prediking van het evangelie herdacht. Er zijn met Pinksteren geen speciale feestelijkheden, maar er zijn wel veel braderieën, kermissen en markten. Vooral op het platteland worden met Pinksteren vaak motorraces of motor- of autocrosswedstrijden gehouden.

VADERDAG

Vaderdag wordt naar het voorbeeld van moederdag gevierd op de derde zondag in juni. Ook vader krijgt cadeautjes, van knutselwerkjes die kleine kinderen zelf gemaakt hebben tot uiteenlopende cadeaus als aftershave of gereedschap van vrouw en grotere kinderen.

MIDZOMER, ZONNEWENDE OF SINT-JANSFEEST

Het zijn verschillende namen voor de viering van het begin van de zomer. Dit wordt op of rond de langste dag van het jaar gevierd. Bij het astronomische begin van de zomer bereikt de zon haar noordelijkste punt en staat voor bewoners van het noordelijk halfrond hoog aan de hemel. Volgens de traditie vindt het Midzomer- of Sint-Jansfeest op 24 juni plaats, maar het wordt ook vaak gevierd op 21 juni, de langste dag van het jaar. De zonnewende is het moment in de kortste nacht van het jaar waarbij de bewegingsrichting van de zon omkeert van noordelijk naar zuidelijk. Op dat moment bevindt de zon zich exact boven de kreeftskeerkring. De zomerfeesten worden niet overal gevierd, maar in de plaatsen waar dit wel gebeurt, wordt vaak een muziekfestival of een nachtelijke braderie gehouden of vuurwerk afgestoken. Vooral in het oosten van het land worden 's avonds grote vuren ontstoken. Oorspronkelijk was de gedachte dat hoe hoger de vuren zouden oplaaien hoe overvloediger de oogst zou zijn. Tegenwoordig is het vooral een volksvermaak. Met een oostelijke wind en laaghangende bewolking kan de brandlucht zelfs in het midden en westen van het land worden geroken.

VETERANENDAG

De nationale veteranendag werd op 29 juni 2005 voor het eerst gehouden als eerbetoon en blijk van erkenning en waardering voor de Nederlandse oud-militairen. Er vinden in Den Haag een defilé, een ceremoniële medaille-uitreiking en een plechtigheid in de Ridderzaal plaats. Op het Malieveld in Den Haag vormt een feestelijke manifestatie het centrale deel van de Veteranendag voor de ruim honderdduizend nog in leven zijnde militairen die tijdens de Tweede Wereldoorlog of daarna in Indonesië, Korea of Nieuw-Guinea zijn ingezet en voor de snelgroeiende groep 'jonge veteranen'. Dit zijn oud-militairen die hebben deelgenomen aan vredesmissies in internationaal verband, zoals in Libanon, Cambodja, het voormalige Joegoslavië, Afghanistan en Irak. Ruim vijftigduizend van hen zijn inmiddels uit dienst en behoren sindsdien tot de veteranen. In 2005 is het laatste defilé voor veteranen en oud-verzetsstrijders in Wageningen gehouden. Het defilé werd traditiegetrouw afgenomen door prins Bernhard in zijn rol als oud-hoofd van de Nederlandse strijdkrachten. Na het overlijden van de prins is besloten tot het instellen van Veteranendag op diens verjaardag. Omdat bleek dat een zaterdag meer bezoekers trekt wordt de Nederlandse Veteranendag vanaf 2009 op de laatste zaterdag van juni gehouden.

NATURALISATIEDAG

In 2005 is door het kabinet besloten om een naturalisatiedag in te voeren. Die dag werd sinds 2006 jaarlijks gehouden op 24 augustus, de datum waarop in 1815 de eerste grondwet van het Koninkrijk der Nederlanden van kracht werd. Veel gemeenten vonden die datum onhandig vanwege de zomervakantie. Het kabinet heeft daarom besloten om de naturalisatiedag met ingang van 2008 te houden op 15 december: de dag waarop in 1954 het Koninkrijkstatuut werd getekend. In dat statuut zijn de verhoudingen tussen Nederland en de overzeese gebieden geregeld. Het kabinet wil met de naturalisatiedag benadrukken dat naturalisatie geen vrijblijvende zaak is en dat de nieuwe Nederlanders alle rechten en plichten krijgen die bij het nieuwe Nederlanderschap horen. De gedachte is dat het accepteren van het Nederlanderschap niet zomaar iets is, maar een gebeurtenis die gevierd moet worden. Naast de ceremonie op de nationale naturalisatiedag mogen gemeenten ook extra ceremoniedagen organiseren op andere data. De gemeenten bepalen grotendeels zelf de invulling van het programma.

SINT-MAARTEN

In sommige delen van Nederland wordt op 11 november Sint-Maarten gevierd. Vooral in de provincie Noord-Holland ten noorden van het Noordzeekanaal en in de noordelijke provincies Friesland en Groningen is Sint-Maarten van oudsher populair. Kinderen in de basisschoolleeftijd lopen vaak vergezeld door een ouder bij het invallen van de duisternis langs de deuren. Ze dragen een, meestal op school gemaakte, lampion en zingen speciale Sint-Maartenliedjes. Als dank voor hun gezang krijgen ze snoep en fruit dat verzameld wordt in de speciaal hiervoor meegenomen tas. Op sommige plaatsen worden ook Sint-Maartensvuren ontstoken.

SINT-NICOLAAS

Sinterklaas is een oud, typisch Nederlands feest dat op vijf of zes december wordt gevierd. Daaraan voorafgaand vindt meestal op de derde zaterdag in november de intocht van Sinterklaas plaats. In bijna alle plaatsen van Nederland komt in deze periode Sint-Nicolaas aan. Bij aan het water gelegen plaatsen gebeurt dit vaak per versierde boot en anders op een wit paard. De intocht van Sinterklaas is een feestelijke gebeurtenis die vaak door honderden en in grote plaatsen zelfs door duizenden kinderen en hun ouders wordt bijgewoond. Sinterklaas maakt na zijn aankomst meestal een rondrit per paard of auto. Hij wordt hierbij vergezeld door zijn zwarte Pieten en muziek- en majorettekorpsen, praalwagens en wat dies meer zij. De zwarte Pieten delen snoep uit aan de kinderen en de burgemeester houdt meestal een toespraak. Daarin heet hij de Sint welkom en spreekt hij zijn blijdschap uit dat Sint-Nicolaas weer in Nederland is aangekomen.

Geschiedenis van Sint-Nicolaas

Het verhaal gaat dat Sint-Nicolaas uit Spanje komt. Dat wordt ook in de sinterklaasliedjes gezongen. Maar in werkelijkheid ligt de oorsprong van Sinterklaas in Turkije. Daar werd rond het jaar 300 Nicolaas, de latere bisschop van Myra, geboren. Na zijn dood, op zes december, werd hij door de kerk heilig verklaard. Sint-Nicolaas is de beschermheilige van onder meer zeelieden en kinderen. Het Sinterklaasfeest wordt al sinds de Middeleeuwen in Nederland gevierd. Sinterklaas was vroeger wel wat strenger dan tegenwoordig. Enkele decennia geleden werd nog tegen stoute kinderen gezegd dat als ze niet lief waren Sinterklaas ze in de zak mee zou nemen naar Spanje. Ook werd wel gedreigd dat zwarte Piet ze met de roe zou slaan. De roe was de bos met takken die zwarte Piet vroeger bij zich droeg. Tegenwoordig is Sinterklaas vooral een aardige oude man die cadeautjes komt brengen.

Schoen zetten

Kinderen mogen zodra Sinterklaas in Nederland is aangekomen hun schoen zetten. Dit houdt in dat kinderen een lege schoen in de huiskamer zetten, meestal bij de verwarming of voor de kachel. Vaak wordt er naast de schoen voor het paard van Sinterklaas een bak water gezet of een wortel neergelegd. De ouders zorgen dat wortel en water de volgende ochtend weg zijn. Ook zingen de kinderen vaak een sinterklaasliedje bij hun schoen. Deze is de volgende ochtend gevuld met wat snoep of een klein cadeautje. Volgens de sinterklaasverhalen rijdt Sinterklaas 's nachts op zijn schimmel over de daken vergezeld door zijn zwarte Pieten. De Pieten gooien de cadeautjes door de schoorsteen en deze vallen vervolgens in de schoenen van de kinderen. Het hangt van de dikte van de portemonnee van de ouders af hoe vaak kinderen hun schoen mogen zetten.

Pakjesavond

Op vijf december wordt samen met familie en vrienden pakjesavond gevierd. Veel winkels en bedrijven gaan eerder dicht, zodat iedereen op tijd thuis is om Sinterklaas te vieren. Overdag ziet men overal Sinterklaas vergezeld van zijn Pieten onderweg om kinderen op scholen te bezoeken of om cadeautjes bij huizen af te leveren. Bij de meeste gezinnen komt Sinterklaas niet zelf langs, maar staat de zak met cadeautjes opeens in de gang. Hij is daar stilletjes door een onzichtbare Piet neergezet. Vóór het uitpakken van de cadeautjes worden er vaak sinterklaasliedjes gezongen. Ouders van kleine kinderen vieren Sinterklaas vaak met de opa's en oma's. Grote kinderen en volwassenen zonder kleine kinderen vieren het vaak met familie en/of vrienden. Voorafgaand aan Sinterklaas maken kinderen hun verlanglijstje voor Sinterklaas. Op dit lijstje schrijven ze wat ze graag zouden willen hebben.

Surprises

Gezinnen met oudere kinderen en volwassenen maken vaak surprises voor familie of vrienden, collega's of klasgenoten. Een surprise, het woord wordt overigens niet op de Engelse maar op de Franse wijze uitgesproken, is een verrassing. Een goede surprise is vaak een klein kunstwerk waaraan veel tijd en aandacht is besteed. De verpakking, 'de surprise', is zeker zo belangrijk als het cadeau. Een surprise wordt vaak van papier(-maché), karton, lijm en plakband in elkaar geknutseld en zegt iets over het karakter, het werk of hobby's van degene voor wie ze bestemd is. Een surprise voor iemand die altijd achter de computer zit kan bijvoorbeeld een computer gemaakt van karton in een originele computerverpakking zijn. Voor iemand die houdt van snoepen kan men denken aan een taart van papier-maché versierd met echte slagroom en vruchtjes en verpakt in een taartendoos. Het eigenlijke cadeau is verpakt in de surprise. Het maken van sinterklaassurprises en -gedichten is omgeven met veel geheimzinnigheid. In de sinterklaasperiode kan men in huis niet zomaar een kamer binnenlopen. Er is een grote kans dat men iemand stoort die daar in alle beslotenheid aan het dichten of knutselen is.

Sinterklaasgedichten

Bij pakjesavond horen sinterklaasgedichten. Het gedicht of rijmpje zit meestal op de verpakking van het cadeau geplakt. De ontvanger moet dit hardop voorlezen alvorens hij het cadeau mag uitpakken. In het gedicht wordt vaak een verband gelegd met de eventuele surprise. In een sinterklaasgedicht kan men iemand op een leuke en niet-kwetsende manier onderhouden over slechte of vervelende gewoontes, of zinspelen op rare en grappige gebeurtenissen uit het afgelopen jaar. De gedichten worden altijd ondertekend door Sint en Piet. Er zijn in de sinterklaasperiode als hulp bij het maken van de sinterklaasgedichten veel speciale boekjes met rijmwoorden, kant-en-klare zinnen en zelfs hele gedichten te koop.

Snoep- en strooigoed

Snoep speelt een belangrijke rol bij de sinterklaasviering. Er zijn in deze periode speciale soorten snoep te koop die de rest van het jaar vaak niet of moeilijk verkrijgbaar zijn, zoals pepernoten, taaitaai en speculaaspoppen, chocolademunten, suikergoed en marsepein. Ook chocoladeletters zijn in deze periode erg populair. Men geeft iemand, in chocolade, de eerste letter van diens voornaam of de letter m of p van mama of papa. Zwarte Piet deelt het snoepgoed vaak uit aan kinderen of gooit snoep in het klaslokaal op school. Ook thuis wordt op vijf december vaak gestrooid. Piet is dan vaak niet meer dan een zwarte handschoen die om het hoekje van de deur het snoepgoed door de kamer gooit. Vaak is het ook een afleidingsmanoeuvre. Als de kinderen het snoepgoed oprapen heeft Sinterklaas mooi de gelegenheid om de cadeaus op de gang klaar te zetten.

KERSTMIS

Met Kerstmis vieren de christenen de geboorte van Jezus Christus. Hoewel alleen bekend is dat hij tussen het jaar vier en acht van de Gregoriaanse jaartelling geboren is, heeft Rome lang geleden besloten de nacht van 24 op 25 december als geboortenacht van Jezus Christus te beschouwen. Deze datum kwam destijds goed uit omdat het feest van de winterzonnewende met de kerstviering gecombineerd kon worden. Met de komst van het christendom kregen veel heidense natuurfeesten een religieus karakter. De rooms-katholieke kerk begreep hoe belangrijk deze oude gebruiken voor de mensen waren, kon er eenvoudig niet omheen en maakte daarom de rituelen tot onderdeel van het kerkelijk leven. De kerstboom bijvoorbeeld heeft niets met het kerstverhaal, maar alles met de levensboom van de oude Germanen te maken. Ook het versieren met hulsttakjes, van de boom die geluk bracht, en het branden van kaarsen, voor het afweren van gevaar en geesten, hebben een heidense oorsprong.

Op kerstavond, 24 december, gaan de meeste rooms-katholieke en protestantse gelovigen naar de kerkdienst. Deze begint doorgaans om twaalf uur 's nachts en wordt ook veel bezocht door mensen die normaal niet (meer) in de kerk komen. Kerstmis wordt verder vooral thuis met familie en vrienden gevierd. Er wordt veel tijd, geld en aandacht besteed aan de versiering van het huis en aan eten en drinken. Het hoogtepunt van de kerstviering zijn de uitgebreide kerstdiners, vooral op eerste, maar ook op tweede kerstdag. Ook geeft men elkaar steeds vaker kerstcadeaus. Eén tot twee weken voor kerst wordt in veel huizen de kerstboom al versierd. De boom blijft vervolgens meestal staan tot begin januari. Er zijn ook veel mensen die in de kerstperiode met vakantie gaan en kerst in de sneeuw of juist op een zonnige bestemming vieren. De kerstman wordt overigens steeds meer een concurrent van Sinterklaas. Hij legt de laatste jaren steeds vaker cadeaus onder de kerstboom.

Kerst- en nieuwjaarskaarten

Voorafgaand aan Kerstmis en de jaarwisseling worden vanaf half december kerst- en nieuwjaarskaarten verzonden. De kaarten mogen tot half januari verstuurd worden. Men zendt ze aan zowel privé- als zakenrelaties. Met de kaart wenst men de ander een gezellig kerstfeest en een gelukkig nieuwjaar. Veel mensen meten hun populariteit af aan het aantal ontvangen kerst- en nieuwjaarskaarten. Deze worden vaak opgehangen of in een speciaal bakje gelegd. Het is attent om de mensen van wie men een kaart ontvangt ook een exemplaar terug te sturen.

JAARWISSELING

Met de jaarwisseling, ook wel Oud en Nieuw genoemd, wordt de overgang van het oude naar het nieuwe jaar bedoeld. De jaarwisseling wordt meestal met familie en vrienden thuis gevierd. Om een uur of acht 's avonds gaat men bij elkaar op bezoek. Er worden oliebollen en appelflappen gegeten. Oudere mensen maken deze vaak nog zelf, de jongeren kopen ze bij de banketbakker of in de supermarkt. Een oliebol is een bal van deeg, eventueel met krenten erdoor die in kokende olie gebakken wordt. Een appelflap is een schijf appel met een gat op de plaats van het klokhuis die door het deeg wordt gehaald en vervolgens in de hete olie wordt gebakken. Ze worden koud of warm met poedersuiker geserveerd. Er wordt op oudejaarsavond veel televisiegekeken. Traditiegetrouw verzorgt een van Nederlands toonaangevende cabaretiers een humoristische terugblik op het afgelopen jaar. Deze uitzendingen zijn heel populair en het wordt onder de Nederlandse cabaretiers als een eer beschouwd om voor de oudejaarsuitzending gevraagd te worden. Om twaalf uur 's avonds bij de overgang van het oude naar het nieuwe jaar, wordt er champagne of cider gedronken en wenst men elkaar een gelukkig nieuwjaar. Daarna gaat men vaak naar buiten om vuurwerk af te steken en de buren een gelukkig nieuwjaar en een 'goed begin' toe te wensen. De verkoop van vuurwerk is overigens aan strenge regels gebonden en is pas vanaf een paar dagen voor 31 december toegestaan. Het afsteken ervan mag maar gedurende een beperkte periode rond de jaarwisseling.

BIJZONDERE EVENEMENTEN

ALGEMEEN

Er worden in Nederland vele lokale, regionale en nationale evenementen georganiseerd. Een volledig overzicht is ondoenlijk en past, letterlijk en figuurlijk, niet in dit boek. Hierbij een selectie van een aantal aansprekende evenementen die hun bestaansrecht hebben bewezen. De evenementen zijn geselecteerd op basis van een typisch Nederlands aspect, van continuïteit, bekendheid of bezoekersaantallen.

MUSEUMWEEKEND

Er is in april een zogenoemd Museumweekend. De meeste musea zijn dan gratis toegankelijk en bij de overige kan men met korting naar binnen. Bovendien organiseren veel musea allerlei activiteiten die aansluiten op het motto van het museumweekend. Veel mensen grijpen het Museumweekend aan om een museum te bezoeken. De circa 525 musea die meedoen, ontvangen rond een miljoen bezoekers. Dat is drie à vier keer zoveel als tijdens een normaal weekend in april. In Amsterdam zijn veel musea in het museumweekend ook 's avonds geopend.

NATIONALE MOLEN- EN GEMALENDAG

De Nationale Molen- en Gemalendag wordt op een zaterdag halverwege de maand mei gehouden. Veel van de 1200 molens die Nederland nu nog telt zijn dan van 10.00 tot 16.00 uur voor bezoekers opengesteld. De meeste molens in Nederland worden door vrijwilligers beheerd en zijn hierdoor beperkt voor bezoek geopend. Een voor bezoekers opengestelde molen is herkenbaar aan de blauwe langgerekte vlag (wimpel) met de afbeelding van een molen die aan of bij de molen uithangt.
Zo'n honderd jaar geleden waren er nog 10.000 molens volop in bedrijf. Ze maalden graan, zaagden hout, persten olie uit zaden en maakten papier. De poldermolens hielden het waterpeil in Nederland onder controle. Vele duizenden molens hebben de vooruitgang niet overleefd, ze raakten in verval, brandden af of werden gesloopt. De provincie Zuid-Holland heeft met 220 windmolens de meeste molens. De provincie Utrecht met 33 exemplaren de minste.

VLAGGETJESDAG

Vlaggetjesdag wordt gehouden in Scheveningen en kondigt de komst van de Hollandse nieuwe haring aan. Oorspronkelijk werden op de zaterdag voor Pinksteren de schepen met vlaggetjes versierd. Op tweede pinksterdag ontmoetten de Scheveningers elkaar op de havenkades en bekeken ze de versierde schepen, die de volgende dag zouden uitvaren richting Schotland. Daar werd de meeste haring gevangen. Het eerste schip dat binnenliep, om de eerste kantjes (tonnetjes) nieuwe haring aan wal te brengen, mocht zich de winnaar van de haringrace noemen. Tegenwoordig is niet het uitvaren van de haringvloot, maar de komst van de nieuwe haring, eind mei, reden om de schepen te versieren. Het eerste vaatje haring wordt geveild in de visafslag. De veiling is toegankelijk voor iedereen. Alle aanwezigen mogen meebieden op het eerste vaatje. De traditioneel hoge opbrengst gaat naar een goed doel. Op vlaggetjesdag trekken haring, korenwijn, muziek, dans, orkesten, muziekkorpsen, artiesten, oude zeilloggers, miniatuurschepen, rondvaarten en een haringrace tussen de 150.000 en 200.000 bezoekers.

PINKPOP

Pinkpop, Nederlands oudste en bekendste popfestival, werd in 1970 voor het eerst georganiseerd in het Limburgse Geleen. In 1990 werd het festival opgenomen in het beroemde *Guinness Book of Records*, als het oudste en enige ononderbroken jaarlijkse openluchtfestival van Nederland. Kenners voegen daar nog aan toe dat dit wellicht van de hele wereld is. Het festival duurt drie dagen en wordt, met uitzondering van 2008, met Pinksteren gehouden. Pinkpop duurde aanvankelijk maar een dag, maar groeide al snel uit tot een meerdaags festival met eigen festivalcampings.

PASAR MALAM

Hoewel er in Nederland verschillende *pasar malams* (Indische culturele markten) worden gehouden, is het evenement dat al sinds 1957 elk jaar in Den Haag plaatsvindt de grootste en bekendste. De pasar malam wordt gedurende twaalf dagen in de periode eind mei, begin juni gehouden in grote tenten op het Malieveld in het centrum van Den Haag. Zowel het culturele als het culinaire aanbod is voornamelijk afgestemd op Nederlanders die oorspronkelijk afkomstig zijn uit de voormalige Nederlandse kolonie Nederlands-Indië, het huidige Indonesië. Toen de nieuwe republiek Indonesië in 1945 haar zelfstandigheid uitriep kwamen velen van hen naar Nederland. De Pasar Malam trekt jaarlijks zo'n 150.000 bezoekers.

AVONDVIERDAAGSE

Elk jaar wordt in bijna elke gemeente de avondvierdaagse georganiseerd. Afhankelijk van de plaats wordt in de maand mei of juni op vier achtereenvolgende avonden gewandeld. Deelname staat open voor iedereen, zowel individueel als in groepsverband. Veel basisscholen nemen met hun leerlingen deel aan de avondvierdaagse. Zij kunnen kiezen uit de volgende afstanden: vijf kilometer per avond, dus in totaal twintig kilometer (vanaf vijf jaar), tien kilometer per avond, in totaal veertig kilometer (vanaf acht jaar), vijftien kilometer per avond, in totaal zestig kilometer (vanaf veertien jaar).
Kinderen die nog geen acht jaar oud zijn, mogen alleen deelnemen onder leiding van een volwassene. Op de laatste avond worden de deelnemers bij de finish feestelijk ingehaald door muziekkorpsen en verwelkomd door familieleden. Veel familieleden brengen bloemen voor de deelnemers mee.

HOLLAND FESTIVAL

Het Holland Festival is al sinds 1947 een toonaangevend internationaal podiumkunstenfestival in Amsterdam. Gedurende drie weken in de maand juni worden zo'n zeventig bijzondere en vaak vernieuwende producties op het gebied van muziek, dans en theater gepresenteerd. Introducties, soms gegeven door de theatermakers zelf of door journalisten, geven informatie over de ontwikkeling van een voorstelling. Rond elke voorstelling en concert organiseert het Holland Festival gesprekken met de makers en/of de uitvoerders. Daarnaast worden debatten en discussies georganiseerd over thema's die verband houden met het festival en de daarin opgenomen programmering. Veel inleidingen worden ook in de Engelse taal gehouden.

PARKPOP

Het Parkpopfestival wordt elk jaar op een zondag in juni in het Zuiderpark in Den Haag gehouden. Het is het grootste gratis popfestival van Europa. De eerste editie van het festival vond plaats in 1981. Het programmeringbudget bedroeg destijds 40.000 gulden en de eerste editie van het festival trok 35.000 belangstellenden. Parkpop bestaat inmiddels meer dan 25 jaar en trekt tegenwoordig zo'n 350.000 bezoekers. De programmering bestaat uit gerenommeerde nationale en internationale artiesten.

NORTH SEA JAZZ FESTIVAL

De eerste editie van het North Sea Jazz Festival vond plaats in 1976. In zes concertzalen traden driehonderd muzikanten op voor zo'n negenduizend bezoekers. In de loop der jaren is het evenement uitgegroeid tot een prestigieus jazzfestival dat meerdere malen door het toonaangevende jazzmagazine *JazzTimes* verkozen is tot het beste jazzfestival van Europa en door *Time Magazine* is opgenomen in de top-tien van de beste evenementen ter wereld. Het driedaagse North Sea Jazz Festival en aanverwante evenementen trekken jaarlijks in de maand juli in totaal ruim honderdduizend bezoekers. Het aantal buitenlandse bezoekers is in de loop der jaren gegroeid tot ruim drieëntwintigduizend. Sinds 2006 vindt het van oorsprong Haagse festival plaats in de Ahoy'-hallen in Rotterdam.

VIERDAAGSE VAN NIJMEGEN

De start van de Internationale Vierdaagse van Nijmegen vindt ieder jaar plaats op de derde dinsdag in juli. De Vierdaagse staat in het *Guinness Book of Records* vermeld als het grootste wandelevenement ter wereld en is een van de grootste mondiale sportevenementen. Er mogen maximaal 47.500 deelnemers meelopen. Het aantal aanmeldingen ligt veel hoger. Afhankelijk van leeftijd en geslacht wordt onderscheid gemaakt tussen de categorieën waarin men moet lopen om in aanmerking te komen voor een medaille. Er worden langs het parcours door vrijwilligers medische verzorging en massages gegeven. Na afloop van de Vierdaagse worden de deelnemers bij de finish verwelkomd door vele tienduizenden familieleden, vrienden en belangstellenden. Velen van hen hebben bloemen voor de deelnemers. Tijdens de Vierdaagse worden in Nijmegen de Zomerfeesten gevierd. Het publiek komt daarvoor massaal op de been. De feestelijkheden worden afgesloten met het Blarenbal. De Vierdaagse van Nijmegen wordt vanaf 1925 gehouden. Deelnemers uit meer dan honderd landen hebben deelgenomen aan de Vierdaagse. Veel mensen lopen de Vierdaagse meerdere keren. In 2001 voltooide een deelnemer de Vierdaagse zelfs voor de 65ste maal. De deelnemers kunnen overnachten bij particulieren of in tenten.

TILBURGSE KERMIS

De Tilburgse kermis is met rond de 230 attracties, een oppervlakte van 6,5 hectare en ruim een miljoen bezoekers per jaar de grootste kermis van de Benelux (België, Nederland en Luxemburg). De attracties zijn opgesteld over een lengte van 3,5 kilometer. De route voert dwars door het centrum van de stad en is voorzien van vele terrasjes. De Tilburgse kermis wordt al in 1570 in een geschreven bericht genoemd, maar bestond waarschijnlijk al eerder. Over het algemeen wordt aangenomen dat kermissen zijn ontstaan uit jaarmarkten of uit kerkwijdingsfeesten. De Tilburgse kermis wordt elk jaar in de tweede helft van juli gehouden en duurt tien dagen.

KWAKOE FESTIVAL

Het Kwakoe Festival wordt gehouden in het Bijlmerpark in Amsterdam-Zuidoost in de weekenden van half juli tot eind augustus. Het festival begon in 1975 als voetbaltoernooi voor thuisblijvers tijdens de vakantieweken in Amsterdam-Zuidoost. Tegenwoordig is er behalve voor het voetballen aandacht voor onder meer muziek, theater, literatuur, kunst en lezingen. Maar ook de Surinaamse en Antilliaanse hapjes en drankjes zijn populair. In de loop der jaren heeft het gratis toegankelijke festival zich ontwikkeld tot de grootste multiculturele manifestatie, met circa een miljoen bezoekers. Deze zijn vooral van Surinaamse, Antilliaanse en Afrikaanse afkomst.

DEVENTER BOEKENMARKT

Elk jaar vindt op de eerste zondag van augustus de Deventer Boekenmarkt plaats. Deze boekenmarkt is de grootste van Europa. Bijna negenhonderd kramen langs de IJsselkade en de historische binnenstad zijn gevuld met vele duizenden boeken. De lengte van de markt bedraagt ruim zes kilometer. Gerenommeerde boekhandelaren en antiquariaten uit heel Nederland komen naar Deventer. Het aanbod varieert van kinderboeken tot poëzie, van literatuur tot strips, van kunst tot topografie en ook Engelstalige boeken zijn goed vertegenwoordigd. De markt begint officieel om tien uur ’s morgens en duurt tot zes uur ’s avonds. De Deventer Boekenmarkt, die sinds 1988 wordt gehouden, trekt elk jaar ruim 125.000 belangstellenden.

LOWLANDS

Lowlands is een driedaags festival met muziek, comedy, film en video, literatuur en kunst. Ook zijn er *specials* als lezingen door vooraanstaande wetenschappers en publieke persoonlijkheden en is er veel aandacht voor nieuwe ontwikkelingen op de verschillende gebieden. Het festival vindt sinds 1992 elk jaar in het derde weekend van augustus plaats in Biddinghuizen in de provincie

Flevoland. Op het festivalterrein zijn campings en supermarkten. Er spelen zo'n tweehonderd bands op het festival, dat rond de 25.000 bezoekers trekt.

GRACHTENFESTIVAL

De eerste editie van het jaarlijkse Amsterdamse grachtenfestival vond plaats in 1997. Tijdens het vijfdaagse festival, dat elk jaar medio augustus plaatsvindt, worden zo'n kleine honderd klassieke concerten gegeven. De concerten vinden plaats op bijzondere locaties in de Amsterdamse binnenstad. Ze worden gegeven in monumenten, theaters, privé-huizen, tuinen en hofjes en langs de IJ-oevers. Het hoogtepunt van het festival is traditiegetrouw het afsluitingsconcert op zondag. Dit gratis openluchtconcert, het wereldberoemde Prinsengrachtconcert, wordt gegeven vanaf een drijvend podium op de Prinsengracht. Het wordt bijgewoond door vele tienduizenden belangstellenden die het concert volgen vanaf de waterkant of vanuit de vele honderden boten en bootjes op het water. Het festival trekt jaarlijks zo'n 100.000 belangstellenden. Ondertussen hebben meerdere steden vergelijkbare festivals.

OPEN MONUMENTENDAG

In 1987 werd de Open Monumentendag in Nederland geïntroduceerd. Men wilde hiermee de belangstelling voor monumenten en monumentenzorg vergroten. Tegenwoordig trekt de Open Monumentendag circa 900.000 bezoekers en is daarmee een van de grootste culturele evenementen van Nederland. Op Open Monumentendag zijn duizenden monumenten in zo'n 360 gemeenten gratis toegankelijk voor publiek. In de opengestelde monumenten worden vaak speciale activiteiten, zoals tentoonstellingen, concerten en rondleidingen gehouden. De Open Monumentendag vindt altijd plaats in het tweede weekend van september. Gemeenten zijn vrij om te kiezen op welke dag ze het evenement organiseren, de zaterdag, de zondag of het hele weekend.

DICKENS FESTIJN

Tijdens het Dickens Festijn herleeft de 19de-eeuwse Engelse stad van Charles Dickens in volle glorie in het centrum van Deventer. In het historische Bergkwartier komen in het derde weekend in december op zaterdag en zondag ruim 900 personages uit de beroemde boeken van deze Engelse schrijver tot leven: van Scrooge tot Oliver Twist, van Mr. Pickwick tot Christmas Carol Singers, van weeskinderen tot dronkaards, van kantoorklerken tot deftige lieden. De geuren van punch en gepofte kastanjes, huizenhoge kerstbomen en prachtig gerestaureerde panden vormen het decor. Niet alleen op straat, maar ook achter ramen en door openstaande deuren komt de sfeer en tijd van Dickens de bezoekers tegemoet. Het Dickens Festijn vindt sinds 1990 plaats en wordt jaarlijks bezocht door meer dan 100.000 bezoekers. Op zondag wordt het festijn muzikaal omlijst met kerstconcerten door muziekverenigingen en koren, met ruim 600 muzikanten en koorleden uit Deventer en omgeving.

FAMILIEFEESTEN EN BELANGRIJKE FAMILIEGEBEURTENISSEN

VERJAARDAGEN

Het vieren van de verjaardag is in Nederland een algemeen gebruik, hoewel er ook mensen zijn die 'niets aan hun verjaardag doen'. Familie, vrienden en ook vaak collega's geven elkaar een cadeau(tje). Tot in de jaren zeventig van de vorige eeuw werd een verjaardag bijna altijd op een vaste wijze gevierd. 's Avonds om een uur of acht kwam het bezoek. De stoelen in de kamer waren vooraf in een grote kring langs de wand gezet. De vrouwen zaten aan de ene kant van de kamer en de mannen aan de andere kant. Er werd koffie of thee ingeschonken en iedereen kreeg een gebakje of een stukje taart. Na twee kopjes koffie of thee werd de tafel afgeruimd en werd er voor de vrouwen een glaasje fris of een advocaatje ingeschonken en voor de mannen een biertje of een glaasje jenever (borreltje). Hierbij werden stukjes kaas en worst en toastjes met beleg geserveerd. Tegenwoordig wordt een verjaardag behalve op deze manier ook op heel andere wijze gevierd. Dit kan bijvoorbeeld ook met een lunch, een 'high tea', met drankjes en kleine hapjes (een aangeklede borrel), een barbecue, een feest van vier tot acht met een buffet of toch gewoon 's avonds. Er bestaan tegenwoordig nog maar weinig ongeschreven regels voor de viering van een verjaardag. De jarige krijgt van zijn gasten meestal een cadeautje. Dit kan iets persoonlijks zijn, maar ook een fles wijn, een bos bloemen of een cadeaubon. Op een verjaardag worden alle leden van het gezin gefeliciteerd, dus niet alleen de jarige. De cadeaus worden over het algemeen, tenzij de jarige er veel tegelijk krijgt, meteen uitgepakt. Bij het eerste drankje wordt op de gezondheid van de jarige geproost en wenst men de jarige nog vele jaren toe.

KINDERVERJAARDAG

Voor de verjaardag van een kind wordt naast de viering met familie en vrienden meestal een apart kinderfeestje georganiseerd. Hiervoor worden over het algemeen zo'n vier tot zes kinderen uitgenodigd. Het feestje vindt plaats na schooltijd of in het weekend en duurt afhankelijk van het soort partijtje en de leeftijd van de kinderen drie tot vijf uur. Vaak zijn bij kinderfeestjes minimaal twee volwassen aanwezig. Een geslaagd feestje vereist wel wat voorbereidingen en goede afspraken over de organisatie, zoals hoe de kinderen beziggehouden worden. Vaak worden er spelletjes gespeeld of een video gehuurd en krijgen de kinderen iets te eten en te drinken. Populaire kinderfeestjes buitenshuis zijn een middagje naar de kinderboerderij, dierentuin of museum of, als de kinderen iets ouder zijn en hun zwemdiploma hebben, naar het zwembad. De kinderen krijgen daar een drankje en een ijsje of een bordje patat met appelmoes. Boekjes met ideeën voor kinderpartijtjes en spelletjes zijn verkrijgbaar in de boekhandel en bibliotheek. De uitgenodigde kinderen nemen een klein cadeautje voor de jarige mee.

Uitnodigingen

De vriendjes en vriendinnetjes worden een à twee weken van tevoren uitgenodigd. Het is gebruikelijk dat de ouders vooraf met hun kind bespreken welke kinderen er voor het feestje gevraagd worden. De kinderen nodigen, afhankelijk van hun leeftijd, hun vriendjes en vriendinnetjes zelf uit. Het is een goed gebruik dat ook de ouders van de aanstaande jarige daarnaast contact opnemen met de ouders van de vriendjes en vriendinnetjes om de kinderen via hun ouders uit te nodigen. Vaak wordt de uitnodiging ook nog schriftelijk bevestigd via speciale uitnodigingskaartjes voor kinderpartijtjes waarop ook de tijd en het adres vermeld staan. Het is belangrijk dat de ouders van de uitgenodigde kinderen weten wat de bedoeling is. Een aantal vragen wordt door de ouders van het jarige kind beantwoord in de uitnodiging, zoals: Gaan de kinderen meteen uit school naar het feestje, worden ze bij school opgehaald, worden ze na afloop thuisgebracht en zo ja, hoe laat. Ook wordt vaak vermeld of ze bijvoorbeeld speciale kleding aan moeten of mee moeten nemen en of de ouders nog met andere zaken rekening moeten houden.

Verjaardag op school

Kinderen op de basisschool vieren hun verjaardag meestal ook op school. Ze trakteren hun klasgenoten en de juffen en meesters op iets lekkers. Dit kan snoep zijn, maar sommige scholen geven de voorkeur aan een gezonde traktatie van fruit of iets hartigs zoals worst of kaas. Het beste kan vooraf even bij de juf of meester gevraagd worden wat gebruikelijk is. Vaak krijgt de jarige een door de meester of juf gemaakte feestmuts op en mag hij op een versierde stoel zitten. De klasgenootjes zingen 'Lang zal hij leven' en andere verjaardagsliedjes. Van de juf of meester krijgt de jarige bijvoorbeeld een kaart, boekenlegger of gelukspoppetje.

VIJFTIGSTE VERJAARDAG (ABRAHAM EN SARA)

Als iemand zijn vijftigste verjaardag viert wordt wel gezegd 'hij heeft Abraham gezien'. De uitdrukking is afkomstig uit de bijbel. De vrouwelijke tegenhanger van Abraham wordt Sara genoemd. De vijftigste verjaardag is voor veel mensen aanleiding om hun verjaardag wat uitgebreider te vieren of zelfs een groot feest te geven. Er zijn speciale mooi versierde speculaas- of taaitaaipoppen te koop: een 'Abraham' of 'Sara'. Vooral buiten de grote steden wordt door de buren en familie van de jarige het huis versierd. Ook ziet men wel een aangeklede pop die de jarige moet voorstellen, voorzien van een bord met een toepasselijke tekst, voor het huis zitten.

HUWELIJKSJUBILEA

Er is een aantal huwelijksjubilea dat het bruidspaar vaak met een feest met familie en vrienden viert:
– 12½ jaar: de koperen bruiloft;
– 25 jaar: de zilveren bruiloft;
– 40 jaar: de robijnen bruiloft;
– 45 jaar: de saffieren bruiloft;
– 50 jaar: de gouden bruiloft;
– 60 jaar: de diamanten bruiloft.

In de laatste twee gevallen komt soms, als het bruidspaar in een niet al te grote stad woont, zelfs de burgemeester op bezoek.

GEBOORTE

Algemeen

Het eerste kind wordt in Nederland na gemiddeld vier jaar huwelijk geboren. Er worden in Nederland per dag gemiddeld zo'n vijfhonderd kinderen geboren. Op een werkdag worden er meer kinderen geboren dan in het weekend, in de zomer worden er meer kinderen geboren dan in de winter en in jaren dat het economisch goed gaat is het geboortecijfer hoger dan in perioden waarin men weinig vertrouwen in de toekomst heeft.

In Nederland overleggen de aanstaande ouders met de verloskundige of huisarts of de bevalling thuis of in het ziekenhuis zal plaatsvinden. Van alle bevallingen in Nederland wordt zo'n 46 procent begeleid door een vrouwenarts (gynaecoloog), 70 procent ook door een verloskundige en iets meer dan 5 procent ook door de huisarts. De ziektekostenverzekering in Nederland vergoedt standaard de kosten van een thuisbevalling. Een poliklinische bevalling onder begeleiding van een verloskundige wordt door de ziektekostenverzekering ook als een thuisbevalling beschouwd. Alleen de huur van de verloskamer wordt dan niet altijd vergoed. Dat hangt van de verzekering af. De kosten van een bevalling onder begeleiding van een gynaecoloog worden zonder dat hier een medische reden (indicatie) voor is in Nederland niet vergoed door de ziektekostenverzekering. Na de bevalling wordt bijna altijd gebruikgemaakt van professionele kraamzorg.

Thuisbevalling

Wereldwijd is er steeds vaker een meer medische benadering van de zwangerschap en bevalling. In veel landen zijn thuisbevallingen hierdoor steeds minder gebruikelijk. Nederland is wat dat betreft een uitzondering in de westerse wereld. Hoewel ook het aantal thuisbevallingen in Nederland is gedaald, worden zwangerschap en geboorte in Nederland nog steeds als iets natuurlijks beschouwd en niet als een (potentieel) gezondheidsprobleem. In 1965 beviel in Nederland nog 65 procent van de vrouwen thuis. Na een jarenlange daling van het aantal thuisbevallingen ligt dit percentage nu rond de 25 procent. De verwachting dat de thuisbevalling net als in de andere West-Europese landen ook in Nederland grotendeels zal verdwijnen, is vooralsnog niet aan de orde.

De verloskundige zorg is in Nederland van een hoog medisch niveau. Hierdoor zijn de medische risico's bij een thuisbevalling niet groter dan bij een ziekenhuisbevalling. Verloskundigen zijn opgeleid om bevallingen thuis te begeleiden en eerste opvang te bieden bij eventuele problemen. Wanneer deze zich voordoen tijdens of na een bevalling, dan zal de verloskundige met een gynaecoloog of een kinderarts overleggen en indien nodig voor een ziekenhuisopname zorgen.

Poliklinische ziekenhuisbevalling

Zo'n 22 procent van de bevallingen in Nederland vindt op zogenoemde poliklinische basis plaats. Bij een poliklinische bevalling wordt een verloskamer in het ziekenhuis gehuurd. De verloskundige begeleidt hier samen met een verpleegkundige de bevalling. Tijdens een poliklinische bevalling beschikt de verloskundige over dezelfde instrumenten en hulpmiddelen als bij een thuisbevalling. Wanneer alles zonder problemen is verlopen gaan moeder en baby zo snel mogelijk, vaak dezelfde dag, weer naar huis. Wanneer zich problemen voordoen tijdens of na de bevalling wordt er een gynaecoloog of een kinderarts geconsulteerd.

Ziekenhuisbevalling

Meer dan veertig procent van de bevallingen vindt om medische redenen in het ziekenhuis plaats. Een reden hiervoor kan de leeftijd van de aanstaande moeder zijn, of het feit dat zij meer dan één kind verwacht. Ook kan er een ziekenhuisopname plaatsvinden bij medische problemen (complicaties) tijdens de zwangerschap of als deze verwacht worden tijdens de bevalling. Dit is bijvoorbeeld het geval bij een ernstige vorm van hoge bloeddruk, suikerziekte die tijdens de zwangerschap is ontstaan (zwangerschapsdiabetes), of een bloedvergiftiging. Vrijwel alle complicaties zijn goed te begeleiden en te verhelpen. Het is wel van belang dat de eventuele problemen snel geconstateerd worden. Soms is een natuurlijke bevalling niet mogelijk, doordat bijvoorbeeld het bekken van de moeder te smal is. Het kind kan ook verkeerd liggen in de buik. De moeder bevalt in die gevallen vaak operatief door middel van een keizersnede. Hoewel de Nederlandse gynaecologen terughoudend zijn met ingrijpen in de bevalling, stijgt het aantal kinderen dat met de keizersnede geboren wordt ieder jaar een klein beetje. Het aantal keizersneden bedraagt de laatste jaren zo'n 10 procent van alle geboorten, maar dit percentage is internationaal gezien nog steeds laag.

Kraamzorg

In Nederland is het gebruikelijk om na de geboorte kraamzorg te ontvangen. Dit houdt in dat een speciaal opgeleide verpleegkundige meteen na de bevalling of zodra de moeder uit het ziekenhuis komt moeder en kind thuis verzorgt. De kraamverzorgster is deskundig op het gebied van babyverzorging en begeleidt de moeder bij de lichamelijke verzorging en het voeden van de baby. Ze controleert daarnaast de gezondheid van moeder en kind. Kraamzorg wordt verleend gedurende een periode van zes tot acht dagen na de bevalling. De invulling van de kraamzorg is afhankelijk van de wensen en het budget van de aanstaande ouders. In de uitgebreidste vorm komt de kraamverzorgster gemiddeld acht uur per dag voor de verzorging van moeder, kind, eventuele andere gezinsleden en het huishouden.

Geboorteaangifte

Na de geboorte van de baby moet deze worden aangegeven bij de burgerlijke stand in de gemeente waar hij of zij is geboren. De aangifte moet binnen drie dagen na de geboorte plaatsvinden. Als een van die drie dagen in het weekeinde of op een algemeen erkende feestdag valt, wordt de termijn verlengd, zodat er altijd nog twee werkdagen beschikbaar zijn. De vader van het kind is verplicht de aangifte te doen. Als dat niet mogelijk is, kan iemand die bij de geboorte aanwezig is geweest dit doen. Bij de aangifte moeten de geboortedatum en geboortetijd, geslacht (mannelijk of vrouwelijk) en de voornamen van de nieuwgeborene opgegeven worden. De ambtenaar van de burgerlijke stand maakt de geboorteakte op die door beiden wordt getekend. Na de geboorteaangifte zorgt de ambtenaar voor inschrijving van het kind op het woonadres, als één van beide ouders ingeschreven is in Nederland. Als het kind in het buitenland is geboren en in Nederland komt wonen, is een geboorteakte uit de geboorteplaats nodig om het kind hier in te schrijven.

Bij het doen van aangifte is het volgende nodig:

- een geldig legitimatiebewijs van de moeder van het kind;
- een geldig legitimatiebewijs van degene die aangifte van de geboorte doet;
- het trouwboekje als de ouders met elkaar getrouwd zijn;
- als de ouders niet met elkaar getrouwd zijn, desgewenst een afschrift van de akte dat het kind erkend is door de vader;
- een verklaring van de arts of verloskundige;
- één of meerdere voornamen voor het kind. Het is van belang om op de juiste spelling te letten, want een eenmaal geregistreerde naam kan formeel alleen gewijzigd worden door een verzoek hiertoe dat door een advocaat bij de rechtbank moet worden ingediend.

Keuze van de achternaam

Een kind van wie de ouders met elkaar getrouwd zijn, krijgt automatisch de achternaam (geslachtsnaam) van de vader. Maar sinds januari 1998 kunnen kinderen in Nederland de achternaam van de vader óf die van de moeder krijgen. Als men kiest voor de achternaam van de moeder, dan moet dit vastgelegd worden in een zogenoemde akte van naamskeuze. Deze akte moet worden opgemaakt door een ambtenaar van de burgerlijke stand in het bijzijn van de moeder en vóór het opmaken van de geboorteakte. Dit kan alleen bij een eerste kind. Een tweede of derde kind krijgt namelijk automatisch dezelfde achternaam als het broertje of zusje, zodat er in het gezin eenheid van naam blijft. De naamskeuze geldt voor alle kinderen van dezelfde moeder en vader. Als de ouders het niet eens kunnen worden over de achternaam van de baby, zal de rechter beslissen.

Als de ouders van de nieuwgeboren baby niet getrouwd zijn, krijgt het kind automatisch de achternaam van de moeder. De vader kan het kind erkennen. Hij bevestigt dan dat hij 'officieel' de vader is. Hierdoor krijgt het kind wel de nationaliteit van de vader, maar niet automatisch diens achternaam. Hiervoor moet ruim voor de verwachte geboortedatum van de baby door de ambtenaar van de burgerlijke stand een akte van naamskeuze opgemaakt worden. Bij het opmaken van deze akte moeten beide ouders aanwezig zijn. Wanneer er geen akte van naamskeuze wordt gemaakt, krijgt het erkende kind de achternaam van de moeder. Na de geboorteaangifte is geen akte van naamskeuze meer mogelijk.

Geboortekaartjes en kraambezoek

Het is in Nederland gebruikelijk om meteen na de geboorte een zogenoemd geboortekaartje naar familieleden, vrienden, kennissen en eventueel collega's te sturen. Op het geboortekaartje staan meestal, behalve de namen van de ouders en hun kind(eren), de datum van de geboorte en de rusttijden van moeder en kind. Vaak is er ook een verzoek om even te bellen voor men op bezoek komt. Het kaartje is meestal al voor de geboorte uitgezocht en besteld en de enveloppen zijn al voorzien van de namen en adressen. Na de geboorte hoeven dan alleen de naam van de nieuwgeborene en de verdere bijzonderheden gedrukt te worden. Wie op kraambezoek gaat, neemt meestal ook een cadeautje mee. Men geeft dan vaak speelgoed, kleertjes, leesboeken of speelgoedbeesten.

Ooievaars en muisjes

Van oudsher werd bij de geboorte van een baby aan Nederlandse kinderen verteld dat het kindje was gebracht door de ooievaar. Het

verband met de ooievaar wordt nog steeds gelegd. Zo kan er na de geboorte van een kind een ooievaar in de voortuin staan. Deze draagt in zijn snavel een draagdoek waar een pop in ligt die de pasgeborene moet voorstellen. Zo laten de ouders de buurt weten dat hun baby geboren is. Ook worden er wel speciale geboorteslingers voor het raam gehangen of wordt een vlaggenstok met een doek met daarin een babypop buiten gehangen. In Nederland geven de ouders van een nieuwgeboren baby hun familie, vrienden en collega's beschuit met muisjes. Beschuit is een soort brosse koek en muisjes zijn gesuikerde anijszaadjes die erover gestrooid worden. Als het kind een jongetje is, zijn de muisjes wit en blauw, en als het kind een meisje is, zijn de muisjes wit en roze. De beschuit is eerst met een laagje boter besmeerd, zodat de muisjes er niet vanaf vallen. De oorsprong van het eten van anijszaadjes door de moeder ligt in het feit dat dit buikkrampjes voorkomt bij de baby die moedermelk drinkt.

Dopen

De meeste gelovigen in Nederland zijn rooms-katholiek of protestants. Zij laten hun kind na de geboorte vaak dopen in een kerk. De pastoor (rooms-katholiek) of de dominee (protestants) sprenkelt in aanwezigheid van de ouders, familie en vrienden water over het hoofd van het kind en doopt het kind hiermee 'in de naam van de Vader, de Zoon en de Heilige Geest'. Daarmee wordt het kind lid van de parochie (rooms-katholiek) of van de gemeente (protestants). Niet alle kinderen worden kort na hun geboorte gedoopt.

In enkele protestantse gemeenten gebeurt dat pas als iemand volwassen is. In dit geval kan men zelf de keuze maken om zich te laten dopen of niet.

TROUWEN

Algemeen

Gemiddeld werden er de laatste jaren in Nederland rond de 80.000 huwelijken per jaar gesloten, maar dit aantal daalde in 2006 naar 72.000. Dat was gelijk aan het aantal huwelijken dat werd gesloten in 1945, en is daarmee een voorlopig historisch dieptepunt. Nu stijgt het aantal weer enigszins, naar ruim 73.000 per jaar.
De gemiddelde leeftijd waarop men in Nederland voor het eerst trouwt ligt rond de 30 jaar, voor vrouwen is dit 29 jaar en voor mannen ruim 31 jaar. Zes op de tien Nederlanders zijn voor hun dertigste jaar getrouwd. Velen hebben dan al één of meerdere relaties achter de rug. Eén op de drie huwelijken eindigt na gemiddeld dertien jaar in een echtscheiding. Per jaar worden er in Nederland zo'n 35.000 echtscheidingen uitgesproken.

In de jaren vijftig en zestig van de vorige eeuw woonden kinderen tot zij gingen trouwen bij hun ouders thuis. Tegenwoordig woont ongeveer de helft van de jongeren eerst een aantal jaren alleen. Ruim 84 procent van de partners woont voor het huwelijk al gemiddeld vier jaar samen. Maar 6 procent van de Nederlanders woont in de periode voor hun huwelijk nog bij de ouders thuis.

Het huwelijk is een bij de wet geregelde samenlevingsvorm. De rechten en plichten en de voorwaarden die gelden om een huwelijk te kunnen sluiten zijn voor een groot deel wettelijk vastgelegd. Voordat men kan gaan trouwen moet een zogenoemde aangifte van het huwelijk worden gedaan. Dit heet ondertrouw. De aangifte wordt gedaan bij de ambtenaar van de burgerlijke stand. De huwelijksplechtigheid kan op haar vroegst twee weken na de datum van de aangifte of ondertrouw plaatsvinden. Voor een huwelijksvoltrekking is de aanwezigheid van minimaal twee en maximaal vier meerderjarige getuigen verplicht. De aanstaande echtgenoten maken hun verbintenis voor de wet officieel door elkaar het 'jawoord' te geven. Hierna wordt de huwelijksakte getekend door het bruidspaar, de getuigen en de ambtenaar van de burgerlijke stand.
In Nederland wordt gemiddeld zo'n 10.000 euro aan een huwelijk uitgegeven. Vroeger organiseerden en betaalden de ouders van de bruid de bruiloft vaak, maar het wordt steeds gebruikelijker dat het bruidspaar de huwelijksdag zelf organiseert en betaalt, hierbij eventueel (financieel) bijgestaan door één of beide ouderparen.

Waarom trouwt men in Nederland met elkaar?

Voor verreweg de meeste aanstaande bruidsparen is liefde de belangrijkste reden om te trouwen. Liefst 87 procent van de ondervraagde bruidsparen geeft dit als belangrijkste reden aan. Daarna komt de kinderwens: 33 procent wil graag kinderen, maar wil daarvoor eerst trouwen. Voor veel bruidsparen, zo'n 29 procent, draait het vooral om de romantiek. Door 12,5 procent van de aanstaande bruidsparen wordt de wettelijke zekerheid als voornaamste reden voor het huwelijk genoemd.

Wanneer, waar en hoe trouwt men in Nederland?

De vrijdagen in de maanden mei, juni, begin juli, eind augustus en september – de tussenliggende periode is wat minder gewild omdat veel mensen dan met vakantie zijn – zijn erg populair als trouwdag. De kans op mooi weer is in mei, juni, augustus en september groot en het is lang licht. Populair als trouwdatum zijn ook de bijzondere dagen. Eens in de vier jaar heeft de maand februari, in plaats van achtentwintig, negenentwintig dagen. Deze negenentwintigste dag wordt schrikkeldag genoemd. Op een schrikkeldag vinden er drie- tot viermaal zoveel huwelijken plaats. Valentijnsdag en data met bijzondere cijferreeksen zijn ook gewild. Maandag en vrijdag de dertiende zijn de minst populaire trouwdagen. Het aantal huwelijken dat op vrijdag de dertiende gesloten wordt ligt bijna 50 procent lager dan op normale vrijdagen. Dit komt doordat in Nederland deze dag een ongeluksdag zou zijn.

Men mag trouwen in elke gemeente in Nederland. Tot voor kort kon men alleen in het gemeentehuis trouwen. Tegenwoordig kan elke gemeente een aantal trouwlocaties aanwijzen. Deze zijn per gemeente heel verschillend. In sommige gemeenten kan men nog altijd alleen in het gemeentehuis trouwen en in andere ook op bijvoorbeeld een boot of in een molen of museum. Bij een traditionele invulling van een trouwdag wordt er aan het eind van de middag of het begin van de avond een receptie van zo'n anderhalf uur gegeven. Hier kunnen vrienden, kennissen en collega's het bruidspaar en de naaste familie feliciteren. Aansluitend is er vaak een diner voor de familie en goede vrienden. Tegenwoordig is er niet meer zo'n vaste invulling van de trouwdag. De trouwdag wordt tegenwoordig heel verschillend gevierd met bijvoorbeeld een groot avondfeest, een themalunch of een feest op het strand.

Ondertrouw

Het is verstandig om vooraf bij de afdeling burgerlijke stand van het gemeentehuis in de woonplaats te informeren naar de tijden waarop men in ondertrouw kan gaan en de documenten die hiervoor nodig zijn. Over het algemeen zijn dit voor beide partners:

- een afschrift van de gemeentelijke basisadministratie waarin de nationaliteit en de burgerlijke staat zijn vermeld. Dit is verkrijgbaar bij de afdeling burgerlijke stand van de woonplaats;
- een uittreksel uit het geboorteregister, op te vragen bij de afdeling burgerlijke stand van de geboorteplaats;
- als één van beide partners gescheiden is, een bewijs van echtscheiding;
- als één van beide partners weduwe of weduwnaar is, een bewijs van overlijden van de vorige partner;
- de legitimatiebewijzen van beide partners;
- kopieën van de legitimatiebewijzen van de, minimaal twee en maximaal vier, getuigen;
- de kosten (verschuldigde leges) voor de documenten.

Als één van beide partners niet de Nederlandse nationaliteit bezit, in het buitenland is geboren, daar getrouwd is geweest of gewoond heeft, is het verstandig om tijdig bij de afdeling burgerzaken te informeren welke documenten nodig zijn. In sommige gevallen kan het zes maanden tot een jaar duren voordat de benodigde documenten in orde zijn. De reden hiervoor is dat deze vaak in het buitenland moeten worden gelegaliseerd of door een beëdigde vertaler vertaald moeten worden.

Uitnodigingen

Vroeger werd de huwelijksaankondiging door de wederzijdse ouders van het aanstaande bruidspaar gedaan. Tegenwoordig doet in Nederland het aanstaande bruidspaar, vooral als zij al samenwonen of wat ouder zijn, zelf de aankondiging. Deze aankondiging of uitnodiging wordt zes tot acht weken voor de huwelijksdag verzonden. In Nederland geldt de huwelijksaankondiging meteen als uitnodiging voor de op de kaart vermelde onderdelen. Dit is behalve de burgerlijke huwelijksvoltrekking ook de eventuele kerkelijke inzegening en, indien vermeld, de receptie. Voor de feestelijkheden op de huwelijksdag kunnen ook aparte uitnodigingen, al dan niet tegelijk met de huwelijksaankondiging, verzonden worden.

Vrijgezellenfeest

Het vrijgezellenfeest is een uit Engeland en Amerika afkomstig gebruik dat ook in Nederland steeds populairder wordt. Het vrijgezellenfeest wordt gevierd als officiële afsluiting van de vrijgezellenperiode. Oorspronkelijk was dit voornamelijk een feest voor de aanstaande bruidegom ('bachelor's party), maar tegenwoordig wordt het ook vaak voor de bruid georganiseerd ('maiden party'). Een vrijgezellenfeest wordt georganiseerd door de broers en vrienden van de bruidegom en de zusters en vriendinnen van de bruid.

Cadeaus

Het is gebruikelijk om, als men uitgenodigd is voor een huwelijksplechtigheid, het bruidspaar een cadeau te geven. Wanneer men aan de uitnodiging geen gevolg geeft, is een brief of kaartje voldoende. Het is tegenwoordig gebruikelijk dat een aanstaand bruidspaar een cadeaulijst maakt. Dit is een overzicht van gewenste cadeaus dat voorkomt dat het bruidspaar, zeker als het al samenwoont, overbodige of dubbele cadeaus krijgt. Er zijn ook bruidsparen die kiezen voor een cadeaulijst bij een winkel. Hier kan men dan aan de hand van de in de winkel aanwezige lijst een cadeau uitkiezen, dat vervolgens door de winkel bij het bruidspaar wordt bezorgd. Het gaat bij een cadeaulijst in een winkel meestal om serviezen of bestek.

Het komt ook steeds vaker voor dat aanstaande bruidsparen, in plaats van een cadeau, geld vragen. Als er op de uitnodiging een envelopje staat betekent dit dat het bruidspaar graag geld (een financiële bijdrage) ontvangt. Zowel een eventueel cadeau als een envelop met inhoud wordt op receptie of feest aan het bruidspaar overhandigd. Het bruidspaar zendt vervolgens enkele weken na hun huwelijk een bedankkaartje aan alle gasten.

Huwelijksvoltrekking

Het huwelijk wordt in Nederland gesloten door een (buitengewoon) ambtenaar van de burgerlijke stand. In Nederland is het, afhankelijk van de gemeente, gebruikelijk dat de ambtenaar enige tijd voor de huwelijksvoltrekking een huisbezoek aflegt bij, of telefonisch contact opneemt met het bruidspaar, om de huwelijksvoltrekking samen met hen voor te bereiden en in te vullen. In dit gesprek zullen over het algemeen onderwerpen aan de orde komen als het leven van het toekomstige bruidspaar, hoe ze elkaar hebben leren kennen, wat voor werk ze doen, de reden om met elkaar te trouwen en de betekenis van het huwelijk voor het bruidspaar. Ook zullen praktische zaken besproken worden als eventuele muziek in de trouwzaal, de uitwisseling van de ringen en dergelijke. Vanzelfsprekend heeft het aanstaande bruidspaar invloed op de inhoud en het soort toespraak van de trouwambtenaar door de informatie die het de trouwambtenaar in dit gesprek wel of juist niet verstrekt.

Elke gemeente is verplicht om één of meer trouwlocaties ter beschikking te stellen, en een mogelijkheid te bieden om gratis te trouwen. De gemeenten mogen zelf de tijdsduur en de kosten van een trouwplechtigheid bepalen.

Als het bruidspaar lid is van een kerkgenootschap of kerkelijk is opgevoed, kan het besluiten om naast het burgerlijk huwelijk voor de kerk te trouwen. Er moet volgens de wet, voordat een huwelijk voor de kerk ingezegend kan worden, een burgerlijk huwelijk zijn gesloten.

Wie mogen volgens de wet met elkaar trouwen?

De huwelijkspartners moeten beiden minimaal 18 jaar (meerderjarig) zijn. Is de bruid in verwachting of heeft ze al een kind gekregen, dan is het huwelijk mogelijk vanaf 16 jaar.
Mensen die willen trouwen, maar nog geen achttien jaar (minderjarig) zijn, hebben toestemming van de ouders nodig om te trouwen.
In Nederland mag men maar met één persoon tegelijk trouwen. Ook mag men niet op hetzelfde moment getrouwd zijn of een geregistreerd partnerschap met een ander hebben.
Familie, ouders en kinderen, grootouders en kleinkinderen, broers en zusters, mogen niet met elkaar trouwen. Als er sprake is van broers en zusters door adoptie kan de minister van Justitie het huwelijksverbod opheffen.
Wanneer minimaal één van beiden de Nederlandse nationaliteit bezit, kunnen de aanstaande partners altijd in Nederland trouwen, ongeacht in welk land zij wonen.
Partners die beiden niet de Nederlandse nationaliteit hebben, kunnen als ten minste één van beiden (legaal) in Nederland woont, in Nederland trouwen.
Partners die beiden in Nederland wonen kunnen in Nederland trouwen, ook als geen van beide de Nederlandse nationaliteit bezit. Dit geldt alleen wanneer ze allebei een geldige verblijfsvergunning hebben.
Partners die geen van beiden de Nederlandse nationaliteit hebben én beiden niet in Nederland wonen, kunnen niet in Nederland trouwen.

Als ten minste één van de partners de Nederlandse nationaliteit heeft of in Nederland woont, wordt de vraag of de partners met elkaar mogen trouwen beoordeeld naar het Nederlandse recht. Dat betekent dat een huwelijk is toegestaan als aan de Nederlandse voorwaarden wordt voldaan. Het is niet van belang of het huwelijk in het land van herkomst van de niet-Nederlandse partner wel of niet zou zijn toegestaan. Het is wel zo dat erkenning en/of registratie van het huwelijk in het land van herkomst van de niet-Nederlandse partner problemen kan opleveren als het huwelijk volgens de daar geldende wet niet is toegestaan.
Niet-Nederlanders die willen trouwen moeten, met uitzondering

van inwoners van de Europese Unie, een geldige verblijfsvergunning hebben. Wanneer de niet-Nederlandse partner geen verblijfsvergunning voor onbepaalde tijd heeft, moet hij in de meeste gevallen een verklaring hebben van de vreemdelingenpolitie met toestemming om in Nederland te verblijven (verblijfsrechtelijke positie). Deze voorwaarde is in het leven geroepen om te voorkomen dat mensen trouwen om een verblijfsvergunning te krijgen (een schijnhuwelijk aangaan).

Huwelijk tussen personen van gelijk geslacht

Sinds 2001 kunnen in Nederland twee mannen of twee vrouwen met elkaar trouwen. De voorwaarden en regels voor het sluiten van een huwelijk en de verplichtingen van de partners ten opzichte van elkaar zijn vrijwel gelijk aan die voor een huwelijk tussen man en vrouw. Het belangrijkste verschil is, dat de geldigheid van een huwelijk tussen twee mannen of twee vrouwen in het buitenland problemen kan geven. Bij een kort verblijf in het buitenland wegens vakantie zal het vooral om praktische en sociale zaken gaan, maar bij een langer verblijf of emigratie kunnen zich op het gebied van bijvoorbeeld het erfrecht moeilijkheden voordoen.

Rechten en plichten in het huwelijk

Huwelijkspartners zijn volgens de wet in alle opzichten aan elkaar gelijk. Zij kunnen de achternaam van de partner gebruiken, eventueel in combinatie met hun eigen achternaam. Dit geldt overigens niet voor officiële documenten. Daarin moet altijd de eigen naam worden vermeld.

Echtgenoten hebben een onderhoudsplicht ten opzichte van elkaar. Dit betekent dat zij (financieel) voor elkaar moeten zorgen. Zij dragen naar vermogen samen de kosten van de huishouding, voorzover zij dit kunnen.

Het huwelijk heeft in Nederland tot gevolg dat alle huidige en toekomstige bezittingen en schulden van de partners gemeenschappelijk worden, tenzij men trouwt op huwelijkse voorwaarden.

Echtgenoten hebben voor het aangaan van verplichtingen of het nemen van beslissingen zoals het verkopen van de gemeenschappelijk bewoonde woning, het kopen op afbetaling, of het doen van grote schenkingen de toestemming van de ander nodig.

Echtgenoten erven ook van elkaar, maar de rechten van de kinderen van de overleden partner blijven altijd bestaan. Hiervan kan men door middel van een testament afwijken, maar kinderen kunnen nooit onterfd worden.

Huwelijkscontract

In Nederland trouwt men automatisch in gemeenschap van goederen. Dit betekent dat al het bezit en inkomen in het huwelijk voor een gelijk deel aan beide partners toebehoort. Het maakt niet uit wie het bezit heeft ingebracht en ook eventuele verschillen in salaris of inkomen spelen geen rol. De wet bepaalt dat vermogen en schulden van getrouwden volledig samengaan. Dit heet vermogensmenging. De vermogensmenging geldt ook voor alle toekomstige inkomsten en schulden tijdens het huwelijk.

Ongeveer 30 procent van alle Nederlanders is niet in gemeenschap van goederen, maar op huwelijkse voorwaarden getrouwd en dat percentage neemt nog steeds toe. De akte van huwelijkse voorwaarden wordt voor het huwelijk door de notaris opgemaakt. Na de huwelijksvoltrekking zorgt de notaris voor inschrijving in het openbare huwelijksgoederenregister van de rechtbank en worden de voorwaarden van kracht. Ook tijdens het huwelijk kunnen huwelijkse voorwaarden worden opgemaakt. De kosten zijn dan wel veel hoger, omdat voor deze wijziging de goedkeuring van de rechtbank nodig is.

Bij huwelijkse voorwaarden kan voor en tijdens het huwelijk gekozen en vastgelegd worden wat van wie is. Er zijn veel mogelijkheden en de voorwaarden kunnen in de loop van het huwelijk gewijzigd worden. De wederzijdse onderhoudsplicht blijft wel altijd bestaan. Ook kan niet worden afgeweken van de regels die het gezin beschermen. Zo blijft altijd de toestemming van de andere partner nodig voor onder andere het (ver)kopen of met een hypotheek belasten van de gezamenlijke woning of voor het doen van grote schenkingen.

GEREGISTREERD PARTNERSCHAP

In Nederland bestaat sinds 1998 naast het huwelijk ook het zogeheten geregistreerd partnerschap. Dit is een andere mogelijkheid om een relatie wettelijk te laten vastleggen. Het geregistreerd partnerschap is bijna hetzelfde als een huwelijk. Voordat een huwelijk tussen twee leden van gelijk geslacht was toegestaan, was het geregistreerd partnerschap de enige mogelijkheid om een dergelijke relatie wettelijk vast te leggen. Sinds mannen met mannen en vrouwen met vrouwen mogen trouwen, wordt van deze mogelijkheid minder gebruikgemaakt.

SAMENLEVINGSCONTRACT

Verreweg de meeste Nederlanders wonen een aantal jaren samen voor ze trouwen. Vaak kiest men er ook voor om samen te wonen zonder dat er sprake is van een toekomstig huwelijk. Het is verstandig om, als men samenwoont, een samenlevingscontract bij een notaris te laten opmaken. Als er bij het overlijden van één van de partners geen samenlevingscontract is, gaat het bezit naar de familie van de overleden partner. Als er een testament is waarbij de partners het bezit aan elkaar vermaken, moet de overgebleven partner in Nederland veel belasting (hoge successierechten) betalen. Als er in deze situatie een samenlevingscontract is, hoeft de erfgenaam aanzienlijk minder belasting te betalen.

OVERLIJDEN

Algemeen

Per jaar overlijden rond de 136.000 mensen in Nederland. In de zomermaanden overlijden er gemiddeld minder mensen per dag dan in de wintermaanden. In januari is het sterftecijfer met gemiddeld 430 gevallen per dag het hoogst. In september overlijdt gemiddeld het minste aantal mensen: 350 per dag. Na hun dood wil 47 procent van de Nederlanders begraven worden. De laatste jaren is het aantal mensen dat na hun dood verbrand (gecremeerd) wil worden gestegen tot 53 procent.

Er mag in Nederland veel rond een begrafenis of crematie (uitvaart), maar alles is wel heel precies wettelijk geregeld in de Wet op de lijkbezorging (Besluit op de lijkbezorging). Zo weet iedereen die met een uitvaart te maken heeft waar hij aan toe is en aan welke regels hij zich moet houden. Maar binnen deze wet is een grote vrijheid en wordt zo veel mogelijk rekening gehouden met de wensen van de overledene, of zoals het in de wet zelf beschreven wordt: 'De lijkbezorging geschiedt overeenkomstig de wens of de vermoedelijke wens van de overledene tenzij dat redelijkerwijs niet gevergd kan worden.' Artikel 18 van de Wet op de lijkbezorging laat er geen twijfel over bestaan: overledenen hebben recht op een uitvaart die past bij hun persoonlijke opvattingen en de manier waarop ze hebben geleefd. Dit past in een tijd van individualisering waarin mensen een steeds grotere vrijheid krijgen en persoonlijke levenskeuzen willen maken. Zaken als (hulp bij) zelfdoding en euthanasie zijn heel precies in de Euthanasiewet beschreven.
Uiterlijk op de vijfde dag na die van het overlijden moet de overledene begraven (of gecremeerd) worden. Als iemand bijvoorbeeld op maandag overlijdt, moet er uiterlijk zaterdag begraven worden. Maar er is met vergunning van de burgemeester ook uitstel mogelijk.

Uitvaartverzekering

De meeste Nederlanders hebben een begrafenisverzekering. Er zijn verschillende soorten verzekeringen: een sommen- of kapitaalverzekering is een verzekering die na overlijden een bedrag geeft (uitkeert) waarmee (een deel van) de uitvaartkosten kunnen worden betaald. Bij een natura-uitvaartverzekering wordt de begrafenis of crematie door een uitvaartonderneming verzorgd en door de verzekering betaald. Afhankelijk van de hoogte van het verzekerde bedrag en de wensen van de familie kan de hele uitvaart of een deel hiervan door de verzekering worden betaald. Een eenvoudige begrafenis of crematie kost minimaal zo'n vierduizend euro, exclusief grafsteen. Voor extra wensen moet men extra betalen. Veel Nederlanders kiezen er van oudsher voor om de organisatie van de uitvaart aan de uitvaartverzorger over te laten. Tegenwoordig wil men wel vaker een deel van de begrafenis of crematie zelf verzorgen. Als de familie dit wenst zullen de meeste ondernemers de familie geheel of gedeeltelijk bij het regelen van de uitvaart betrekken.

Het gemiddelde standaardpakket van een natura-uitvaartverzekering bestaat uit:
- de aangifte van overlijden bij de gemeente;
- het verkrijgen van een vergunning tot begraven of cremeren;

- een doodskist (het goedkoopste standaardmodel);
- verzorging van de overledene en opbaring thuis of in een rouwcentrum (als de verzekeraar een eigen rouwcentrum in de buurt heeft is men vaak verplicht daar gebruik van te maken);
- het vervoer van de overledene (van ziekenhuis naar huis of van huis naar rouwcentrum);
- vijftig of honderd rouwbrieven/kaarten plus de postzegels;
- een lijkauto en één of twee volgauto's;
- het gebruik van de aula (meestal voor een halfuur);
- het gebruik van de koffiekamer inclusief koffie, thee en cake (daar is een maximum aan verbonden);
- een condoleanceregister;
- de kosten van een graf (meestal het goedkoopste graf in de stad of regio);
- de kosten van de crematie en van de verstrooiing van de as;
- vijftig of honderd dankbetuigingen en/of bidprentjes.

Gang van zaken na overlijden

Als in Nederland iemand overlijdt, moet allereerst een arts een verklaring over de doodsoorzaak afgeven. Vervolgens neemt de familie contact op met een begrafenisonderneming. Deze haalt het lichaam van de overledene op van de plaats van overlijden. Het lichaam wordt gewassen, verzorgd en aangekleed door medewerkers van de begrafenisonderneming en vervolgens gekoeld bewaard in een speciale koelruimte. De familie en eventueel overige bekenden kunnen het lichaam van de overledene in overleg bezoeken. De begrafenisonderneming verzorgt in overleg met de familie de verdere gang van zaken rondom het overlijden. Het gaat hierbij om zaken als de datum, plaats en tijdstip van de begrafenis of crematie, maar ook de rouwkaarten, het rouwvervoer en de muzikale invulling van de plechtigheid. Ook alle andere belangrijke details worden in overleg met de familie door de uitvaartonderneming geregeld. De rouwkaarten worden zo spoedig mogelijk na het overlijden aan familie, vrienden en overige bekenden van de overledene of diens familie verzonden. Het is gebruikelijk dat de ontvangers van een rouwkaart de uitvaartplechtigheid bijwonen. Als dit niet mogelijk is, kan men een zogenoemde condoleance aan de familie sturen. Dit kan een standaardkaartje zijn, maar het is attenter en persoonlijker om de familie per brief te condoleren.
In Nederland wordt de overledene in de regel verzorgd door medewerkers van de uitvaartonderneming en opgebaard in het uitvaartcentrum van de onderneming. De overledene kan en mag ook door de familie worden verzorgd en thuis worden opgebaard, maar dit moet dan duidelijk en direct na het overlijden worden aangegeven.

Aangifte van overlijden

Van ieder overlijden dat in Nederland plaatsvindt moet binnen vijf dagen aangifte worden gedaan bij de burgerlijke stand van de gemeente waar het overlijden heeft plaatsgevonden. De aangifte van overlijden gebeurt in de praktijk meestal door de uitvaartverzorger, maar mag ook door familie of vrienden gedaan worden. Na het opmaken van de overlijdensakte wordt meteen toestemming gegeven voor het begraven of cremeren van de overledene.

Bij het doen van aangifte van overlijden is het volgende nodig:

- een B-enveloppe (deze is bestemd voor het Centraal Bureau voor de Statistiek en bevat een formulier waarop de arts die het overlijden heeft vastgesteld gegevens over de doodsoorzaak heeft vermeld);
- bij een natuurlijke doodsoorzaak: een verklaring van overlijden afgegeven door de behandelend arts of gemeentelijke lijkschouwer;
- bij een niet natuurlijke doodsoorzaak: een verklaring van geen bezwaar tegen een crematie of begrafenis afgegeven door de Officier van Justitie;
- als uitstel van crematie of begrafenis nodig is: verklaring van geen bezwaar van een arts.

Begrafenis

De gasten (genodigden) worden bij aankomst op de begraafplaats of het crematorium meestal eerst in een speciale ruimte ontvangen. Zij kunnen hier wachten tot de plechtigheid begint. Voor de naaste familie is er meestal een aparte wachtruimte. Vervolgens gaat men voor de plechtigheid naar de ruimte waar de uitvaart wordt gehouden, de aula. Nadat de gasten een plaats hebben gekozen komt de naaste familie binnen. De kist met de overledene staat dan meestal al voor in de ruimte en is vaak omringd door bloemenkransen en boeketten. Er wordt bijna altijd muziek gespeeld tijdens de plechtigheid. De plechtigheid duurt meestal een halfuur tot drie kwartier. Als er meerdere sprekers zijn of als er veel belangstellenden worden verwacht, kan de aula voor een langere periode worden gehuurd. Na de plechtigheid in de aula loopt het gezelschap naar het kerkhof, waar de eigenlijke begrafenis plaatsvindt. Dit is meestal een korte plechtigheid die vooraf door de familie met de begrafenisondernemer is besproken en ingevuld. De toespraken worden over het algemeen al in de aula gehouden. Als er een pastoor of dominee aanwezig is bij de begrafenis zal deze een gebed bij het graf uitspreken. Vervolgens zal een familielid of de begrafenisondernemer iedereen bedanken voor zijn komst. De nabestaanden kunnen kiezen of ze de kist op het graf laten staan zodat deze na vertrek van de familie en genodigden in het graf wordt geplaatst. De kist kan ook in aanwezigheid van allen in het graf worden geplaatst. In het laatste geval worden er vaak rozenblaadjes door de familie en genodigden op de kist in het graf gestrooid. Ook wordt het graf aan het eind van de plechtigheid wel symbolisch met een schepje met aarde dichtgegooid door de genodigden. Na afloop van de plechtigheid gaat men terug naar de ontvangstruimte, waar men de naaste familie kan condoleren. Hier wordt meestal ook naar Hollands gebruik koffie met cake geserveerd.

Graf

Vanwege de schaarse en dure grond wordt de grond voor een graf in Nederland meestal gehuurd. De huur (grafrechten) geldt over het algemeen voor een periode van tien jaar, maar kan vaak worden verlengd. Een andere mogelijkheid is een eigen graf. Men ligt hier naar keuze alleen of met naaste familieleden. Een eigen graf wordt pas na twintig jaar of langer geruimd. Op een beperkt aantal begraafplaatsen kan men overigens voor eeuwig worden begraven, het graf wordt dan niet geruimd. Er moet in dit geval wel altijd iemand verantwoordelijk blijven voor het graf.

Begrafenisverzekeringen vergoeden vaak de huur van het goedkoopste graf in de woonplaats.
Dit is een algemeen graf waarin een aantal willekeurige overledenen bij elkaar liggen. De overledenen worden met drie kisten boven op elkaar in 'volgorde van binnenkomst' begraven. De grafrechten gelden voor tien jaar en kunnen niet worden verlengd. Niet elke begraafplaats heeft algemene graven. Het is erg streekgebonden. In het westen van Nederland is het bijvoorbeeld vrij normaal, in het zuiden van het land komt het nauwelijks voor.

In Nederland mag men niet elk soort monument op een graf zetten. Begraafplaatsen hebben regels waar monumenten aan moeten voldoen qua hoogte, breedte en soms ook materiaal. Op sommige begraafplaatsen mogen alleen staande stenen, op andere begraafplaatsen alleen liggende stenen geplaatst worden.

Crematie

De ontvangst en de plechtigheid in de aula zijn in principe gelijk aan die van een begrafenis. De crematie vindt pas na afloop van de plechtigheid en in afwezigheid van de gasten plaats.
Na de plechtigheid wordt de kist ingevoerd in de oven. Na een maand (een wettelijk vastgelegde termijn) kan de as ter beschikking worden gesteld aan de opdrachtgever van de crematie (niet aan een 'willekeurig' familielid). De nabestaanden kunnen kiezen

tussen het laten verstrooien of bewaren van de as. In het laatste geval wordt de as in een urn of asbus gedaan. Deze kan vervolgens in de urnengalerij (columbarium) worden geplaatst, mee naar huis worden genomen of in een urnenkelder worden begraven. Men mag de as ook zelf ergens verstrooien.

Uitvaartdienst in de kerk

Als de overledene kerkelijk of gelovig was vindt er meestal voorafgaand aan de begrafenis of crematie een speciale kerkdienst plaats. De invulling van de kerkelijke plechtigheid is afhankelijk van de geloofsrichting en de wensen van de nabestaanden. Bij een kerkelijke uitvaartdienst zal de voorganger de overledene samen met de aanwezigen in woord en gebed herdenken. Bij aankomst in de kerk krijgen de aanwezigen een Orde van Dienst. Dit is een boekje waarin de onderdelen van de kerkdienst vermeld staan, de gezangen, psalmen, liederen, bijbelteksten en de sprekers. Na de kerkdienst gaan de aanwezigen rechtstreeks naar de begraafplaats, waar de overledene vervolgens meteen begraven wordt. Na afloop wordt dan meestal in de aula koffie en thee geserveerd.

ORGAANDONATIE

Orgaandonatie is het na de dood afstaan van organen en weefsels aan iemand anders. Het doneren van organen en weefsels is geregeld in de Wet op de orgaandonatie. Hierin staat dat mensen zelf over donatie moeten kunnen beslissen. Dit noemt men een volledig toestemmingssysteem: zonder toestemming van de donor zelf of, plaatsvervangend, van zijn nabestaande(n) mag donatie niet plaatsvinden. Door het invullen en opsturen van een donorformulier naar het Donorregister kan men de keuze over orgaan- en weefseldonatie laten vastleggen in het donorregister. Het Donorregister is een onderdeel van het ministerie van Volksgezondheid, Welzijn en Sport (VWS). Het registreert en beheert de ingezonden donorformulieren. De registratie is niet verplicht, maar het is wel een makkelijke en duidelijke manier om te laten weten wat men wenst: wel of geen donatie. Registratie in het Donorregister maakt de nabestaanden en artsen duidelijk wat de wens van de overledene was. Zo wordt voorkomen dat de nabestaanden op een emotioneel moment een moeilijk besluit moeten nemen. Omdat er te weinig donoren geregistreerd zijn, worden mensen sinds 2007 actief per brief benaderd door het ministerie van Volksgezondheid. Mensen tussen de 40 en 45 jaar worden gevraagd om donor te worden. Donoren kunnen hun registratie via internet nu bevestigen of ongedaan maken. Met die mogelijkheid hebben mensen zelf invloed op hun eigen genomen besluit. Het ministerie hoopt hiermee het aantal geregistreerde donoren te verhogen omdat een genomen besluit nu niet definitief is.

EUTHANASIEVERKLARING

In Nederland bestaat de mogelijkheid van een zogenoemde euthanasieverklaring. Hierin verklaart men dat men bij ondraaglijk en uitzichtloos lijden het leven wil laten beëindigen door een arts (euthanasie). Anders dan vooral buiten Nederland gedacht wordt, is euthanasie aan strenge regels gebonden. Een arts die deze regels niet nakomt is strafbaar.

Andere mogelijkheden zijn een verklaring met een behandelverbod of een niet-reanimerenpas. Men kan kiezen voor een behandelverbod als men bang is dat een medische behandeling leidt tot een ongewenste (onaangename) verlenging van het leven. Met een niet-reanimerenpas of -verklaring geeft men aan dat als men eigenlijk al dood is niet meer gereanimeerd wil worden.

GEZONDHEIDSZORG EN OPVOEDING

ALGEMEEN

In de Nederlandse gezondheidszorg neemt de huisarts een centrale plaats in. Nederlanders met gezondheidsproblemen gaan met hun vragen en problemen naar de huisarts. Zo'n 98 procent van alle gezondheidsproblemen wordt door de huisarts verholpen. Hiermee is zo'n 5 procent van het totale budget van de gezondheidszorg gemoeid. Maar 2 procent van de patiënten hoeft door de huisarts te worden doorverwezen naar een specialist in het ziekenhuis, een fysiotherapeut of diëtist. Iedereen kan overigens zonder verwijzing naar een tandarts. Vrouwen die een kind verwachten kunnen rechtstreeks een afspraak met de verloskundige maken.
Alle ziekenhuizen, huisartsen, ambulancediensten en gezondheidscentra hebben samen afspraken gemaakt over wie welk gebied als zorggebied heeft. Daardoor is het altijd duidelijk wie wanneer gebeld moet worden en welke arts of ziekenhuis in actie moet komen.
In Nederland is zo in principe voor iedereen een hulpverlener beschikbaar binnen een afstand van maximaal dertig minuten autorijden. Indien nodig wordt iemand in nood binnen vijf minuten teruggebeld door iemand van de huisartsenpost, door de spoedeisende hulp of door een ambulancedienst. Voor vervoer naar een ziekenhuis staat een ambulance gereed om een patiënt op te halen. Deze is uitgerust met apparatuur waarmee iemand in levensgevaar eerste hulp kan krijgen.
Alle hulpverleners in Nederland houden zich in meer of mindere mate ook bezig met opvoeden. Zij vinden het vanuit hun beroep van belang om mensen daarin de weg te wijzen, hen voor te lichten. Over alle soorten situaties in Nederland bestaan dan ook folders of brochures. Deze brengen mensen op de hoogte van de meest gewenste manier van handelen in voorkomende situaties. Voorbeelden daarvan zijn: hoe om te gaan met hoofdluis, bedplassen, veelvoorkomende diarree, maar ook bijvoorbeeld met gedragsproblemen. 70 procent van de ouders geeft namelijk aan dat ze opvoeden steeds moeilijker vindt. Binnen gemeenten worden Centra voor Jeugd en Gezin opgericht die zich bezighouden met alle opvoedingsvraagstukken en problematiek rondom ouders en kinderen. Gemeenten coördineren deze centra. Via de gemeenten kan informatie aangevraagd worden. Dat kan ook nog steeds via huisartsen en andere hulpverleningsorganisaties zoals Jeugdgezondheidszorg (ActiZ en Gemeentelijke Gezondheids Dienst)

en instellingen voor Geestelijke Gezondheidszorg. De huisarts zal in alle gevallen een rol spelen bij gezondheidsproblemen, opvoedings- of relatieproblemen. Scholen zijn belangrijk bij het opsporen van eventuele problemen en worden ook steeds vaker betrokken bij het opvoedingsbeleid in Nederland. Op de scholen zijn tegenwoordig zorgadviesteams aanwezig om eventuele problemen te signaleren en te bespreken met ouders en hulpverleners.

VOORKOMEN IS BETER DAN GENEZEN

Wetenschappers en overheid houden zich bezig met het handhaven en verbeteren van de gezondheid van alle mensen in Nederland. Het doel hiervan is om door het wegnemen van oorzaken ziekten te voorkomen (preventie). Met het ouder worden gaat de gezondheid vaak achteruit. Ouderen worden vaker ziek en krijgen ziekten die lang duren of niet goed te behandelen zijn. Omdat er de komende jaren in verhouding steeds meer oudere mensen wonen in Nederland, is het belangrijk ziekten in een vroegtijdig stadium op te sporen en te behandelen om de gezondheid van de mensen te beschermen en te bevorderen. Dit gebeurt door het geven van voorlichting over gezond eten en gezond leven. Op dit terrein zijn ook diverse organisaties en stichtingen actief, zoals het Bevolkingsonderzoek Borstkanker en het Nederlands Kankerinstituut. Zij zorgen er onder meer voor dat vrouwen regelmatig onderzocht worden op borst- en baarmoederhalskanker en dat er onderzoek wordt gedaan naar het voorkomen van deze ziekten. Consumentenorganisaties als de Consumentenbond en de Nederlandse Patiënten en Consumenten Federatie geven voorlichting over het onderwerp. Ze leggen het beleid van de overheid uit en geven in het belang van de gebruiker antwoord op vragen. De Warenwet, die onder meer de aanwezigheid van schadelijke stoffen in voeding verbiedt, is een voorbeeld van een wet waarbij de burgers in Nederland beschermd worden tegen onnodige gezondheidsrisico's. De Voedsel en Warenautoriteit controleert regelmatig of keukens van restaurants en ziekenhuizen en winkels wel schoon genoeg zijn en hygiënisch werken.
Om het roken in Nederland te ontmoedigen is er een Tabakswet. Hierin staat onder meer dat verkoop van sigaretten aan mensen jonger dan zestien jaar verboden is en dat er geen reclame voor sigaren en sigaretten (tabakswaren) gemaakt mag worden. Ook is er een rookverbod in openbare ruimtes en het openbaar vervoer.
Vanaf 1 juli 2008 geldt eveneens een rookverbod in horecagelegenheden.

ZORGVERZEKERING

Vanaf 1 januari 2006 is er één ziektekostenverzekering voor iedereen. Deze zorgverzekering bestaat uit een wettelijk vastgelegd basispakket. Het basispakket kan worden aangevuld met extra mogelijkheden zoals een vergoeding van de tandartskosten. Voor alle aanvullingen moet extra worden betaald en geldt ook geen vanzelfsprekende acceptatie. Iedereen die in Nederland woont of loonbelasting betaalt en achttien jaar of ouder is, is verplicht zich tegen ziektekosten te verzekeren. Kinderen tot achttien jaar zijn gratis meeverzekerd met de ouders. Men is vrij om te kiezen bij welke verzekeringsmaatschappij (zorgverzekeraar) men de verzekering afsluit. De zorgverzekeraars zijn verplicht om iedereen te accepteren voor de basisverzekering. Dit heet acceptatieplicht. Mensen die weinig verdienen, komen in aanmerking voor een deel van de vergoeding van de kosten (verzekeringspremie) van de verzekering. Dit heet een zorgtoeslag. Mensen die hiervoor in aanmerking komen, krijgen een formulier van de belastingdienst. De belastingdienst bepaalt of iemand in aanmerking komt voor een zorgtoeslag. Deze zorgtoeslag wordt één keer per jaar toegekend en uitbetaald. De betaling gebeurt wel in termijnen. Iedereen kan één keer per jaar een andere verzekeraar kiezen.

Er zijn bij ziektekosten verschillende betalingsmogelijkheden. Meestal betaalt de zorgverzekeraar de rekeningen rechtstreeks aan de huisarts, het ziekenhuis of een van de andere instanties waarmee de verzekeraar een contract heeft afgesloten. Een andere mogelijkheid is dat men de rekeningen van huisarts, ziekenhuis of een andere instantie eerst zelf betaalt en dat de verzekering dit later terugbetaalt. De zorgverzekeraar en verzekerde kunnen afspraken maken over wie in eerste instantie de rekening betaalt. Over het algemeen is het voor een verzekerde aan te bevelen dat de zorgverzekeraar alle betalingen rechtstreeks betaalt, omdat met name de kosten van het ziekenhuis en een ziekenhuisopname snel kunnen oplopen.

In het basispakket zitten de volgende onderdelen:
- geneeskundige zorg door huisartsen, ziekenhuizen, medisch specialisten en verloskundigen;
- ziekenhuisverblijf;
- Tandarts tot achttien jaar en vanaf achttien jaar alleen specialistische hulp en het kunstgebit;
- hulpmiddelen zoals krukken, rolstoelen;
- geneesmiddelen;
- de pil tot 21 jaar;

- 4 uur extra kraamzorg boven op de standaardkraamzorg bij complicaties;
- ziekenvervoer, per ambulance, rolstoelvervoer of taxi;
- een deel van de hulp, bijvoorbeeld fysiotherapie, vanaf de 21ste behandeling;
- een deel van de geestelijke gezondheidszorg alsmede psychologische hulpverlening, maar wel met eigen bijdrage of beperkt aantal behandelingen.

Voor alle behandelingen en geneesmiddelen wordt jaarlijks een eigen risico vastgesteld per volwassene vanaf achttien jaar. Dat geldt niet voor bezoek aan huisarts, tandarts voor kinderen tot achttien jaar, verloskundige of kraamzorg. Chronisch zieken krijgen een deel van hun kosten voor medicijnen en hulpverlening vergoed.

JEUGDGEZONDHEIDSZORG

Pasgeboren baby's en kinderen tot vier jaar kunnen bij het consultatiebureau terecht. De ouders worden hiervoor vrijwel direct na de geboorte van het kind voor uitgenodigd door de wijkverpleegkundige. In de basisschoolperiode vanaf vier jaar neemt de schoolarts de zorg voor het kind over. Tot en met veertien jaar kunnen kinderen bij de schoolarts of jeugdgezondheidszorg terecht. Daarna neemt de huisarts de zorg over.

In Nederland worden gemakkelijk meetbare zaken zoals het gewicht en de lengte van kinderen bijgehouden in dossiers. Deze dossiers worden zo mogelijk via een elektronisch dossier beschikbaar voor hulpverleners in de jeugdgezondheidszorg. Zij kunnen de dossiers bijhouden en elkaar zo informeren over de gezondheidstoestand en het welzijn van de kinderen. Kinderen kunnen op deze wijze snel geholpen worden omdat de hulpverleners over de juiste informatie beschikken. In de Nederlandse jeugdgezondheidszorg bestaan meer dan 5,4 miljoen dossiers van kinderen. Gegevens over kinderen kunnen op deze manier met elkaar vergeleken worden. Hierdoor krijgen gemeenten en beleidsmakers een beter inzicht in de ontwikkeling van de jongeren in Nederland en de behoefte aan zorg. De gegevens worden ook gebruikt voor onderzoeken. Uit één van de onderzoeken blijkt bijvoorbeeld dat het welzijn van de kinderen niet in het geding is wanneer de moeders buitenshuis werken. Kinderen uit eenoudergezinnen, kinderen van gezinnen onder de armoedegrens, kinderen van gezinnen met laag opgeleide moeders en kinderen uit gezinnen met een niet-westerse achtergrond lopen wel gezondheidsrisico's. Ze lezen minder over goede voeding en ook hebben ze minder geld te besteden aan de juiste voeding en sportclubs voor de kinderen.

Consultatiebureau

Elke gemeente in Nederland heeft een consultatiebureau. Dit is een gratis adviesbureau voor ouders en verzorgers met kinderen in de leeftijd van nul tot vier jaar. Het bezoeken van een consultatiebureau is vrijwillig. Zo'n 98 procent van alle ouders bezoekt de eerste maanden het consultatiebureau.

Iedereen die in Nederland een kind krijgt, wordt binnen één of twee weken na de geboorte van een kind bezocht door de wijkverpleegkundige van het consultatiebureau. Deze nodigt ouders en/of verzorgers van pasgeboren kinderen uit om regelmatig bij de arts en verpleegkundige van het consultatiebureau langs te komen. Na de eerste afspraak worden tot de leeftijd van één jaar de afspraken tijdens het bezoek gemaakt. Daarna worden de afspraken schriftelijk of telefonisch gemaakt, waarbij het initiatief bij het consultatiebureau ligt.

Gemiddeld één keer per maand kan een ouder of verzorger met het pasgeboren kind naar het consultatiebureau. Een halfjaar na de geboorte is een bezoek van één keer per twee à drie maanden standaard mogelijk. Wanneer ouders tussentijds vragen hebben of hun kind willen laten controleren kunnen ze bellen of een extra afspraak maken. Tijdens het bezoek aan het consultatiebureau worden de bewegingen (motoriek), ogen en oren (zintuigen), het gewicht, de groei en de ontwikkeling van het kind gecontroleerd. Ook worden het gehoor, de ogen en de heupen getest op afwijkingen.

De arts en wijkverpleegkundige geven ook adviezen over voeding en opvoeding volgens richtlijnen van het Voedingscentrum en het groeiboekje. Het Voedingscentrum is een landelijk adviesbureau dat voorlichting geeft over goede en gezonde voeding. Voor kinderen van nul tot vier jaar zijn er richtlijnen op het gebied van voeding. Voor een goede ontwikkeling van botten en hersenen en een geleidelijke toename van gewicht en lengte is het belangrijk dat het kind regelmatig en gevarieerd eet. Een goede en afwisselende voeding bevat voldoende vitamines en mineralen. Het is ook belangrijk dat het kind in een schone omgeving opgroeit, zodat de kans op het ontwikkelen van allergieën of eczeem zo klein mogelijk is. Tot slot is het van belang dat kinderen van deze leeftijd regelmatig rusten.

De wijkverpleegkundige kan desgewenst ook extra vitamines voorschrijven. Twee vitamines worden standaard voorgeschreven omdat ze van belang zijn voor een goede groei van de botten en voor een gezond gebit. Dat zijn vitamine K en vitamine D. Wanneer kinderen flesvoeding krijgen, is vitamine K niet nodig, omdat deze vitamine is toegevoegd aan de melkpoeder.

Ook wordt het eerste jaar de omtrek van het hoofd bijgehouden en het sluiten van de twee schedeldelen boven op het hoofd waartussen in het eerste levensjaar nog ruimte zit die alleen met huid bedekt is (grote fontanel). Aan het eind van het eerste jaar moet de fontanel dicht zijn.
In Nederland start 95 procent van de moeders met het geven van borstvoeding. Dit wordt in Nederland, maar ook in de meeste andere landen aangeprezen als de meest gewenste en meest volledige voeding voor baby's tot zes maanden. Toch stoppen veel moeders snel met het geven van borstvoeding. Met name doordat de moeders na twaalf weken weer gaan werken. In Nederland hebben moeders zestien weken bevallingsverlof, waarbij de meeste moeders zes weken voor en tien weken na de bevalling verlof nemen. Ouders krijgen van het consultatiebureau een naslagwerk: het zogenoemde groeiboek. Hierin staat veel informatie over voeding, veiligheid, groei en ontwikkeling van de baby en peuter tot de leeftijd van vier jaar. Er is ruimte voor het bijhouden van de ontwikkeling van het kind en het noteren van afspraken.

Opvoeding en ontwikkeling

Voor vaders en moeders is de geboorte van hun kind een van de mooiste gebeurtenissen in hun leven. In Nederland is het belangrijk om te kijken naar de wensen en verwachtingen van het kind, zodat er een vertrouwensrelatie kan ontstaan en het kind zich veilig voelt. Daarom wordt er in Nederland ook veel aandacht besteed aan de omgang met bijvoorbeeld huilende baby's en de regelmaat van verzorging en aandacht.
Het groeiboek dat iedere ouder ontvangt na de geboorte van elk kind gaat letterlijk over alles: slapen, eten, wassen, huilen, troosten, wennen, spelen, lachen, jaloers zijn, groeien en eenkennig zijn. In een notendop worden echt werkelijk alle zaken behandeld en er zijn nuttige tips voor iedere ouder, ervaren of niet.

Vaccinaties

Het consultatiebureau geeft ook vaccinaties. Dit zijn inentingen die beschermen tegen een aantal vervelende, ernstige of gevaarlijke ziektes. Hoe eerder inentingen plaatsvinden, hoe eerder de kinderen beschermd zijn tegen deze ernstige ziekten. Hoewel de inentingen niet verplicht zijn, laat 95 procent van de ouders hun baby's en kinderen inenten volgens het Rijksvaccinatieprogramma. Alle kinderen in Nederland worden hiervoor uitgenodigd. Het Rijksvaccinatieprogramma is gratis voor alle kinderen wanneer ouders zich houden aan de richtlijnen voor het inentingsprogramma. Wanneer ouders andere ideeën hebben of de vaccinaties op andere momenten willen, zijn deze niet altijd gratis.

Op grond van het Rijksvaccinatieprogramma kunnen kinderen worden ingeënt tegen difterie, kinkhoest, tetanus, polio, bof, mazelen, rode hond en sinds enkele jaren ook tegen de bacterie die hersenvliesontsteking kan veroorzaken (Hib, type b en meningokokken-C). Voor alle kinderen die geboren zijn na 1 april 2006 is er ook een vaccinatieprogramma beschikbaar tegen pneumokokken. Hiermee kunnen jaarlijks 78 sterfgevallen, 85 gevallen van hersenvliesontsteking, 308 gevallen van bloedvergiftiging, 1800 gevallen van longontsteking en 52.000 gevallen van middenoorontsteking voorkomen worden. Sinds 2010 is er ook een inenting beschikbaar tegen baarmoederhalskanker (HPV-virus). In het jaar dat meisjes dertien jaar worden, krijgen ze een uitnodiging voor de HPV-vaccinatie. Deze vaccinatie is niet verplicht. De vaccinatie tegen baarmoederhalskanker bestaat uit een serie van drie prikken. Die drie zijn nodig om voldoende beschermd te zijn.
Alleen kinderen die gezond zijn en een goed gewicht hebben worden ingeënt. De meeste vaccinaties worden uitgevoerd tijdens de bezoeken aan het consultatiebureau.
Pasgeborenen worden op de leeftijd van twee, drie, vier en elf maanden ingeënt tegen difterie, kinkhoest, tetanus en polio en pneumokokken, en op de leeftijd van veertien à vijftien maanden tegen bof, mazelen, rode hond en meningokokken-C. Kinderen van vier en negen jaar krijgen een herhalingsinenting om voldoende beschermd te blijven.
Kinderen, van wie ten minste één van de ouders afkomstig is uit een land waar hepatitis B veel voorkomt, of die een moeder hebben die drager is van het hepatitis-B-virus, komen op grond van het Rijksvaccinatieprogramma in aanmerking voor vaccinatie tegen hepatitis B. De vaccinatie wordt binnen 48 uur na de geboorte gegeven, en wordt daarna herhaald op de leeftijd van twee, vier en elf maanden. Ouders krijgen na de eerste inenting automatisch een uitnodiging van het Rijksvaccinatieprogramma voor de vervolgvaccinaties. Daar wordt uitgelegd wanneer en hoe de inentingen plaatsvinden en of deze ook bijwerkingen kunnen hebben.

Schoolarts

Wanneer een kind de leeftijd van vier jaar heeft bereikt, neemt de schoolarts de taken over van het consultatiebureau. De schoolarts is in dienst van de Gemeentelijke Gezondheids Dienst (GGD), in sommige gemeenten ook wel Hulpverleningsdienst of GGG, GGZ genoemd. Tot de werkzaamheden van de schoolarts behoren het voorkomen of vroeg ontdekken van ziekten en andere problemen. Ook bezoekt de schoolarts tussentijds kinderen met wie problemen kunnen zijn die door de school of ouders zijn aangegeven, bijvoorbeeld gedragsproblemen, overgewicht of kindermishande-

ling. Ook de school kan verzoeken om een extra controle van een kind. Het is voor kinderen van belang om mogelijke problemen met betrekking tot gezondheid of gedrag snel te onderzoeken, zodat ze snel geholpen kunnen worden. De schoolkinderen worden op vaste momenten opgeroepen voor een onderzoek naar hun gezondheid. Tijdens een onderzoek worden de kinderen gewogen en worden ogen, oren en de manier waarop de kinderen zich bewegen onderzocht. Wanneer er bij het onderzoek iets gevonden wordt, dan verwijst de schoolarts door naar de huisarts, een medisch specialist of de jeugdhulpverlening. Problemen die de schoolarts regelmatig tegenkomt zijn onder meer:
- overgewicht;
- bedplassen;
- verstopping van de darmen (obstipatie);
- spraakproblemen;
- pesten.

Alcohol en drugs

Jongeren gebruiken eerder alcohol en drugs dan bijvoorbeeld twintig jaar geleden. Hoewel van de kinderen tot twaalf jaar 93 procent nog nooit heeft gerookt of alcohol heeft gedronken neemt dit percentage na deze leeftijd snel toe. Van de kinderen tussen twaalf en veertien jaar heeft 58 procent wel eens wat gedronken. Dit is een ontwikkeling die de gezondheid en levenswijze van de kinderen kan schaden. Ook kunnen ze op deze leeftijd de gevolgen van bijvoorbeeld drankgebruik niet overzien.

De Nederlandse overheid besteedt hier steeds meer aandacht aan, omdat vroeg aangeleerd ongezond gedrag moeilijk te veranderen is. In de Drank- en horecawet staat dat horecagelegenheden een vergunning nodig hebben voor het schenken van alcoholische dranken en dit niet mogen doen aan kinderen jonger dan zestien jaar. Ook mogen ze geen sterkedrank schenken aan kinderen jonger dan achttien jaar. Het is daarnaast verboden om alcohol te verkopen aan kinderen onder de zestien jaar. Sinds december 2007 hebben gemeenten de mogelijkheid om een geheel alcoholverbod tot achttien jaar af te kondigen. De mogelijkheid bestaat voor die gemeenten die veel overlast hebben van jeugdigen die overmatig drinken.
Het gedoogbeleid in Nederland ten aanzien van drugsgebruik verandert. Zo is er sinds 2010 een verbod op de verkoop van paddo's (gedroogde paddenstoelen met een hallucinerende werking) en zijn coffeeshops die zich in de buurt van scholen bevinden gesloten.

Overgewicht

Kinderen en jongeren in Nederland worden steeds dikker. Uit onderzoek blijkt dat één op de drie kinderen in de grote steden te zwaar is. Een belangrijke oorzaak hiervoor is dat Nederlandse kinderen te weinig bewegen. Ze spelen te weinig buiten en doen te weinig aan sport. Daarnaast eten ze te veel en te ongezond. Vooral het eten van snacks en snoepen tussen de maaltijden is slecht. De overheid probeert scholen te stimuleren gezonde producten te verkopen in de schoolkantine. Ook spoort zij jongeren aan om meer te sporten en te bewegen. Er zijn diverse programma's om dit verder te ontwikkelen en te stimuleren, zoals het convenant Gezond gewicht, waarbij 27 partijen zich gezamenlijk inspannen voor een gezond gewicht van kinderen en volwassenen.

Opvoeding

Vroeger werden kinderen opgevoed volgens de regel *rust, reinheid en regelmaat.* Nu is dit motto wat passé, maar de basisprincipes zijn niet veel veranderd ten opzichte van bijvoorbeeld een halve eeuw geleden. Kinderen worden volgens een min of meer vaststaand voedingsschema gevoed, gaan op vaste tijden naar bed, gaan elke dag in bad of onder de douche en krijgen dagelijks schone kleren aan.
Nederlandse kinderen spelen regelmatig bij andere kinderen thuis (of spelen met andere kinderen buiten).
De eettijden liggen vast. Zo rond zes uur 's avonds zijn er weinig mensen op straat, omdat dan door veruit de meerderheid van de Nederlanders de warme maaltijd wordt gegeten.
Zo langzamerhand veranderen deze gewoonten wel. Vooral door het aanbod van sport en spel in bijvoorbeeld de late middaguren en de vroege avonduren is geleidelijk een verschuiving te bemerken in het tijdstip dat de warme maaltijd wordt gegeten.

HUISARTS

De huisartsen in Nederland hebben afspraken met de zorgverzekeraars en de overheid over hoeveel patiënten ze aannemen en hoe groot hun gebied is. Die verdeling is belangrijk omdat huisartsen goed en snel bereikbaar moeten zijn en ook snel zelf bij hun patiënten moeten kunnen komen. Iedereen in Nederland heeft zijn eigen huisarts, meestal in zijn directe omgeving. Ondanks de verdeling over de gebieden, heeft iedere inwoner van Nederland het recht zijn eigen huisarts te kiezen. De meeste huisartsen werken op afspraak. Aan de hand van een gesprek waarin de huisarts een aantal vragen stelt, kan deze aangeven wat er volgens hem of haar aan de hand is (een diagnose stellen) en een voorstel doen voor een behandeling, zoals het geven van een advies of medicijnen. Als de huisarts het probleem niet kan vinden of verhelpen, kan hij de patiënt doorverwijzen naar een specialist. Aan de hand van een zogenoemde verwijsbrief kan de huisarts doorverwijzen naar een specialist. In 98 procent van de gevallen is een bezoek en eventueel vervolgbezoek aan de huisarts voldoende om de klachten te verhelpen. Eén op de drie Nederlanders gaat elke twee maanden naar de huisarts. De helft van hen is ouder dan 65 jaar. Wanneer iemand te ziek is om naar de huisarts te gaan, kan deze de zieke thuis bezoeken.

Er zijn in Nederland ruim achtduizend huisartsen werkzaam, 40 procent van hen is vrouw. Veel huisartsen werken samen met andere huisartsen in een gebouw. Soms hebben huisartsen samen met fysiotherapeuten, maatschappelijk werkers en wijkverpleegkundigen een groepspraktijk, maar vaak voeren ze ook zelfstandig een praktijk met of zonder apotheek. Om in aanmerking te kunnen komen voor (het raadplegen van) een huisarts is een ziektekostenverzekering noodzakelijk. In Nederland moet iedereen verzekerd zijn tegen ziektekosten. Pas na aanmelding bij een verzekering en betaling van de premie is iemand ook verzekerd. De verplichte ziektekostenverzekering verzekert niet tegen alle kosten, maar de kosten voor de huisarts worden wel vergoed.

Er zijn de laatste jaren in sommige delen van Nederland te weinig huisartsen. Het kan voorkomen dat de huisartsen in die gebieden geen patiënten meer aannemen. Sommige ziektekostenverzekeraars bieden hun klanten een telefonische hulpdienst of een gezondheidslijn. Mensen die wel verzekerd zijn, maar geen huisarts hebben, kunnen zo toch geholpen worden. Verzekeraars kunnen in sommige gevallen ook helpen bij het vinden van een huisarts in de buurt.

TANDARTS

Er zijn in Nederland bijna achtduizend tandartsen werkzaam. 30,4 procent van de tandartsen is vrouw. De meeste tandartsen werken zelfstandig of in een praktijk met meerdere tandartsen en beoefenaren van verwante beroepen. Zoals mondhygiënistes, die advies geven over de verzorging en het schoonhouden van het gebit en orthodontisten, die scheve en foutief gegroeide tanden recht kunnen zetten. De tandarts is voor iedereen bereikbaar. Dit betekent dat iemand meteen een afspraak met de tandarts, zonder tussenkomst van de huisarts, kan maken. De tandarts heeft vooral de taak tand- en mondproblemen te voorkomen. Daardoor hebben jongeren tot achttien jaar recht op tandzorg en hoeven ouders of verzorgers daar niet of nauwelijks extra voor te betalen. Volwassenen vallen buiten de basis-tandzorg.

Over het algemeen gaan mensen in Nederland twee keer per jaar voor controle naar de tandarts. Deze doet in principe alles, van mondzorg tot het trekken van kiezen. Wel hebben tandartsen een aantal taken doorgegeven aan mondhygiënisten en orthodontisten. De tandarts geeft een doorverwijzing voor de mondhygiëniste of orthodontist. In Nederland zijn te weinig tandartsen. Hierdoor zijn er wachtlijsten. Van de kinderen en jongeren tot negentien jaar komt jaarlijks zo'n 86 procent bij de tandarts. Dat is een hoger percentage dan een aantal jaren geleden. Ouderen van vijfenzestig jaar en ouder gaan daarentegen steeds minder naar de tandarts. Door de invoering van de zorgverzekeringswet is de tandarts voor jongeren goedkoper en voor ouderen duurder geworden. Van de mensen in de leeftijdsgroep van 20 tot 44 jaar gaat 89 procent jaarlijks naar de tandarts.

De gezondheid van het gebit

De eerste tanden van kinderen worden het melkgebit genoemd. Vanaf een gemiddelde leeftijd van zes jaar begint het zogenoemde wisselen. Kinderen verliezen dan over een gemiddelde periode van drie jaar hun tanden en kiezen. Hier komt het definitieve gebit voor in de plaats. Wanneer een kind een jaar of acht is en een aantal tanden heeft gewisseld, kunnen de nieuwe tanden en kiezen door de tandarts geseald worden. Met een kunststoflak worden groefjes en putjes van de kies afgedicht, zodat een beschermlaag tegen gaatjes gevormd wordt. De meeste verzekeringen vergoeden het sealen. De kinderen krijgen na het sealen twee keer per jaar een fluorbadje. Dat is een extra bescherming van de nieuwe tanden en kiezen. Wanneer er toch gaatjes ontstaan in tanden of kiezen, moeten ze gevuld worden. Wanneer er echt iets mis is met de stand van de kaak of wanneer een kies die getrokken moet worden te diep of verkeerd zit, dan moet er geopereerd worden. Dit doet de kaakchirurg. De meest uitgevoerde operatie is die van het weghalen van verstandskiezen. Scheefgegroeide tanden staan niet mooi en kunnen het slikken, kauwen of bijten bemoeilijken. Een gespecialiseerde tandarts, orthodontist kan ervoor zorgen dat scheef gegroeide tanden weer recht komen te staan. Dit gebeurt door een op maat gemaakte beugel voor de tanden. Het hangt van de afwijking van de tanden af wat voor soort beugel dit is en hoe lang hij gedragen moet worden. De meeste beugeldragers zijn kinderen in de leeftijd van twaalf tot zestien jaar. Meestal verwijst de tandarts zijn patiënten na overleg met henzelf, of als het kinderen betreft met hun ouders, door naar een orthodontist.

De mondhygiënist helpt het gebit en vooral het tandvlees schoon te maken en schoon te houden. De mondhygiënist werkt vaak samen met de tandarts in de praktijk. Sommige mondhygiënisten hebben een eigen praktijk. Sommige tandartsen hebben ook nog preventie-assistenten in dienst. Deze geven voorlichting over onder meer goed poetsen en proberen zo te voorkomen dat het gebit achteruitgaat.
Nederlanders behouden tot op steeds latere leeftijd geheel of gedeeltelijk hun eigen gebit. Van de mensen boven de 65 draagt wel een deel een volledig kunstgebit.
Uit onderzoek in 2005 blijkt echter dat het de laatste tijd, in tegenstelling tot eerdere ontwikkelingen, niet goed gaat met de Nederlandse kindergebitten. Eén op de vijf kinderen van dertien tot zestien jaar heeft last van gaatjes in de tanden. De gaatjes ontstaan door het eten van voedingsproducten als sinaasappels, snoep en frisdrank. Hierin zit een zuur dat aan de tanden kleeft en de tand aantast. Dit heet plak. Veertig procent van de tieners loopt met ongevulde gaatjes rond. Er worden niet alleen verkeerde voedingsmiddelen gegeten en gedronken, maar dit gebeurt ook vaker op een dag. Suiker in snoepgoed en frisdrank en zuren in dranken als cola en *breezers* veroorzaken een soort afbraak van het glazuur waarmee de tand normaal wordt beschermd, waardoor gaatjes kunnen ontstaan. Vruchtensap in zuigflessen voor jonge kinderen tast het melkgebit aan. Bij een goede mondverzorging hoort minder vaak snoepen en goed poetsen. Het advies van de tandarts is om de tanden minimaal tweemaal per dag goed te poetsen met een fluorhoudende tandpasta.

VERLOSKUNDIGE

In Nederland worden jaarlijks zo'n 185.000 tot 190.000 kinderen geboren. Van alle bevallingen wordt zo'n 45 procent door een verloskundige gedaan. De verloskundige begeleidt in principe alle zwangere vrouwen van het begin van de zwangerschap tot en met de bevalling. Wanneer een verloskundige complicaties verwacht, bepaalt zij of en in hoeverre de zwangere vrouw moet worden overgedragen aan de gynaecoloog. Nederlandse vrouwen in Nederland bevallen meer thuis dan niet-Nederlandse vrouwen. Oudere vrouwen bevallen voor het eerste kind vaker in het ziekenhuis. De verloskundige in Nederland krijgt een steeds breder aandachtsgebied. Door adviezen van overheid en specialisten krijgen onderzoek en analyse voor of tijdens de zwangerschap steeds meer aandacht, zodat ziekten of afwijkingen tijdig kunnen worden opgespoord en behandeld. Hulpmiddelen die hiervoor worden gebruikt zijn de echo, vruchtwaterpunctie en het bloedonderzoek. Sinds 2006 hebben aanstaande ouders recht op een tweede-termijn-echo, ook wel

20-weken-echo genoemd. Het doel van deze echo is te controleren of er afwijkingen bij de baby zichtbaar zijn. Ouders stellen het over het algemeen bijzonder op prijs dat de 20-weken-echo mogelijk is. Meestal kan aan de hand van zo'n echo ook worden aangetoond of de baby een jongetje of een meisje is. Het is echter geen 'pretecho' waarbij je een cd kunt laten maken of allerlei foto's krijgt.
Afwijkingen die in principe bij de 20-weken-echo gezien kunnen worden, zijn:
- open rug;
- te kleine schedel;
- defecten in de buikwand;
- afwijkingen aan de botten;
- nierafwijkingen;
- waterhoofd;
- maagafsluiting;
- gat in het middenrif;
- hartafwijkingen;
- lip- of gehemeltespleet (ook wel hazenlip genoemd).

Een 20-weken-echo is echter geen garantie voor een gezond kind. Voor sommige afwijkingen is het wel belangrijk om vóór de geboorte te weten of je baby deze afwijking heeft. Als het bijvoorbeeld gaat om een afwijking die niet met het leven verenigbaar is. Zwangerschapsafbreking is in Nederland toegestaan tot 24 weken zwangerschap. Daarnaast kan het belangrijk zijn om te weten of de baby een afwijking heeft om zo de beste plek te kiezen om te gaan bevallen. Bij bepaalde afwijkingen kan het advies zijn om in het ziekenhuis of zelfs in een medisch centrum te bevallen, zodat de baby direct goede zorg kan krijgen. Ouders kunnen zelf beslissen of ze een 20-weken-echo willen.
Ook wordt er bij de voorlichting door verloskundigen over zwangerschapsmogelijkheden aan mensen in de vruchtbare leeftijd meer aandacht besteed aan de levensstijl van de doelgroep, bijvoorbeeld als het gaat om het gebruik van de pil, het rook- en drinkgedrag en de inname van vitamines en mineralen.

ZIEKENHUIS

Nederland heeft circa 145 ziekenhuislocaties, waaronder acht universitaire centra. De universitaire ziekenhuizen zijn gevestigd in Groningen, Utrecht, Amsterdam (twee), Rotterdam, Leiden, Nijmegen en Maastricht. Aan de meeste universitaire ziekenhuizen is ook een opleidingsinstituut verbonden voor (vervolg)opleidingen van verpleegkundigen, en personeel zoals fysiotherapeuten, diëtisten en orthopeden (paramedici) en klinisch verloskundigen (medisch). Vanaf september 2008 zijn er tevens samenwerkings-

verbanden met academies verloskunde (medisch). Ook spelen deze ziekenhuizen een belangrijke rol in de scholing van medisch specialisten in opleiding, de zogenoemde arts-assistenten en in de na- en bijscholing van artsen en andere werkenden in de gezondheidszorg op mbo- en hbo-niveau.
Net als in andere ziekenhuizen draait het ook in universitaire ziekenhuizen uiteindelijk om het verzorgen, verplegen, maar vooral het genezen van zieke mensen. Naast ziekenhuizen zijn er nog zelfstandige behandelcentra en privéklinieken voor minder spoedeisende specialistische behandelingen. De kosten worden over het algemeen vergoed door de zorgverzekeraar.

Mensen, met uitzondering van spoedgevallen, worden opgenomen of behandeld in het ziekenhuis via de huisarts, de verloskundige of de tandarts. Zij geven een verwijsbrief mee voor het ziekenhuis. Dit kan voor allerlei ziekten of operaties zijn. Ook in noodgevallen zal de huisarts het eerste aanspreekpunt zijn. Daarom zijn huisartsen en verloskundigen of hun waarnemers in principe vierentwintig uur per dag bereikbaar. Via een verwijzing kan men kiezen voor een ziekenhuis in de buurt.
Een wet zorgt ervoor dat patiënten en artsen of andere hulpverleners rechten en plichten hebben. De rechten van de patiënt zijn de plichten voor de arts.

De NVZ is de Nederlandse Vereniging van Ziekenhuizen. Het is de organisatie van de ziekenhuizen. De gegevens van de ziekenhuizen worden door deze organisatie beheerd. De gegevens zijn beschikbaar op naam van het ziekenhuis. In de Databank Kwaliteit is onder meer te lezen hoe goed de ziekenhuizen functioneren en hoe ze met hun patiënten omgaan. Ziekenhuizen kunnen ook zelf aangeven wat ze aan zorg doen en op welke manier ze die zorg kunnen leveren aan de patiënten. De vereniging van ziekenhuizen verzamelt en beoordeelt de gegevens, samen met de universitaire ziekenhuizen en de orde van specialisten.

Het medisch dossier en de rechten en plichten van patiënten

De patiënt heeft recht op inzage in zijn medisch dossier; hij mag ook een kopie vragen. Tegenwoordig is dat een elektronisch dossier dat door verschillende hulpverleners en artsen kan worden ingezien en bijgehouden. Het medisch dossier en de gesprekken tussen patiënt en hulpverlener zijn vertrouwelijk. Alleen de patiënt zelf en de hulpverleners die hem behandelen mogen het dossier inzien. Als de patiënt het niet eens is met de inhoud, kan hij de hulpverlener verzoeken deze aan te passen of zelf een eigen verklaring aan het dossier toevoegen.

De patiënt moet de hulpverlener duidelijk en volledig informeren en deze betalen voor zijn diensten.
De hulpverlener of arts vertelt de patiënt duidelijk wat er aan de hand is, welke behandeling nodig is en of daaraan risico's zijn verbonden. Eventueel wijst een arts of andere hulpverlener op alternatieven. Met deze informatie kan de patiënt nadenken en zelf beslissen over de aard van de behandeling. De hulpverlener mag de patiënt alleen behandelen als deze hiervoor toestemming geeft. Vaak gaan hulpverleners hier automatisch van uit. Bij ingrijpende behandelingen wordt hier wel uitdrukkelijk om gevraagd. In acute situaties, als de patiënt buiten kennis is (bewusteloos of in coma), hoeft de hulpverlener geen toestemming van de patiënt af te wachten. Als de patiënt niet in staat is om zelf te beslissen (bijvoorbeeld bij het verliezen van het geheugen of wanneer een patiënt in coma is), kan hij zich door een ander laten vertegenwoordigen. Dit is meestal een familielid of partner, maar kan ook een officieel benoemd iemand zijn, bijvoorbeeld iemand die via een testament de vertegenwoordiger is van de patiënt. Deze vertegenwoordiger besluit in het belang van de patiënt. In een wilsverklaring kunnen patiënten hun wensen vastleggen om niet behandeld te worden, voor het geval ze zelf niet meer kunnen beslissen. Bij kinderen tot twaalf jaar beslissen de ouders of voogd, kinderen tussen twaalf en zestien jaar moeten samen met hun ouders/voogd toestemmen in behandeling. Boven de zestien jaar kunnen mensen zelfstandig beslissen.

De medewerkers in het ziekenhuis

In een ziekenhuis werken veel verschillende mensen. Er zijn artsen die gespecialiseerd zijn in ziekten zoals hartkwalen, botbreuken, kanker of stofwisselingsziekten. Ze worden medisch specialist genoemd. De medisch specialisten worden vaak geassisteerd door een arts, co-assistent of arts-assistent. De co-assistenten zijn artsen in opleiding die een praktische stage volgen. Ze worden basisarts op alle medische terreinen. De arts-assistenten zijn al verder gevorderd in hun studie. Zij zijn specialisten in opleiding. Ze hebben gekozen voor het specialisme en worden verder opgeleid door een medisch specialist die ook les mag geven.
Afhankelijk van het soort ziekenhuis zijn er meer of minder artsen die in opleiding zijn.
De ziekenhuizen worden onderverdeeld in algemene ziekenhuizen en universitaire ziekenhuizen. De universitaire ziekenhuizen zijn verbonden aan een universiteit en hebben vaak meer artsen in opleiding. Nederland kent verder nog een aantal ziekenhuizen die als opleidingsziekenhuizen werken. Deze ziekenhuizen leiden ook mensen in de praktijk op mbo- of hbo-niveau op en werken dus

veel met stagiairs. In een ziekenhuis werken verder nog verpleegkundigen, diëtisten, administratief medewerkers, keukenpersoneel en overige medewerkers die zorgen voor het onderhoud, het schoonmaken en schoonhouden van het ziekenhuis. Het ziekenhuis neemt tijdelijk de zorg voor de zieke over.

Polikliniek

Een polikliniek – ook wel dagbehandeling genoemd – is een afdeling van een ziekenhuis waar de eerste onderzoeken en behandelingen worden gedaan, zonder dat patiënten in het ziekenhuis opgenomen hoeven te worden. Poliklieken voeren ook eenvoudige operaties uit waarbij de patiënt niet hoeft te overnachten en alleen even moet uitrusten van de operatie of behandeling. Ook bevallingen kunnen zonder medische noodzaak poliklinisch worden gedaan. Een polikliniek is alleen open op doordeweekse dagen van negen uur tot vijf uur.

Spoedeisende hulp

Elk ziekenhuis beschikt over een afdeling spoedeisende hulp oftewel een eerstehulppost. De spoedeisende hulp is bedoeld om direct noodzakelijke hulp te bieden bij bijvoorbeeld verwondingen, ongelukken of andere acute noodgevallen. De afdelingen van ziekenhuizen zijn zeven dagen per week gedurende 24 uur per etmaal geopend. Omdat er niet op afspraak gewerkt wordt zijn er vaak wachttijden voor patiënten die geen spoedeisende hulp nodig hebben.

De kosten

De kosten van een behandeling en/of verzorging worden door de ziektekostenverzekering vergoed. Niet alle kosten worden automatisch vergoed. Dat hangt mede af van de voorwaarden van de verzekering van de patiënt. De ziekenhuizen zijn in verhouding erg kostbaar.
Het aantal ziekenhuisbedden per duizend inwoners is 3, het aantal artsen 2,4 en het aantal verpleegkundigen 12,8. Het gemiddelde aantal bedden per ziekenhuis is door samenvoeging en samenwerking tussen ziekenhuizen gestegen naar zo'n 475 per ziekenhuis. De patiënten verblijven steeds korter in een ziekenhuis; steeds meer behandelingen worden in de polikliniek gedaan, waardoor mensen dezelfde dag weer naar huis kunnen. Gemiddeld verblijven mensen in Nederland zo'n acht dagen in een ziekenhuis voor een behandeling.
De verwachting is dat de ziektekosten de komende jaren sterk zullen stijgen doordat er in verhouding steeds meer oudere mensen in Nederland wonen die veel zorg nodig hebben. Van de twintig

miljard euro die per jaar uitgegeven wordt aan gezondheidszorg gaat elf miljard naar de genezing en verzorging van ouderen.
Ook komen door onderzoek meer behandelingsmogelijkheden voor zieke mensen beschikbaar, waardoor de kosten van de gezondheidszorg de komende jaren verder zullen oplopen.

Kinderafdeling in het ziekenhuis
Sommige ziekenhuizen hebben extra mogelijkheden voor kinderen die door een chronische of langdurige ziekte regelmatig in het ziekenhuis moeten verblijven. Bijvoorbeeld een soort paspoort waarin vermeld staat hoe de kinderen geprikt willen worden. In sommige ziekenhuizen mogen huisdieren mee op het bezoekuur. In ziekenhuizen mogen soms ook ouders blijven slapen of vriendjes op bezoek komen. Voorbeeld hiervan is het Emma Kinderziekenhuis van het AMC (Academisch Medisch Centrum) in Amsterdam, waar het ernaast gelegen Ronald McDonaldhuis opvang biedt aan de ouders van het zieke kind. In het weekend mogen broertjes en zusjes ook mee. De ouders kunnen er altijd terecht wanneer hun kind een behandeling nodig heeft en voor langere tijd in het ziekenhuis moet blijven. Vooral bij langdurig zieke kinderen of bij kinderen die een zware operatie nodig hebben, is dit een mogelijkheid voor ouders om dicht bij hun kind te zijn.

APOTHEEK

Apotheken verstrekken medicijnen. De meeste medicijnen worden verstrekt op basis van een recept dat wordt uitgeschreven door de huisarts of een medisch specialist. De apotheek geeft informatie over het gebruik van de medicijnen. Over het algemeen in de vorm van een etiket en een bijsluiter. De informatie gaat over het gebruik van het medicijn, de werking en de eventuele bijwerkingen. Sommige medicijnen zijn ook in de vrije verkoop verkrijgbaar, dus zonder recept. Over het algemeen zijn die medicijnen verkrijgbaar in een goed gesorteerde drogist of supermarkt. Een aantal huisartsen, de zogenoemde apotheekhoudende huisartsen, heeft een eigen apotheek die verbonden is aan de praktijk.
Apotheken zijn door de week open tijdens kantooruren. 's Avonds en in het weekend hebben ze – net als huisartsen – een samenwerking op één centrale plaats onder de naam 'Dienstdoende Apotheken'.

MANTELZORG

Mantelzorgers zorgen op vrijwillige basis voor een chronisch zieke, gehandicapte of hulpbehoevende. Meestal is dit een echtgenoot,

partner, ouder, kind of familielid, kennis of vriend. 80 procent doet dit uit liefde en maar een kleine groep uit plichtsbesef.
Zij doen dit vooral omdat zij een persoonlijke band hebben met degene die ze langere tijd verzorgen. In Nederland zorgen zo'n 3,2 miljoen mensen dagelijks voor een ander. Zo'n 1 miljoen Nederlanders doen dit dagelijks en vaak drie maanden of langer.
Het aantal mantelzorgers stijgt jaarlijks in Nederland. Mantelzorgers kunnen in 2007 maximaal 250 euro ontvangen: het mantelzorgcompliment. Een mantelzorger krijgt deze financiële waardering wanneer hij of zij iemand verzorgt die minstens zes maanden erkend hulp nodig heeft (de zogenoemde indicatiestelling extramurale AWBZ-zorg). Het compliment wordt uitgereikt tijdens de dag van de mantelzorg.

Het Nederlandse Rode Kruis (NRK) en de Stichting Samenwerkende Vrijwillige Hulpdiensten (SSVH) werken samen in het Landelijk Steunpunt Vrijwillige Thuishulp (LSVT). De hoofddoelgroep bestaat uit chronisch zieken en gehandicapten. Het gaat vooral om praktische hulpverlening (boodschappen doen, tuinieren, vervoer). Ook emotionele ondersteuning is vaak nodig. De organisaties geven waar mogelijk ook deze steun.
Humanitas, Stichting de Zonnebloem en enkele patiëntenorganisaties doen vergelijkbaar werk. Zie hoofdstuk vrijwilligerswerk.

ORGANISATIES VOOR VERSLAVINGS- EN GEESTELIJKE GEZONDHEIDSZORG

Voor mensen die geestelijke (psychische) problemen hebben of last hebben van een verslaving, is de huisarts het eerste aanspreekpunt. De huisarts kan bij het constateren van het probleem doorverwijzen naar speciale instellingen of een ziekenhuis. Instellingen voor geestelijke gezondheidszorg zijn met name Regionale Instellingen voor Ambulante Geestelijke Gezondheidszorg (RIAGG). Een RIAGG biedt hulp aan mensen met psychiatrische en/of ernstige psychosociale problemen. De zorg is onderverdeeld in jeugdzorg, volwassenenzorg, ouderenzorg, psychotherapie en preventie. Naast de RIAGG zijn er enkele landelijke instellingen voor de geestelijke gezondheidszorg, zoals psychiatrische poliklinieken en instellingen voor verslavingszorg.
Bij verslavingen gaan sommigen liever rechtstreeks naar een adviesbureau voor verslavingszorg in plaats van naar de huisarts. Bij verslavingen aan alcohol, drugs en medicijnen kunnen mensen desgewenst elk moment van de dag een hulplijn bellen voor informatie, advies en hulp. Verder zijn er door heel Nederland verschillende instellingen die zich bezighouden met de zorg voor verslaafden.

Voor volwassenen, jongeren en kinderen zijn er verschillende vormen van behandeling. Het verschilt van verschillende gesprekken van een halfuur tot een uur tot dagbehandelingen of opnames. Er vinden dagelijks gesprekken plaats en er worden oefeningen gedaan die moeten leiden tot wenselijk, aangepast gedrag. Kinderen in de leeftijd van twee tot zeven jaar komen soms terecht in een Medisch Kinderdagverblijf wanneer ze zich thuis onvoldoende ontwikkelen. Dit kan veroorzaakt zijn door fysieke of geestelijke mishandeling. Soms ook door bijvoorbeeld een combinatie van verwaarlozing en ondervoeding. Onder begeleiding worden de kinderen geobserveerd om te kijken wat er mogelijk met ze aan de hand is. Er worden spelletjes en oefeningen met de kinderen gedaan. Sommige kinderen verblijven voor een deel van een periode bij een gastgezin en zijn tegelijkertijd onder behandeling.

Een Algemeen Psychiatrisch Ziekenhuis (APZ) kan direct hulp bieden aan mensen die geestelijk in de war zijn of hulp nodig hebben. Dit is de zogenoemde crisisopvang met behandeling en verpleging en met hulp tot terugkeer in de samenleving van alle soorten psychiatrische patiënten. De duur van de behandeling kan variëren van enkele dagen tot vele jaren. Ook zijn er gespecialiseerde psychiatrische ziekenhuizen voor kinder- en jeugdpsychiatrie en verslaafdenzorg.
Voor sommige patiënten met psychische problemen is een behandeling voor overdag niet voldoende, omdat ze bijvoorbeeld 's nachts niet alleen kunnen of durven zijn of omdat zij een gevaar voor zichzelf of een ander kunnen zijn. Zij hoeven niet altijd te worden opgenomen in een psychiatrisch ziekenhuis, maar kunnen tijdelijk verblijven in een herstellingsoord. Dit is een instelling voor kortdurende intensieve behandeling (van zes tot twaalf weken).

THUISZORG

In Nederland maken ongeveer 500.000 mensen gebruik van thuiszorg. Deze zorg is voor mensen die thuis hulp, verzorging of verpleging nodig hebben. Dat kunnen oudere mensen zijn, mensen die blijvend ziek zijn of mensen met een lichamelijke of verstandelijke handicap. De zorg wordt ook gegeven aan mensen die net uit het ziekenhuis komen en nog hulp nodig hebben, of mensen die stervende zijn. De hulp kan langdurig of juist tijdelijk nodig zijn. Het doel van de thuiszorg is iemand helpen zo goed (en zo lang) mogelijk thuis te laten blijven wonen.
Er zijn verschillende vormen van thuiszorg. De meeste mensen doen een beroep op huishoudelijke verzorging. Andere vormen zijn bijvoorbeeld verpleging en dagverzorging van ouderen. Gebrui-

kers van thuiszorg moeten hier een eigen bijdrage voor betalen. Om voor zorg thuis in aanmerking te komen, heeft iemand eerst contact met een adviseur van het Centrum Indicatiestelling Zorg. Deze beoordeelt of, hoeveel en welke zorg iemand nodig heeft. Het zorgkantoor regelt daarna de zorg. Zelf thuiszorg inkopen en organiseren kan met het 'persoonsgebonden budget' (pgb). Een 'budgethouder' sluit met de zorgverleners een overeenkomst waarin alle afspraken over de zorg staan.
Huishoudelijke verzorging wordt geregeld door de gemeente. De meeste gemeenten hebben een loket, speciaal voor vragen over zorg en ondersteuning.
Zorg thuis wordt geboden door zowel thuiszorgorganisaties als door verpleeghuizen en verzorgingshuizen. Iemand mag zelf bepalen welke zorgaanbieder hij kiest.

CENTRA VOOR JEUGD EN GEZIN

Met vragen over opvoeden en opgroeien kan een ouder terecht bij een Centrum voor Jeugd en Gezin (CJG). Alle gemeenten in Nederland moeten beschikken over een centrum waar ouders en jongeren terechtkunnen met hun vragen over gezondheid, opgroeien en opvoeden. Het centrum staat vaak in de nabijheid van een school of eerstelijnsgezondheidszorgpost (huisarts, kraamzorg).

OPENBAAR VERVOER

ALGEMEEN

In Nederland begint in de loop van de zeventiende eeuw de behoefte aan vervoer toe te nemen. Dit komt vooral door de handel in Nederland. Met het vervoer per trekschuit werd in deze behoefte voorzien. De trekschuit is een scheepje dat aan de kant voortgetrokken wordt door een paard. Er worden verschillende kanalen gegraven, waardoor verbindingen ontstaan die handig zijn voor het vervoer over het water, vooral in de omgeving van Amsterdam. Enkele voorbeelden zijn de verbinding tussen Amsterdam en Haarlem en Leiden en Haarlem.
Vanaf het uitroepen van de Republiek der Verenigde Nederlanden in 1798, ook wel de Noordelijke Nederlanden genoemd, werken de mensen in Nederland gezamenlijk aan het maken van wegen en waterwegen. In hetzelfde jaar wordt ook Rijkswaterstaat opgericht, de organisatie die ervoor zorgt dat er meer wegen en kanalen komen en dat ze ook onderhouden worden. Door de oorlog met Frankrijk duurt het echter nog een aantal jaren voordat de echt gezamenlijke zorg voor de wegen en waterwegen tot uiting komt in de vorm van het onderhoud van de zeehavens, het kustwater, de rivieren en de dijken en duinen.
De wegen worden onder meer gebruikt voor paardentrams. In 1864 rijden de eerste paardentrams in Den Haag en in 1879 komt er een paardentramverbinding tussen Utrecht en Zeist.

In 1909 werden alle klokken in Nederland gelijkgezet en sindsdien is er nog maar één tijdzone in plaats van verschillende tijdzones. Trams en treinen kunnen hierdoor in het hele land volgens dezelfde dienstregeling rijden. Tegenwoordig heeft Nederland een uitgebreid netwerk van treinen, bussen, bel- en buurtbussen. De meeste delen van Nederland zijn per openbaar vervoer goed bereikbaar, maar in dunbevolkte gebieden wordt vaak te weinig gebruikgemaakt van het openbaar vervoer. Hierdoor zijn sommige buslijnen en treinverbindingen te kostbaar geworden voor de overheid en daardoor opgeheven. In enkele van deze en andere minder goed bereikbare gebieden worden daarom in samenwerking met de gemeente zogenoemde buurtbussen ingezet. Dit zijn kleine busjes die bestuurd worden door vrijwilligers. Sommige gebieden in Nederland hebben andere speciale vormen van vervoer zoals middellangeafstandbussen (interliners) of bussen die voor personeel van bedrijven en organisaties rijden. Deze bussen worden ook wel *djoppers* genoemd. Omdat Nederland over veel water beschikt, hebben enkele waterrijke regio 's ook openbaar vervoer over het

water. Enkele grote steden, zoals Amsterdam, Rotterdam en Den Haag, hebben trams en Amsterdam en Rotterdam hebben ook een metro. In Arnhem rijdt als enige in Nederland een trolleybus, een soort tram zonder rails.
Via een nationaal telefoonnummer en een website wordt reisinformatie verstrekt over alle trein-, bus- en metroverbindingen in Nederland. Alle regels, rechten en plichten van de vervoerders en de passagiers staan in De Algemene Voorwaarden Openbaar-Stads- en Streekvervoer. Dit is de uitwerking van de Wet personenvervoer en het Besluit persoonsvervoer.
De Onderzoeksraad voor veiligheid onderzoekt de oorzaken en gevolgen van ongelukken en eventuele rampen en doet aanbevelingen voor het verbeteren van de veiligheid van wegen, sporen, water en vervoer per vliegtuig.

KOSTEN EN MANIEREN VAN BETALEN

Sinds eind 2011 kan in heel Nederland gebruikgemaakt worden van de OV-chipkaart, een elektronisch betaalmiddel. De OV-chipkaart vervangt de strippenkaart – jarenlang de meest gebruikte en bekendste betalingsvorm voor het openbaar vervoer. De OV-chipkaart is een klein plastic kaartje dat eruitziet als een pinpas of credit card... en dit in feite ook is. Elke kaart bevat een saldo, een denkbeeldig geldbedrag. De gebruiker kan het saldo 'opladen' bij een kaartjesmachine op een station of bij de balie van een OV-bedrijf. De OV-chipkaart wordt gebruikt in bussen, trams, metro en treinen en kan voor € 7,50 onder meer bij NS-stations, bij balies van openbaarvervoerbedrijven, diverse tabaksspeciaalzaken en supermarkten gekocht worden. Er zijn verschillende soorten OV-chipkaarten: een persoonlijke OV-chipkaart, een anonieme OV-chipkaart en een wegwerpkaart met een vooraf ingestelde geldigheid, bijvoorbeeld voor een vast aantal dagen of ritten. Bij het begin van de reis checkt men met de OV-chipkaart in en aan het eind van de reis checkt men uit. Zolang er voldoende saldo op de kaart staat, kan men met de OV-chipkaart door heel Nederland reizen.

In principe kan in al het openbaar vervoer met de OV-chipkaart gereisd worden. Daarnaast kan op de meeste trams, reguliere bussen, interliners, djoppers en buurtbussen ook een kaartje gekocht worden, maar dit is relatief duurder dan de OV-chipkaart.
Treinkaartjes kunnen aan het loket in het treinstation of via een automaat worden gekocht. Maar men kan ook via internet treinkaartjes reserveren. De Nederlandse spoorwegen hebben veel verschillende kaartsoorten. Eerste- en tweedeklaskaartjes maar

ook kortingskaarten, een weekendretour en week-, maand- en jaarkaarten om maar enkele te noemen. Bij stations met een kaartloket kan men meer informatie over de verschillende mogelijkheden krijgen. De Openbaar Vervoer Jaarkaart (OV-jaarkaart) is geldig voor vrijwel alle vervoermiddelen. Ouderen, de zogenoemde 65-plussers, en kinderen tot twaalf jaar reizen met korting.

REGELS IN HET OPENBAAR VERVOER

De bus, trein of metro is vooral bedoeld voor het vervoer van mensen (personen). Men mag als passagier zonder extra betaling een buggy, rollator, rugzak, vouwfiets, koffer of boodschappentas meenemen. Er is een aantal algemene regels die voor alle vormen van openbaar vervoer in Nederland gelden:

- Passagiers moeten een geldig kaartje (vervoersbewijs) hebben. Als zij dit niet kunnen laten zien moeten ze de prijs van het kaartje en een boete betalen.
- Honden en kleine kinderen mogen voor hun eigen veiligheid niet los rondlopen.
- De bagage moet draagbaar zijn en mag niet in het gangpad staan of kunnen schuiven.
- De bagage mag niet op een stoel geplaatst worden tenzij er een kaartje voor de bagage gekocht is.
- De bestuurder mag in verband met de veiligheid van de passagiers niet gestoord worden tijdens het rijden.
- Er mag niet gerookt worden.
- Het is niet toegestaan om de voeten of benen op de banken te leggen.
- Men mag geen eten en drinken onverpakt meenemen dat sterk ruikt of vlekken kan maken.

Het is tegenover de andere reizigers attent als men:

- een walkman en telefoon zacht zet;
- bij plaatsgebrek opstaat voor bejaarden, invaliden en zwangere vrouwen.

BUSVERVOER

Sommige steden, zoals Amsterdam, Rotterdam en Den Haag, hebben hun eigen gemeentelijke vervoersbedrijven; daarnaast is er het streekvervoer. Dit richt zich vooral op het vervoer buiten de stad. De grootste vervoersmaatschappijen in Nederland zijn:

- Connexxion (Noordwest-Nederland, Utrecht, Gelderland, Zeeland en Overijssel)
- RET (Regio Rotterdam);
- Arriva (Drenthe, Flevoland, Friesland, Groningen, Overijssel en Limburg)

- GVB (Gemeente Vervoer Bedrijf Amsterdam)
- Hermes (Zuidoost-Nederland);
- HTM (Stadsgewest Haaglanden, vooral Den Haag);
- Novio (omgeving Nijmegen);
- GVU (Gemeentelijk Vervoerbedrijf Utrecht).

Elke maatschappij heeft vergelijkbare regels die in een wet en besluit staan vermeld. Elke vervoersmaatschappij rijdt op vastgestelde tijden en heeft vaste busroutes en haltes.
Het is de gewoonte om bij de bushalte de hand op te steken wanneer men een bus wil laten stoppen om in te kunnen stappen. Met de stopknop in de bus die bij vrijwel elke zitplaats aanwezig is, kan men bij de bestuurder aangeven uit te willen stappen. Iedereen is verplicht een geldig kaartje (plaatsbewijs) bij de hand te hebben in geval van controle. Als men bij een controle geen kaartje kan laten zien moet men een geldboete betalen.

BUURT- EN BELBUSSEN

De belbus rijdt in regio's of plaatsen waar geen regelmatig openbaar vervoer is. Men kan opbellen om de bus te bestellen. De belbus wordt niet alleen ingezet op het platteland, maar bijvoorbeeld ook in een stadswijk als de Jordaan in Amsterdam omdat het grootste deel van deze wijk niet bereikbaar is met tram, bus of metro. Buurtbussen rijden in gebieden waar geen directe bus- of treinverbinding is. Het verschil met het reguliere openbaar vervoer is dat er slechts plaats is voor acht tot tien passagiers en de dat de bussen door vrijwilligers worden gereden.

TRAM EN METRO

De grote steden Amsterdam, Rotterdam en Den Haag hebben hun eigen gemeentelijke vervoerbedrijf voor het stadsvervoer. Zij hebben bussen, metro's en soms ook sneltrams en ponten voor vervoer over het water. Utrecht en Amsterdam hebben daarnaast sneltrams die naar de buitenwijken en steden in de directe omgeving rijden, zoals Nieuwegein en IJsselstein en Amstelveen. Amsterdam en Rotterdam hebben een deels ondergronds netwerk van metrolijnen binnen de stad en naar de buitenwijken.

TREIN

De Nederlandse Spoorwegen bestaan sinds 1838. Nederland heeft het dichtste spoorwegnet van Europa. Daardoor rijden er veel treinen en heeft Nederland een dienstregeling die uniek is. Nederland heeft naast de reguliere treinen ook een aantal dubbeldekstreinen

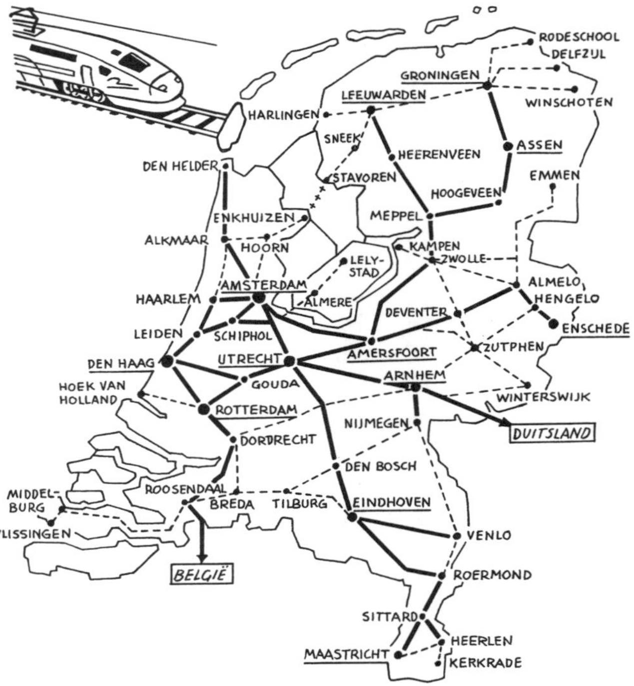

om meer passagiers in één keer te kunnen vervoeren. De Nederlandse Spoorwegen waren van oudsher een staatsbedrijf. Sinds 1992 zijn de Nederlandse Spoorwegen bezig met een herverdeling van taken, zodat zij zelfstandig en zonder hulp van de overheid kunnen werken. Het bedrijf is opgedeeld in een aantal zelfstandige bedrijven of afdelingen: reizigersvervoer, een bedrijf dat zich bezighoudt met het onderhoud, een personeelsopleiding en een afdeling voor het beheer van seinen, wissels en netwerk. Het spoorwegnet wordt beheerd door de overheid, het ministerie van Verkeer en Waterstaat. De uitvoering daarvan ligt in handen van het bedrijf Prorail. Alles is hierbij geautomatiseerd en veiligheid is het belangrijkste. Prorail onderhoudt de sporen en bedient de seinen en wissels. Daarnaast zorgt dit bedrijf voor de veiligheid op het spoor en verdeelt het de mogelijkheden van het spoor volgens een aantal richtlijnen. Prorail verstrekt ook de informatie aan de reizigers via een omroepsysteem. NS-Reizigers vervoert de reizigers, verzorgt de informatie in de treinen en verkoopt de abonnementen. Veel informatie en boekingen lopen via de website van de Nederlandse Spoorwegen. Er is ook een speciaal telefoonnummer waar men informatie kan krijgen over de vertrek- en aankomsttijden en overstapmogelijkheden. Bijzonderheden zoals vertragingen of werkzaamheden aan het spoor zijn hier ook bekend.

TAXI'S

In Nederland zijn overal taxibedrijven die mensen vervoeren naar door hen gewenste bestemmingen. Taxi's zijn in Nederland over het algemeen niet goedkoop. Een taxirit van een paar kilometer kost al snel € 8,-. De prijs wordt bepaald door het instaptarief inclusief de eerste 2 kilometer en de kilometerprijs vanaf de derde kilometer. De afstanden in de stad worden beïnvloed door het vele eenrichtingsverkeer. Taxi's zijn verplicht om hun tarieven duidelijk aan de buitenkant van de taxi te laten zien. De tarieven moeten op minimaal vijf meter leesbaar zijn.
Een officiële taxi is herkenbaar aan:
- een blauwe kentekenplaat;
- een taxipas waarop de identiteit van de bestuurder met foto goed zichtbaar en leesbaar is;
- een tarievenpas die goed en duidelijk zichtbaar opgesteld is in de taxi.

Sinds de invoering van de nieuwe taxiwet in 2001 kan iedereen in Nederland een taxibedrijf beginnen. Door de invoering van deze nieuwe taxiwet verwachtte de overheid dat er meer verschillende bedrijven zouden ontstaan die zich richtten op het taxivervoer. Hierdoor zouden de prijzen van het taxivervoer omlaaggaan. Maar het Nederlandse taxivervoer is nog steeds een van de duurste in Europa. Omdat vooral de nieuwe taxichauffeurs vaak onvoldoende kennis hebben van onder meer routes in de regio waarin zij hun werk doen is de kwaliteit ook niet meer vanzelfsprekend. De overheid heeft een aantal maatregelen genomen om op termijn de kwaliteit van het taxivervoer te verbeteren. Zoals speciale opleidingen voor taxichauffeurs, die sinds 2004 verplicht zijn. Er zijn uitzonderingen waardoor een aantal taxichauffeurs niet hoeft te voldoen aan deze opleidingseis. Ondanks de maatregelen van de overheid heeft het taxivervoer in Nederland nog steeds geen goede naam.
Taxichauffeurs van speciaal vervoer hebben vaak aanvullende opleidingen gehad waardoor ze bijvoorbeeld zieken en gehandicapten goed kunnen begeleiden.
Er zijn verschillende mogelijkheden voor vervoer per taxi. Deze zijn:
- vervoer op afroep of via een standplaats voor taxi 's of per telefonische aanvraag;
- contractvervoer voor organisaties en bijvoorbeeld verpleeghuizen. De mensen die gebruikmaken van de taxi hebben vaak een pasje waarmee ze aan de hand van een registratienummer kunnen betalen via een gezamenlijke afrekening wanneer het om

een bedrijf of organisatie gaat. Bij verpleeghuizen wordt het pasje per persoon afgegeven en kunnen mensen ofwel op rekening ofwel per keer betalen;
- ziekenvervoer voor mensen die zelf geen auto hebben of niet meer in staat zijn zelf te rijden, bijvoorbeeld door zware behandelingen of na een ongeluk;
- vervoer voor gehandicapten die bijvoorbeeld naar een dagverblijf gaan;
- vervoer van schoolgaande kinderen die naar een speciale school gaan of wanneer reistijd naar de dichtstbijzijnde school per openbaar vervoer of fiets te lang is;
- treintaxivervoer voor een aantal steden in Nederland waarbij voor een vaste prijs van en naar het treinstation kan worden vervoerd. Over het algemeen duurt dit vervoer wat langer, omdat de chauffeur meerdere passagiers meeneemt van en naar het station;
- discovervoer voor tieners die op uitgaansavonden van en naar een dansgelegenheid of discotheek vervoerd worden;
- Schipholvervoer voor mensen die van en naar het vliegveld gebracht moeten worden.

Goede taxiondernemingen zijn aangesloten bij een klachtenregeling. Het ministerie van Verkeer en Waterstaat controleert regelmatig en steekproefsgewijs het taxivervoer in Nederland en controleert dan ook op illegaal taxivervoer, de zogenoemde snorders.

VERVOER PER BOOT

De grote waterrijke steden Amsterdam en Rotterdam hebben ook openbaar vervoer per boot. Enkele voorbeelden zijn: vervoer over water tussen Dordrecht en Rotterdam, een draagvleugelboot tussen Amsterdam en Velsen en watertaxi's en ponten in Amsterdam en Rotterdam.
Verder zijn er veerdiensten tussen de vaste wal en de verschillende eilanden in Nederland. De veerdiensten vertrekken vanuit Harlingen, Den Helder en Lauwersoog naar respectievelijk de eilanden Ameland, Vlieland en Terschelling, Texel en Schiermonnikoog.
Er is vooral in het zuiden en westen van Nederland nog een aantal veerponten die de oversteek mogelijk maken over de grote rivieren. In veel gevallen kunnen hier behalve voetgangers en fietsers ook auto's mee vervoerd worden.

NACHTVERVOER

Voor de zaterdagavond en het begin van de nacht zijn er diverse bus- en treinverbindingen. Tussen Den Haag, Utrecht en Amsterdam rijden de treinen dan in een soort lus tussen deze steden. In sommige steden rijden speciale bussen en extra metro's en in gebieden met weinig openbaar vervoer worden taxibussen ingezet om jongeren van en naar uitgaansgelegenheden te brengen.

VERVOER VOOR OUDEREN EN MENSEN DIE SLECHT TER BEEN ZIJN

Ouderen, mensen die slecht kunnen lopen en mensen met een handicap kunnen met een verklaring van hun huisarts een pasje aanvragen bij de gemeente. Met dit pasje is speciaal vervoer mogelijk via de organisatie Valys. Dit kan op verschillende manieren en in combinatie met een taxi, bus en trein. De reis moet wel van tevoren worden aangevraagd. Het vervoer is een stuk goedkoper dan normaal vervoer per taxi. Per jaar is er een maximum aan kilometers dat er per persoon mag worden aangevraagd. Aanvragen kunnen telefonisch of via de website gedaan worden.

KINDEROPVANG

ALGEMEEN

De kinderopvang in Nederland is ontstaan uit de kinderbewaarplaatsen in de negentiende eeuw, toen beide ouders moesten werken omdat ze weinig verdienden in de fabrieken. Dit was na de Tweede Wereldoorlog ook weer het geval. Toen werkten de ouders om Nederland na de oorlog weer op te bouwen. De eerste bedrijven die bedrijfscrèches oprichtten, waren fabrieken waar vrouwen in dienst werden genomen voor sorteer- en inpakwerk, zoals de koek- en snoepfabrieken Verkade en Van Melle.
In de jaren zestig ontstonden de peuterspeelzalen. Er werden minder kinderen per gezin geboren, de kinderen werden op een andere, vrijere manier opgevoed en konden in de peuterspeelzalen met andere kinderen leren spelen. Sinds de jaren zeventig is door het toenemend aantal werkende vrouwen de kinderopvang gegroeid naar de beide soorten opvang die we nu nog steeds kennen. De peuterspeelzalen zijn er vooral voor het spelen met elkaar en de kinderopvang is er vooral voor werkende ouders.
Er is sinds het ontstaan van de kinderopvang heel wat veranderd. In het begin waren het kleine opvangmogelijkheden, vaak ontstaan uit de behoefte van de ouders. Nu zijn de kinderdagverblijven, ook wel crèches genoemd, vaak onderdeel van een grotere opvangorganisatie. Deze hebben vaak meerdere crèches, een eigen opvangbeleid en eigen eisen. De overheid en ouders vinden het belangrijk dat de kinderen goed opgevangen worden, dat wil zeggen in een veilige, gezonde en verantwoorde omgeving. Daarom zijn er ook algemene eisen aan de kinderdagverblijven gesteld. De kinderdagverblijven in Nederland moeten veilig en schoon zijn en goed geschoold personeel in dienst hebben. Dit betekent onder meer dat zij veilige bedjes en voldoende, goed en veilig speelgoed hebben. De opvangruimten en het speelgoed worden regelmatig schoongemaakt. De begeleiders hebben een speciale opleiding gevolgd. Het kwaliteitsbeleid betekent dat er alleen geschikte mensen en begeleiders worden aangenomen.
Sinds 2005 is er een nieuwe Wet kinderopvang. Deze regelt de kwaliteit, de kosten en de plaatsingsmogelijkheden. De wet gaat ervan uit dat de kinderopvang wat de financiën betreft een zaak is van de overheid, de ouders en de werkgevers samen. Eenieder draagt een deel van de kosten. Sinds 1 januari 2007 zijn werkgevers verplicht een bijdrage te leveren in de vorm van een wettelijke werkgeversbijdrage. De kinderdagverblijven waar de kinderen worden opgevangen moeten geregistreerd zijn, willen de ouders in aanmerking komen voor een vergoeding.

DE VERSCHILLENDE SOORTEN OPVANG EN DE MOGELIJKHEDEN

Er zijn diverse soorten kinderopvang. In een kinderdagverblijf of crèche worden kinderen van nul tot vier jaar minstens drie halve dagen (dagdelen) per week opgevangen. De ouders halen en brengen de kinderen zelf.
De buitenschoolse opvang is bedoeld voor kinderen die naar de basisschool gaan (vier tot twaalf jaar) en die vóór en na schooltijd, en soms tussen de middag, opvang nodig hebben. De kinderen worden van school opgehaald en naar de opvang gebracht. De ouders halen de kinderen na werktijd weer op.
Gastouders stellen hun eigen huis beschikbaar voor de opvang van meerdere kinderen. Ze mogen vier kinderen naast hun eigen kinderen onder hun hoede nemen. Gastouders moeten geregistreerd staan bij een gastouderbureau wanneer de ouders voor een deel de kosten vergoed willen krijgen.
Er zijn nog verschillende nieuwe vormen van kinderopvang in ontwikkeling. De overheid bekijkt of deze vormen ook onder de wet kunnen vallen en dus voor vergoeding in aanmerking kunnen komen. Vanaf 1 augustus 2007 kunnen basisschoolkinderen van 7.30 uur tot 18.30 uur worden opgevangen. Dit is geregeld in de Wet op het primair onderwijs. De meeste scholen hebben daarvoor contracten afgesloten met instellingen voor buitenschoolse opvang in de buurt. Sommige scholen organiseren zelf de opvang.

Alle kinderopvang heeft een vast dagprogramma voor de kinderen van nul tot vier jaar. Er is een duidelijk dagritme en soms doen de kinderen iets wat direct met het seizoen te maken heeft zoals het maken van een paddestoel, het tekenen van bladeren, het maken van een kerstbal of carnavalshoed.
Na de kennismaking zijn er korte momenten waarop het kind kan wennen aan de groep, de leiding en de omgeving.
De dagindeling is ongeveer als volgt:
De ontvangst is 's ochtends voor iedereen ongeveer gelijk. Na de ontvangst is er een gemeenschappelijk begin met een liedje, puzzel of iets anders. Voor de grotere baby's en peuters is dit de kring met een liedje of een verhaaltje. Daarna eten de kinderen fruit. De baby's krijgen gemalen of gepureerd fruit en de grotere kinderen krijgen stukjes fruit. Rond halfelf krijgen de kinderen een cracker of iets vergelijkbaars en vruchtensap. Rond halftwaalf krijgen de kinderen een snee brood (boterhammen) met melk of sap. De meeste kinderen gaan daarna slapen, kleinere kinderen hebben tussendoor ook nog de gelegenheid om te slapen.
Samen met de begeleiders knutselen, dansen en spelen de kin-

deren 's middags. De grotere kinderen gaan vaak ook gymoefeningen doen of buiten spelen als dit mogelijk is. Verder krijgen ze 's middags yoghurt, sap, een koekje en eventueel nog een boterham. Over het algemeen is de opvang tot zes uur 's middags open. Door de verschillende werktijden van ouders kunnen sommige kinderdagverblijven wel eerder open zijn of langer open blijven.
De kinderdagverblijven zijn er niet alleen voor de opvang, maar ook voor de ontwikkeling van het kind. In het eerste levensjaar is de ontwikkeling van het gezichtsvermogen en het gehoor van belang en daarnaast in toenemende mate ook het moment en de manier waarop de kinderen zich bewegen (omrollen, speelgoed vastpakken, zitten, staan, lopen). Na het eerste jaar staat de taal centraal en vanaf het tweede jaar het zindelijk worden in relatie tot bewegen (springen, koprol maken). De oog-handcoördinatie wordt geoefend met het maken van puzzels. De taal wordt geoefend met de dagen van de week, het tellen, het zingen van liedjes en het lezen van boeken.
Een paar keer per jaar zijn er bijeenkomsten en gesprekken met de ouders om de voortgang van het kind te bespreken.
Op sommige kinderdagverblijven wordt in dagboeken (logboeken) het eet-, drink- en slaapgedrag van de kinderen bijgehouden. Ook de ontwikkelingen van het kind worden erin vermeld, zoals de manier waarop het kijkt, speelt, beweegt, luistert en zich verder ontwikkelt volgens een bepaald algemeen aanvaard schema.
In tegenstelling tot de crèches hebben instellingen voor buitenschoolse opvang geen vanzelfsprekend patroon. Elke opvang regelt andere zaken op het gebied van activiteiten, sport en spel. Deze zijn mede afhankelijk van de mogelijkheden van de leiding, de medewerkers en de omgeving waarin de opvang zich bevindt. Over het algemeen is de stem van de basisschoolkinderen ook medebepalend voor de activiteiten die er plaatsvinden.

PLAATSINGSMOGELIJKHEDEN EN KOSTEN

In de grote steden zijn vaak wachtlijsten voor kinderopvangmogelijkheden in populaire wijken. Wanneer kinderen wel snel terecht kunnen, lukt dat vaak niet op de gewenste dagen. Vooral de maandag, dinsdag en donderdag zijn drukbezette dagen op de kinderopvang.
Voor de buitenschoolse opvang wordt veel geregeld via de kinderopvang, waar de buitenschoolse opvang vaak onder valt. In een enkel geval is er een aparte opvang voor buiten of na de schooltijden, maar meestal gaat het om een onderdeel of specialiteit van de kinderopvang. Dat betekent dat de kinderen die al op de

kinderopvang van nul tot vier jaar hebben gezeten, over het algemeen ook weer gebruik zullen maken van deze vorm van opvang. Daardoor is een aantal kinderen al bekend bij de organisatie voor kinderopvang.
De kosten voor de buitenschoolse opvang zijn per uur opvang vergelijkbaar met de kosten voor de kinderopvang, zij het dat er geen luiers meer nodig zijn en het aantal uren buiten schooltijden beperkt is. Daardoor is de buitenschoolse opvang vaak iets goedkoper.

Sinds 2005 hebben ouders een eigen verantwoordelijkheid voor het betalen van de opvang. Iedere maand betalen de ouders het opvangbedrag rechtstreeks aan de opvang. Ouders kunnen een derde deel van de opvangkosten via hun eigen werkgever of bedrijf terugvragen.
Over het algemeen gaat dit om ongeveer een zesde deel van de kosten. In sommige gevallen kunnen de ouders een derde van de kosten vergoed krijgen van de werkgever. De overheid betaalt afhankelijk van het inkomen van de ouders ook mee. Om voor een vergoeding in aanmerking te kunnen komen, is een aanvraag via de Belastingdienst noodzakelijk.
De kinderopvang is de laatste jaren veel duurder geworden, omdat er meer en hogere eisen aan kinderopvang gesteld worden en de overheid en werkgevers minder bijdragen aan de kinderopvang.

KWALITEIT VAN KINDEROPVANG

Voor kinderopvang gelden regels ten aanzien van:
- de groepsgrootte;
- de opleidingseisen van de begeleiding en het gebruik van de Nederlandse taal;
- de veiligheid en hygiëne;
- de aanwezigheid van een schriftelijke overeenkomst met de ouders en een klachtenregeling;
- het aanbieden van voldoende spel- en ontwikkelingsmogelijkheden aan de kinderen;
- controle door de gemeente van de geregistreerde kinderopvangcentra en gastouderbureaus;
- landelijk toezicht op de naleving van de eisen en regelmatig onderzoek door de overheid;
- het instellen van een oudercommissie. De oudercommissie bestaat uit ouders van de kinderen en adviseert over de kwaliteit van de kinderopvang. Dat zijn de onderwerpen voeding, veiligheid, gezondheid, ontwikkeling en spel, openingstijden, prijs en klachten. De directie moet het advies van de oudercommissie

zeer ernstig nemen en mag hier niet zomaar van afwijken. Dat kan ze alleen schriftelijk en met argumenten doen.

PEUTERSPEELZALEN

Peuterspeelzalen bevinden zich vrijwel in elke plaats in Nederland. Het zijn speelzalen die opgericht zijn om kinderen te laten wennen aan samenzijn en samenspelen. Vooral voor kinderen die geen broertjes of zusjes hebben en die niet naar een gastgezin of crèche gaan, is het een goede mogelijkheid om met anderen te leren omgaan en samen te leren spelen.

Kinderen van twee jaar en ouder mogen over het algemeen tot hun vierde verjaardag maximaal twee dagdelen naar de peuterspeelzaal. Gemiddeld genomen gaat het om een ochtend en/of een middag met minimaal een dag ertussen.

De peuterspeelzalen helpen de kinderen spelenderwijs zich te ontwikkelen en hun taal te gebruiken. Daarvoor is er speelgoed en zijn er boeken. De begeleiding is gediplomeerd en wordt vaak ondersteund door leidsters in opleiding. De peuterspeelzaal besteedt net als de kinderopvang aandacht aan de motorische en emotionele ontwikkeling van kinderen. Ze besteden verder aandacht aan de verschillende vieringen van het jaar zoals Sinterklaas, Kerstmis, Pasen en de verjaardagen van de kinderen en de leidsters. Tijdens de ochtenden of middagen eten en drinken de kinderen wat tussendoor. Er wordt niet geluncht met de kinderen.

AANMELDING/PLAATSINGSMOGELIJK-HEDEN EN KOSTEN

Via de gemeente of de peuterspeelzaal zelf kan het kind worden aangemeld. Over het algemeen zijn er geen wachtlijsten. In sommige gevallen is het niet direct mogelijk om een dag of dagdeel naar keuze te krijgen.
Peuterspeelzalen zijn voor iedereen beschikbaar en toegankelijk. De kosten zijn over het algemeen minimaal. Het gaat om een kleine bijdrage in de onkosten. Voor kinderen met een (taal) achterstand zijn er verschillende voor- en vroegschoolse (VVE-) programma's.

ONDERWIJS

ALGEMEEN

Het Nederlandse onderwijssysteem van nu bestaat sinds de negentiende eeuw. In deze eeuw waren er twee duidelijke ontwikkelingen in het onderwijs zichtbaar. In de eerste plaats werden de kinderen naar leeftijd ingedeeld in groepen. Ze kregen binnen de groepen op een vergelijkbaar niveau les in bijvoorbeeld rekenen, taal en lezen. Tegelijkertijd werd hiermee de manier waarop het onderwijs gegeven wordt ook belangrijker. Lesmethoden en opvoedkundige zienswijzen kregen hierdoor meer aandacht.
Nederland was van oudsher een land met een christelijke traditie. Het lag dan ook voor de hand dat er scholen ontstonden die christelijk onderwijs gaven, de zogenoemde scholen met de bijbel.
De openbare scholen hadden geen godsdienstige of andere levensbeschouwing en werden bestuurd door de overheid. Ze waren voor iedereen toegankelijk en werden ook betaald door de overheid.
Alle vormen van onderwijs die anders zijn dan het openbaar onderwijs werden ook wel bijzonder onderwijs genoemd. De bijzondere scholen werden eerst door de ouders en oprichters zelf betaald. Na een jarenlange ruzie over deze ongelijkheid werden bijzondere scholen en de openbare scholen in 1917 financieel gelijkgesteld. Dat gold voor zowel het basisonderwijs als het voortgezet onderwijs. Nu zijn er meer bijzondere scholen dan openbare scholen. Ze krijgen allemaal een financiële bijdrage van de overheid.

RECHTEN EN PLICHTEN

Onderwijs is belangrijk om kinderen te leren zelfstandig te zijn of te worden in een maatschappij. Er is dan ook een aantal regels waar ouders aan moeten voldoen. Een ervan is de verplichting om kinderen naar school te laten gaan.
De Leerplichtwet die in 1900 is ingevoerd bepaalt dat ouders ervoor verantwoordelijk zijn dat kinderen naar school gaan. De leerplichtwet geldt tegenwoordig voor kinderen van vijf tot en met zestien jaar.
Pas wanneer een leerling zeventien is, loopt de leerplicht af aan het einde van het schooljaar.
De gemeente controleert of ouders en leerlingen zich aan de leerplicht houden. Daarvoor zijn speciale mensen aangesteld: de leerplichtambtenaren. De school let erop dat leerlingen niet zonder geldige redenen van school wegblijven. Leerlingen die regelmatig niet naar school gaan (de zogenoemde spijbelaars) en hun ouders worden in Nederland aangesproken op hun gedrag. De overheid

behandelt in Nederland zo'n vijfduizend schoolverzuimzaken per jaar. Spijbelaars zijn leerlingen die minstens drie dagen achtereen spijbelen, waarvan de school volgens de wet melding moet maken bij de leerplichtambtenaar. Als leerlingen zich niet houden aan de leerplicht, kunnen ze een boete krijgen, een taakstraf of maximaal een maand gevangenisstraf. Het maakt in dit geval niet uit of de leerlingen zelf verzuimen of dat de ouders de leerlingen van school houden.

Jongeren tot 23 jaar zonder diploma worden schoolverlaters genoemd en door het schoolbestuur als zodanig bij de gemeente aangemeld. De gemeente heeft ambtenaren in dienst die zich speciaal bezighouden met jongeren zonder diploma. Deze ambtenaren heten leerplichtambtenaren wanneer het om jongeren gaat die nog leerplichtig zijn. Voor jongeren tussen de 18 en 23 jaar probeert een regionale meld- en coördinatiefunctionaris ervoor te zorgen dat de leerling weer naar school gaat om alsnog een diploma te halen.

In sommige gevallen kunnen ouders en kinderen een tijdelijke ontheffing van de leerplicht krijgen. Dat heeft dan te maken met de vakantiemogelijkheden van de ouders. Wanneer zij niet in staat zijn tijdens de schoolvakanties vakantie te nemen, kunnen ze een verzoek indienen om op andere momenten op vakantie te gaan, samen met hun schoolgaande kinderen.

Als leerlingen zich ernstig misdragen kunnen ze van school worden gestuurd. Ordeverstoring, pesten en vernielingen aanrichten zijn voorbeelden van misdragingen. Wanneer het van school sturen voor een korte tijd is, bijvoorbeeld voor een aantal dagen of een week, dan heet dat een schorsing. Is het voor altijd, dan wordt een leerling 'van school verwijderd'. De beslissingen over schorsing of verwijdering worden door het bestuur van de school genomen. Het schoolbestuur meldt aan de leerplichtambtenaar dat een leerling van school is verwijderd.

De veiligheid van de schoolgaande kinderen staat in Nederland voorop. De school moet zorgen voor een veilige omgeving. Scholen hebben hiervoor bijvoorbeeld een leerlingenstatuut, een klachtenregeling en een vertrouwenspersoon. Veel scholen hebben een pestprotocol. Hierin staat beschreven hoe leerlingen het beste met elkaar om kunnen gaan.

ONDERWIJSKWALITEIT EN OPVOEDING

In Nederland zien ouders zichzelf als hoofdverantwoordelijke voor de opvoeding van de kinderen als het gaat om het bijbrengen van goede manieren en het ontwikkelen van een levensbeschouwing. Vertegenwoordigers van de scholen geven aan dat ouders die

verantwoordelijkheid niet altijd waarmaken. Ouders zijn over het algemeen wel voorstander van het delen van de verantwoordelijkheid wanneer het gaat om het rekening leren houden met een ander, het hebben van respect voor anderen en andere culturen en het bijbrengen van belangstelling voor cultuur en politiek.
Het onderwijs levert een belangrijke, maar geen doorslaggevende bijdrage tot de opvoeding van leerlingen, zo blijkt uit onderzoek. Gehoorzamen, op tijd komen, stilzitten en opdrachten uitvoeren worden zowel door de school als de (meeste) ouders gezien als belangrijke zaken in de opvoeding. Het goed presteren heeft in de opvoeding minder aandacht.
In de wet staat dat scholen in Nederland verplicht zijn zich bezig te houden met de algemene waarden die in Nederland gelden.
De belangrijkste zijn:
- de manier waarop in Nederland de mensen vertegenwoordigd zijn in de overheid: de *democratie*;
- de wijze waarop de mensen in Nederland worden beschermd en worden gerespecteerd: de *rechtsstaat*;
- de gelijkwaardigheid van mannen en vrouwen, jongens en meisjes: het *gelijkheidsbeginsel*.

Door de keuzevrijheid van ouders en door medezeggenschap gaan kinderen die op een vergelijkbare manier zijn opgevoed vaak naar dezelfde school. Hoewel de kwaliteit van het onderwijs boven aan het lijstje van de ouders staat, blijken sfeer en bereikbaarheid uiteindelijk toch doorslaggevend te zijn wanneer het gaat om de keuze voor het basisonderwijs. Vanaf het voortgezet onderwijs is de wens van het kind het belangrijkst voor de keuze van de school.

DE VERSCHILLENDE SOORTEN SCHOLEN IN NEDERLAND

In Nederland gaan kinderen vanaf vier jaar naar de basisschool. Sinds de samenvoeging van het kleuteronderwijs en de lagere school in 1985 heeft de basisschool acht jaargroepen. De kinderen gaan vijf dagen per week naar school, gemiddeld van 's ochtends halfnegen tot 's middags halfvier. Het verschilt per school en per regio op welke momenten kinderen een vrije dag of een vrije middag hebben. Meestal hebben de kinderen in de eerste groepen wat vaker vrij. Ook zijn ze soms wat eerder uit school dan kinderen in de groepen vijf tot en met acht. De schooldag bestaat uit twee delen. Tussen de middag zijn de kinderen meestal gedurende anderhalf uur, van ongeveer twaalf uur tot halftwee, vrij. Kinderen aten van oudsher tussen de middag thuis, maar nu steeds vaker beide ouders werken blijven veel kinderen tussen de middag op school.

Zij nemen hun lunch mee en eten deze in de overblijfruimte.
Tot ongeveer zes jaar gaat het vooral om het spelenderwijs leren van getallen, vormen, kleuren en technieken en het samen leren spelen. Vanaf zes jaar leren kinderen lezen, schrijven en rekenen. Tot de leeftijd van twaalf à dertien jaar wordt de basis gelegd voor diverse vakken zoals taal, rekenen, geschiedenis van Nederland, biologie en aardrijkskunde. Ook zijn er basisscholen waar kinderen vakken als verkeer en Frans en Engels kunnen volgen.
Na de basisschool kunnen kinderen afhankelijk van hun niveau kiezen voor een vorm van voortgezet onderwijs. Het voortgezet onderwijs is er voor leerlingen vanaf twaalf jaar, duurt minimaal vier jaar en heeft drie verschillende basisniveaus.
Leerlingen vanaf twaalf jaar leren hoe ze moeten leren. Ze leren te zoeken naar wat ze moeten weten en ze leren minder van een leraar over wat ze precies moeten kennen. Doordat veel informatie te vinden is met de computer en via het internet, is het voor leerlingen ook een manier om de nieuwsgierigheid verder te ontwikkelen. Deze nieuwe vorm van leren gaat ervan uit dat kinderen nieuwsgierig zijn en graag willen leren.
Alle leerlingen vanaf twaalf jaar, die na de basisschool naar het voortgezet onderwijs gaan, krijgen dezelfde vijftien verschillende vakken met een ongeveer gelijke inhoud. Dat wordt basisvorming of onderbouw genoemd. In die basisvorming wordt wel rekening gehouden met het niveau van de leerling, maar vaak is de theorie vergelijkbaar.
Vanaf gemiddeld zeventien of achttien jaar kunnen leerlingen vanaf het havo (hoger algemeen voortgezet onderwijs) of het vwo (voorbereidend wetenschappelijk onderwijs) naar het hoger beroepsonderwijs (hbo) of de universiteit (wo).

Veel hbo-opleidingen en universiteiten hebben uitwisselingsmogelijkheden met andere scholen of universiteiten in het buitenland. Studenten kunnen internationaal werken en denken en raken vertrouwd met andere gebruiken en gewoonten. Er wordt veel aan gedaan om ervoor te zorgen dat er elk jaar meer studenten naar het buitenland gaan om daar tijdelijk te studeren. Sinds 2002 hebben universiteiten en hogescholen een bachelor-masterstructuur. Deze structuur is tot stand gekomen na een overeenkomst met de verschillende ministers van Europese landen. Zij hebben een overeenkomst gesloten in het Italiaanse Bologna in 1999. Daarmee hebben alle hogere opleidingen in Europa een vergelijkbaar niveau (internationale standaard). Hierdoor kunnen studenten ook onderdelen van hun opleiding in het buitenland volgen en omgekeerd. Ook de aanspreektitel is nu hetzelfde.

RICHTLIJNEN VAN DE OVERHEID

Kwaliteit

De overheid geeft op hoofdlijnen aan hoe het onderwijs geregeld moet worden en hoe het onderwijs er inhoudelijk uit moet zien. Dat betekent dat per vak en per schoolsoort of opleiding de inhoud vastgesteld wordt. Regelmatig worden adviescommissies ingesteld om aan te geven welke onderwerpen op welke wijze moeten worden behandeld. Onlangs heeft een commissie aangegeven hoe het geschiedenisonderwijs eruit moet zien. Een andere adviescommissie houdt zich bezig met internationalisering en dan vooral wat leerlingen over de verschillende landen moeten weten en op welke manier leerlingen en studenten kennis kunnen maken met onderwijs en werk in andere landen. Het advies moet uiteindelijk leiden tot een toename van het aantal leerlingen en studenten die tijdelijk een deel van een studie in het buitenland volgen.

De school is ook de plaats waar extra aandacht besteed kan worden aan het gebruik en de kwaliteit van het Nederlands. Jongeren gebruiken onder elkaar steeds vaker een eigen taalvorm om met elkaar te communiceren. De sms-taal die via de mobiele telefoon wordt gebruikt is er een van. Voor leraren is het daardoor soms moeilijk om het juiste Nederlands alsnog goed aan te leren bij leerlingen.

Nederland geeft in verhouding tot bijvoorbeeld andere Europese landen minder geld uit aan onderwijs, maar het Nederlandse onderwijs staat internationaal wel redelijk goed bekend. Uit internationaal onderzoek blijkt dat Nederlandse leerlingen vooral goed zijn in wis- en natuurkunde. Ze kiezen echter niet vaak voor een opleiding of wetenschappelijke studie in deze vakken. Vanuit het Nederlandse bedrijfsleven is daardoor vaak de kritiek te horen dat het voortgezet onderwijs onvoldoende aansluit op wat de samenleving vraagt.

Het basis- en voortgezet onderwijs is over het algemeen van een redelijk tot goed niveau. Dit komt enerzijds doordat scholen het onderwijs voor een deel mogen aanpassen aan de kinderen die naar hun school gaan en anderzijds doordat een landelijk examen voor alle scholen voor voortgezet onderwijs zorgt voor een vergelijkbaar niveau.

Kosten

Het onderwijs is er voor iedereen en de overheid betaalt het onderwijs voor het grootste deel. Zolang leerlingen en jongeren onder de Leerplichtwet vallen mogen ze gratis naar school. Scholen mogen aan ouders een bijdrage in de kosten vragen voor het organiseren van activiteiten en uitstapjes en festiviteiten. Het is een vrijwillige

bijdrage die meestal wel door de ouders wordt betaald. De hoogte van het bedrag verschilt per school. De bijzondere scholen vragen vaak iets meer dan de openbare scholen. De meeste ouders vinden het wel belangrijk om hun kinderen mee te laten doen aan een aantal activiteiten. Ook het Voortgezet Onderwijs wordt grotendeels door de overheid betaald. Dat geldt eveneens voor de meeste boeken. Voor reizen, uitstapjes en extra's wordt een kleine vrijwillige bijdrage gevraagd in de vorm van een ouderbijdrage.
Leerlingen die achttien jaar of ouder zijn en een dagopleiding of volwassenenonderwijs volgen, betalen lesgeld of collegegeld. Dit is afhankelijk van het soort onderwijs dat ze volgen. De minister van Onderwijs stelt de hoogte van het lesgeld en collegegeld ieder jaar vast. Het bedrag moet worden betaald aan de Informatie Beheer Groep (IB-groep)/Dienst Uitvoering Onderwijs (DUO). Tijdens een studie aan een universiteit of hogeschool krijgen studenten vanaf 2007 leerrechten en hebben de studenten ook recht op een OV-jaarkaart, waarmee ze gratis met het openbaar vervoer kunnen reizen. Ouders van studerende kinderen blijven bij de wet verantwoordelijk voor de kosten van levensonderhoud en studie totdat hun zoon of dochter 21 jaar is. Die verantwoordelijkheid blijft ook bestaan als hun kind vanaf achttien jaar een basistoelage en eventueel een tegemoetkoming in de studiekosten of een studiebeurs ontvangt. De basistoelage en de tegemoetkoming in de studiekosten hoeven niet te worden terugbetaald. Een (deel van) de studiebeurs moet na het beëindigen van de studie wel inkomensafhankelijk (2007) worden terugbetaald.

Aanmelding

De aanmelding voor de verschillende vormen van onderwijs verloopt heel verschillend. Dat houdt in dat de ene school een wachtlijst hanteert, terwijl andere scholen een systeem hebben van 'wie het eerst komt, het eerst maalt'. In de grote steden ontstaan veel zwarte en witte scholen doordat in sommige delen van de stad veel buitenlandse en in andere wijken vooral Nederlandse leerlingen wonen. In de verschillende informatiegidsen van de scholen en de gemeenten staat hoe de kinderen kunnen worden aangemeld voor de gekozen school. Aanmelding voor het hoger onderwijs gebeurt via een centrale aanmelding. Deze wordt verzorgd door de Dienst Uitvoering Onderwijs (DUO). Die regelt ook de tegemoetkoming in de studiekosten, de studiebeurs en de kaart voor het openbaar vervoer.

Samenwerking
Veel scholen in Nederland werken ondertussen op voorspraak van de overheid samen onder dezelfde naam of dezelfde stichting. Hierdoor kunnen ze bijvoorbeeld de gebouwen, het onderhoud, de inschrijving en het aantal personeelsleden gezamenlijk delen en regelen. De scholen worden door deze samenwerkingsverbanden wel steeds groter.

DE BASISSCHOOL (4–12 JAAR)

Er zijn in Nederland zo'n achtduizend basisscholen. Er gaan zo'n 1,7 miljoen leerlingen naar het basisonderwijs en de overheid betaalt aan de basisscholen zo'n 7500 miljoen euro per jaar, dat is 4500 euro per kind per jaar.
Iedere basisschool heeft van de overheid een plan gekregen waarin staat wat een leerling aan het eind van de basisschool moet kennen en kunnen. Gedurende vijf dagen per week en maximaal vijfenhalf uur per dag krijgen de basisschoolleerlingen les van bevoegde groepsleraren. De Nederlandse taal is op de meeste basisscholen een belangrijk onderdeel. Andere vakken zijn rekenen, wereldoriënterende vakken zoals aardrijkskunde, vaderlandse geschiedenis en kennis van de natuur, Engels, verkeer en maatschappelijke stromingen. De scholen hebben daarnaast ruimte voor expressieve, creatieve en bewegingsvakken, waaronder muziek, dans, gymnastiek en schoolzwemmen. Vanaf groep zes krijgen de meeste leerlingen ook huiswerk mee. De scholen schrijven zelf in een plan hoe ze de vakken aan de leerlingen geven. Ze hebben hierbij ook de opdracht om het onderwijs af te stemmen op de ontwikkeling van het kind. Ongeveer één op de vijf leerlingen heeft korte of langere tijd moeite met het leren. Met een overzicht waarin ze bijhouden wat de leerlingen kennen en kunnen, zijn leraren in staat leerproblemen en achterstanden te ontdekken. Elke school heeft een aantal leraren die deze leerlingen met aandacht en opdrachten kunnen helpen. Dit zijn de vakleerkrachten en de zogenoemde *remedial teachers*. Een vakleerkracht is een leerkracht voor een bepaald vak zoals muziek, tekenen, gym, handvaardigheid.
Voor kinderen met een handicap of voor moeilijk lerende kinderen zijn er speciale scholen. Veel basisscholen hebben afspraken gemaakt om de leerlingen zo veel mogelijk in het normale basisschoolonderwijs mee te laten lopen. Die afspraken staan in de overeenkomst 'Weer samen naar school'. Ze worden ingepast in een nieuwe wet 'Passend Onderwijs', die vanaf 2013 wordt ingevoerd.
Elke leerling krijgt aan het eind van de basisschoolperiode een advies voor het voortgezet onderwijs mee. Het advies is gebaseerd op de prestaties van de leerling en op de resultaten van

een test, meestal een CITO-toets, soms een IQ-test (meten van intelligentie). De tests worden in groep acht van de basisschool afgenomen. De leerkracht van groep acht stelt het advies samen. In het advies tellen ook zaken mee zoals werkhouding, doorzettingsvermogen, interesses en motivatie. De basisschool adviseert over het niveau van de te kiezen school, maar ouders en kinderen moeten samen een school kiezen. Veel basisscholen in Nederland hebben leerlingen die niet van Nederlandse afkomst zijn. Vaak hebben deze kinderen ook ouders die weinig scholing hebben gehad en niet of nauwelijks Nederlands spreken. Omdat sommigen van deze leerlingen een taalachterstand hebben of moeilijker leren, krijgen deze basisscholen onder meer geld voor extra taallessen of bijlessen.
Sinds 2006 zijn op de basisschool nieuwe kerndoelen ingevoerd; ze gelden vanaf 2006 voor de kleuterklassen. De 58 kerndoelen vervangen de oude kerndoelen. Ze geven scholen meer ruimte om kinderen passend onderwijs te geven (onderwijs op maat).

Iedere school krijgt regelmatig bezoek van de onderwijsinspecteur. Deze let op sfeer, kwaliteit, de uitwerking van het onderwijsplan, de wijze waarop de leerlingen begeleid worden door de leraren en de manier waarop de school de ouders informeert en met ze spreekt. De resultaten hiervan worden gepubliceerd op het internet. De scholen krijgen bij een slecht resultaat de opdracht een verbeterplan te maken en uit te voeren. Wanneer ze hier onvoldoende aan hebben gewerkt, kan de inspectie besluiten een school te sluiten.

Ouderdeelname en medezeggenschap

Elke school beschikt over een medezeggenschapsraad (MR). In de MR zitten evenveel ouders als leraren. Ouders kunnen via medezeggenschap meebeslissen over het beleid van de school. De meeste scholen hebben ook een oudercommissie. De oudercommissie organiseert samen met de leerkrachten verschillende evenementen en vieringen, waaronder Sinterklaas, Kerstmis en Pasen.
Ouders vinden het vaak leuk om op school mee te helpen. Zo leren ze de school en de leerkrachten beter kennen. Op veel scholen zijn ouders vaak actief als leesouder, begeleider van excursies en als groepsleider tijdens schoolreisjes. Er zijn in Nederland zo'n zestigduizend meehelpende (participerende) ouders in het basisonderwijs.
Sinds 1998 is iedere basisschool verplicht aangesloten bij een klachtencommissie. Deze moet met een conflict tussen ouders en school binnen vier weken met een advies komen naar aanleiding van een klacht.
In ditzelfde jaar is tevens op elke school een klachtenregeling ingevoerd. De klachtenregeling zorgt voor een zorgvuldige afhandeling van klachten. Leerlingen, ouders en personeelsleden kunnen een klacht indienen bij de klachtencommissie. De klachtencommissie onderzoekt de klacht. Als de klacht terecht is, volgt een rapportage en advies naar het schoolbestuur. Het schoolbestuur moet ervoor zorgen dat het niet meer gebeurt. Scholen nemen hun klachtenregeling op in de schoolgids.

Overblijven (tussenschoolse opvang)

Veel ouders werken allebei. De kinderen hebben daarom de mogelijkheid om op school over te blijven. De basisscholen hebben allemaal een ruimte die hiervoor geschikt is. Ook zijn de leerlingen verzekerd tijdens het overblijven op school.
Leerlingen kunnen tussen de middag hun meegenomen boterham op school eten. Op sommige basisscholen is dit verplicht. Dat geldt vooral voor de algemeen bijzondere scholen zoals de montessorischool of de schoolverenigingen. Op scholen waar het overblijven verplicht is, blijven de leerlingen in hun eigen lokaal bij hun eigen leraar. Anders zijn er overblijfmoeders die tijdens de lunch op de leerlingen letten, met ze eten en spelletjes met ze doen. Wanneer ouders hier gebruik van maken, betalen ze een kleine vergoeding. Op sommige scholen gaat dit via een soort 'strippenkaart'. Op andere scholen kunnen ouders per maand of per halfjaar betalen.

De overblijfmoeders of vrijwilligers krijgen ook een scholing, zodat ze de kinderen goed kunnen begeleiden.

Schoolzwemmen
Scholen mogen zelf beslissen of ze zwemles aanbieden. De zwemles is gratis wanneer het bij het lesprogramma behoort. Als het gaat om vrijwillige deelname, dan mogen scholen een bijdrage vragen van de ouders. Tijdens het schoolzwemmen kunnen leerlingen diverse diploma's halen die voldoen aan de eisen van de algemene zwemdiploma's.
De school is verantwoordelijk voor de veiligheid van de leerlingen tijdens het zwemmen.
Het schoolzwemmen wordt betaald door de gemeenten. De regering heeft in 2005 extra geld aan gemeenten gegeven om ervoor te zorgen dat gemeenten het schoolzwemmen ook aanbieden aan scholen.

HET VOORTGEZET ONDERWIJS (12–18 JAAR)

Het voortgezet onderwijs heeft zo'n 665 scholen met 935.000 leerlingen. Er wordt 7300 euro per leerling uitgegeven aan voortgezet onderwijs.
Om te zorgen dat jonge mensen (jongeren) zoveel mogelijk kansen hebben op werk, is het belangrijk dat ze een bewijs of getuigschrift hebben waarmee ze aan het werk kunnen. Dit heet een startkwalificatie. Leerlingen die een diploma van het voorbereidend middelbaar beroepsonderwijs hebben, het vmbo-diploma, hebben geen

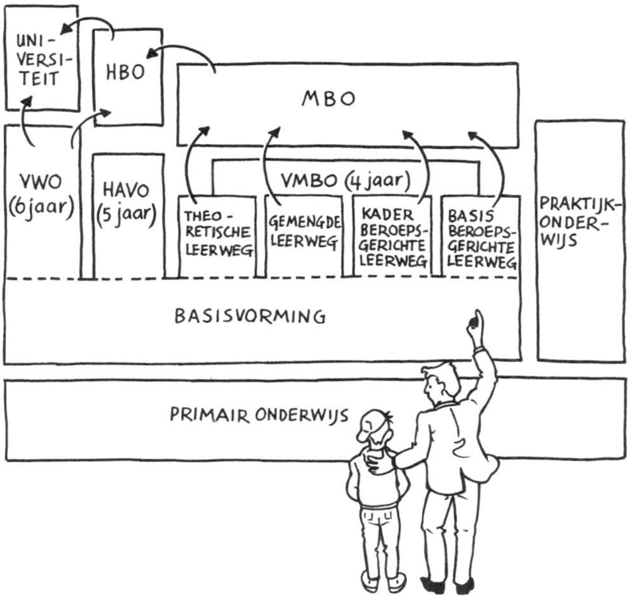

startkwalificatie. Ze hebben een diploma waarmee ze verder kunnen leren en naar het middelbaar beroepsonderwijs (het mbo) kunnen gaan. Leerlingen van het havo, het vwo en het mbo hebben met een diploma wel een startkwalificatie. Daarmee kun je geschoold werk doen of nog verder leren. Het beroepsonderwijs leidt op voor een beroep of een aantal beroepen, het algemeen voorbereidend onderwijs leidt op voor een bepaald algemeen theoretisch niveau.
De drie mogelijkheden voor kinderen na de basisschool hebben alle een basisvorming met algemene leervakken. Het vmbo duurt vier jaar, het havo duurt vijf jaar en het vwo duurt zes jaar.
Er zijn ook scholen voor speciaal voortgezet onderwijs voor leerlingen met een lichamelijke of geestelijke handicap, voor slechthorende of slechtziende leerlingen of voor langdurig zieke kinderen.
Er valt – net als bij het basisonderwijs – niet alleen te kiezen tussen schoolsoorten, maar ook tussen openbaar onderwijs en bijzonder onderwijs en de wijze van lesgeven.
Twintig procent van de middelbare scholen werkt niet met klassen, maar met thema's.
Scholen in grote steden hebben ook vaak internationale schakelklassen. Deze klassen zijn er voor leerlingen van twaalf jaar en ouder die nog niet goed Nederlands kunnen spreken. De duur van deze schakelklas is één jaar. In dat jaar worden de leerlingen voorbereid op de gewone klassen van de school. Verder bestaan er scholen binnen het voortgezet onderwijs die leerlingen voorbereiden op werken in het buitenland. Dat betekent dat een deel van de lessen in het Engels wordt gegeven. Er zijn Nederlandse scholen met een internationale richting en enkele scholen met tweetalig onderwijs (tto). Dit houdt in dat vakken als bijvoorbeeld geschiedenis en biologie in een andere taal dan het Nederlands worden gegeven. Het betreft veelal tweetalig vwo Engels-Nederlands. Daarnaast zijn in Nederland internationale scholen voor kinderen van buitenlandse werknemers die een aantal jaren voor hun land of bedrijf in Nederland wonen en werken. Zo zijn er onder meer Amerikaanse en Britse internationale scholen, Duitse, Franse en Japanse scholen in Nederland.

De basisvorming of onderbouw

De basisvorming duurt afhankelijk van het type onderwijs twee, drie of soms vier jaar. Alle leerlingen krijgen vijftien verplichte vakken in 32 lesuren per week die voor iedereen hetzelfde zijn. Het gaat om de volgende vakken: Nederlands, Engels, Frans en/of Duits, geschiedenis en staatsinrichting (hoe Nederland wordt bestuurd en hoe Nederland bestuurlijk is ingericht), aardrijkskunde, economie, wiskunde, biologie, natuur- en scheikunde, informatiekunde (computerles), techniek, verzorging, lichamelijke

opvoeding (gymnastiek), twee kunstvakken; keuze uit: tekenen, handvaardigheid (handenarbeid of textiele werkvormen), fotografie, film of audiovisuele vorming, muziek, dans of drama.
De leerlingen krijgen in de basisvorming een idee van de verschillende beroepen die er mogelijk zijn. Ze leren meer over opleidingen en beroepen. In de basisvorming leren de leerlingen ook samenhang te zien tussen de verschillende vakken. Aan het einde van het tweede jaar kunnen kinderen op het vmbo en aan het eind van het derde jaar kunnen kinderen op havo en vwo kiezen voor een bepaalde richting. Dit hangt ook samen met hun mogelijkheden en latere studie- of beroepskeuze. Op basis van een schooladvies kunnen de ouders met de vertegenwoordigers van de school in gesprek gaan.

Scholen mogen op grond van hun eigen ideeën over het onderwijs zelf voor een deel het lesrooster bepalen. Op een school voor voortgezet onderwijs krijgen de leerlingen voor ieder vak meestal een andere leraar. Veel scholen beginnen met een beginjaar (brugperiode) van één of twee jaar. Deze periode is bedoeld om de keuze tussen vmbo, havo en vwo nog even uit te stellen. Scholen verschillen nogal wat het indelen van de groepen in de brugperiode betreft. Soms worden leerlingen met eenzelfde advies bij elkaar in een groep geplaatst. Op andere scholen worden leerlingen door elkaar gezet.
Op de meeste scholen voor voortgezet onderwijs krijgen de leerlingen drie of vier keer per jaar een rapport. Het rapport wordt samengesteld uit de resultaten die de leerlingen voor de verschillende vakken hebben behaald. De cijfers worden gebaseerd op resultaten van schriftelijke en mondelinge overhoringen, schriftelijke proefwerken, beoordelingen van werkstukken en toetsen voor bijvoorbeeld de vakken in de basisvorming.
Sinds het schooljaar 2011–2012 is een maatschappelijke stage verplicht in het voortgezet onderwijs. Tijdens de stage doen jongeren vrijwilligerswerk om kennis te maken met de maatschappij.

Examen

In de laatste twee jaar van het voortgezet onderwijs bereiden de leerlingen zich voor op het examen. Leerlingen van het vwo zijn hier de laatste drie jaar mee bezig. Het grootste deel van de lesuren in deze laatste jaren wordt besteed aan de examenvakken. De leerlingen van het vmbo gaan bovendien in het derde of vierde jaar vaak op stage.
In welke vakken de leerlingen precies examen doen hangt af van de schoolsoort en het gekozen profiel.
Het eindexamen bestaat uit twee delen: het schoolexamen en het

centraal examen. Het centraal examen is gelijk voor alle leerlingen van dezelfde onderwijssoort. Alle leerlingen in Nederland moeten dus aan het einde van het laatste jaar over hun verplichte en hun keuzevakken dezelfde examenvragen beantwoorden.
Het schoolexamen wordt door de scholen zelf opgesteld, maar het ministerie van Onderwijs bepaalt wel wat de onderwerpen zijn. Het ministerie bepaalt de programma's voor het gehele eindexamen. Hierin staat voor ieder vak wat de examenstof is en hoe de examenstof is verdeeld over het schoolexamen en het centraal examen. In het eindexamenprogramma staat bovendien uit hoeveel toetsen het centraal examen bestaat en hoe lang deze toetsen duren. Voor het schoolexamen bepaalt de school zelf het aantal toetsen.

Het examenreglement

Iedere school heeft een examenreglement. Dit regelt de gang van zaken tijdens het examen. Er staat ook in beschreven wat er gebeurt wanneer bijvoorbeeld ontdekt wordt dat een leerling heeft overgeschreven van meegenomen antwoorden (spieken). Het reglement geeft verder weer welke mogelijkheden een leerling heeft wanneer hij of zij het niet eens is met een beslissing van de school.
Het programma van toetsing geeft aan welke onderdelen in het examen voorkomen en hoe de leerstof over de verschillende jaren is verdeeld. Ook staat in het programma van toetsing aangegeven hoe de samenstelling en zwaarte van de cijfers is geregeld: hoe zwaar bijvoorbeeld een bepaalde toets telt.

Ouderdeelname en medezeggenschap

Leerlingen doen het op school beter wanneer ouders betrokken zijn bij het onderwijs van hun zoon of dochter. Toch is het contact minder regelmatig bij een school voor voortgezet onderwijs dan tijdens het onderwijs op de basisschool. Leerlingen zijn ouder en zelfstandiger dan op de basisschool en regelen daardoor vaak zelf hun contacten met de docenten. Wel zijn er voor de ouders regelmatig mogelijkheden om met docenten te spreken over de vorderingen en worden er thema-avonden georganiseerd over bijvoorbeeld huiswerk maken. Zowel de school als de kinderen vinden het vaak stimulerend wanneer ouders zich actief bezighouden met de school en de bezigheden van het kind op school.
Op elke school worden ook belangrijke beslissingen genomen die gevolgen hebben voor de leerlingen en de wijze waarop het onderwijs gegeven wordt.
Ouders en leerlingen kunnen daar op verschillende manieren invloed op uitoefenen. Via de Medezeggenschapsraad hebben ouders en leerlingen de meest directe invloed. Daarnaast kennen bijzondere scholen vaak een vereniging waar ouders lid van kun-

nen zijn. Via hun lidmaatschap hebben ze een stem in de vereniging. Daarnaast zijn ouders vaak betrokken bij de organisatie van buitenschoolse activiteiten zoals feesten, excursies of ondersteuning van de leerlingenvereniging of leerlingenraad via de ouderraad. Elke school heeft vaak een eigen traditie. Een aantal zaken is geregeld door middel van de wet.

Op elke school moet een medezeggenschapsraad zijn. Dat staat in de Wet Medezeggenschap Onderwijs (WMO 1992). Het schoolbestuur is verantwoordelijk voor de beslissingen die genomen worden. Hoe de wet moet worden toegepast, staat per school beschreven in een reglement.
De Medezeggenschapsraad (MR) bestaat voor een deel uit personeel van de school en voor een deel uit ouders van leerlingen. De MR kan en mag praten over alles wat met de school te maken heeft. Belangrijke beslissingen die een bestuur wil nemen, moeten worden voorgelegd aan de MR. De MR brengt één keer per jaar verslag uit over alles wat de raad heeft gedaan. Zo is iedereen op de hoogte van de activiteiten van de MR.
Elke MR heeft een reglement dat regelt hoeveel leden de raad telt, hoe de verkiezingen zijn geregeld en welke bevoegdheden de raad heeft.

De meeste scholen hebben naast een Medezeggenschapsraad ook een ouderraad. In de ouderraad zitten vertegenwoordigers van de ouders. De ouderraad kan de Medezeggenschapsraad adviseren over onderwerpen die vooral voor de ouders belangrijk zijn. De ouderraad kan ook eisen dat de MR adviezen doorgeeft aan de directie of het bestuur.
De ouderraad belegt meestal één keer per jaar een vergadering voor alle ouders. De leden in de raad worden door en uit de ouders gekozen.
De ouderraad stimuleert activiteiten die bijdragen tot een goed schoolklimaat, bijvoorbeeld feesten en partijen.

Ook leerlingen hebben de mogelijkheid zelf invloed uit te oefenen op de gang van zaken in en rond de school. Op de meeste scholen zijn leerlingen lid van de Medezeggenschapsraad. Op een school voor voortgezet speciaal onderwijs moeten die leerlingen ten minste dertien jaar zijn. Een leerlingenraad vertegenwoordigt de mening van de leerlingen op school. Bovendien kan de raad zich ook bezighouden met het verbeteren van het leer- en leefklimaat op school en de kwaliteit van het onderwijs. De leerlingenraad kan advies uitbrengen aan de Medezeggenschapsraad.
Het leerlingenstatuut is een reglement van de school dat de rech-

ten en plichten van de leerling regelt. Iedere school is verplicht een leerlingenstatuut op te stellen. Het gaat om regelingen rondom het te laat komen, het bekendmaken van cijfers, de planning van de proefwerken, de mogelijkheid voor het oprichten van een schoolkrant en nog veel meer.
In het leerlingenstatuut moeten in elk geval vier onderwerpen geregeld zijn:
1 Wat de schoolregels zijn.
2 Hoe de school met meningsverschillen omgaat.
3 Hoe de school de gegevens van de leerlingen beschermt (privacyregeling).
4 Hoe de school de kwaliteit van het onderwijs bewaakt.

Iedere twee jaar moet het leerlingenstatuut opnieuw worden bekeken en worden vastgesteld door het bestuur. Zowel de leerlingen als de ouders in de MR moeten instemmen met het leerlingenstatuut. Het statuut is openbaar en ligt ter inzage in de school.

NIVEAUS IN HET VOORTGEZET ONDERWIJS

Vmbo

Zo'n 60 procent van alle basisschoolleerlingen gaat na de basisschool naar het vmbo. Op de vmbo-scholen zitten de meeste leerlingen van niet-Nederlandse afkomst.
Het vmbo duurt vier jaar en heeft voor leerlingen verschillende mogelijkheden. De mogelijkheden zijn afhankelijk van het niveau en de wensen en mogelijkheden van de leerlingen. Het vmbo is niet voldoende voor leerlingen om vervolgens aan het werk te gaan. Daarvoor moeten ze in elk geval nog een korte vervolgopleiding volgen van minimaal één jaar in het mbo.
De mogelijkheden sluiten aan bij de sectoren van de arbeidsmarkt:
- techniek;
- zorg en welzijn;
- economie;
- landbouw.

Het ministerie van Onderwijs, Cultuur en Wetenschap (OCW) onderzoekt in samenwerking met scholen of het mogelijk is voor bepaalde groepen jongeren een betere verhouding tussen theorie en praktijk te ontwikkelen. Deze vorm van praktijkonderwijs past beter bij leerlingen die graag iets met hun handen doen.

Havo, vwo en zelfstandige gymnasia

Met een havo-diploma is het mogelijk om te studeren aan een school voor hoger beroepsonderwijs (hbo). Met dit diploma is het ook mogelijk om te gaan werken. De meeste leerlingen met een havo-diploma kiezen voor een studie aan het hbo. Soms gaan leerlingen na de havo naar een beroepsopleiding van het middelbaar beroepsonderwijs (mbo). Een en ander hangt af van wat de leerling na het behalen van het havo-diploma wil doen en welk beroep een leerling kiest. Het havo heeft vijf leerjaren en is een algemene voorbereidende opleiding voor het beroepsonderwijs op hoger niveau. Het vwo heeft zes leerjaren en bereidt voor op het wetenschappelijk onderwijs aan de universiteit. Het havo en het vwo bestaan net zoals het vmbo uit een basisdeel en een profieldeel.
De leerlingen kunnen na drie jaar kiezen uit vier profielen:
- cultuur en maatschappij;
- economie en maatschappij;
- natuur en gezondheid;
- natuur en techniek.

Een profiel bestaat uit een aantal vakken die met elkaar samenhangen. Ze geven richting aan een eventuele vervolgopleiding. Alle profielen hebben ook een gezamenlijk deel. Dat is voor alle profielen hetzelfde. Het gaat hierbij om vakken als: Nederlandse taal, Engels, delen van natuurwetenschappen en maatschappijleer. Ze hebben verder een deel dat aansluit op het gekozen profiel. Ten slotte is er een vrije ruimte. Daarin kunnen leerlingen vakken volgen uit een ander profieldeel. Vaak gaat het hier om één of twee vakken. Dat vergroot de mogelijkheden om door te stromen naar het hoger onderwijs. De invulling van het vrije deel hangt ook samen met de wijze waarop de school het vrije deel invult en vastlegt. Hierin kunnen bijvoorbeeld ook vakken als Spaans, Russisch of muziek worden gevolgd. Uiteindelijk gaat het om de eindexamenvakken. Het gymnasium is van hetzelfde niveau als het atheneum, alleen zijn de vakken Grieks en Latijn extra. Voor leerlingen betekent dit acht uur per week extra werk ten opzichte van de leerlingen die geen Grieks en/of Latijn hebben. Nederlands en Engels zijn altijd verplicht voor iedereen, en een onderdeel van wiskunde ook. Verder is er per profiel een aantal verplichte vakken.
Het eindexamen bestaat uit een schoolexamen en een centraal schriftelijk examen. Het schoolexamen bestaat uit een verzameling resultaten van cijfers van behaalde resultaten en werkstukken (examendossier). Het centraal examen wordt aan het eind van het laatste jaar afgelegd en is voor alle leerlingen in heel Nederland hetzelfde.
Havo-leerlingen die het eindexamen hebben gehaald, kunnen doorstromen naar het vwo.

Met een vwo-diploma kan een leerling studeren aan het hbo of aan de universiteit.
Vijf dagen per week wordt er lesgegeven aan groepen leerlingen. Dat gebeurt door middel van een rooster waarbij de leerlingen een aantal vakken volgen. Drie jaar lang zitten de leerlingen zo veel mogelijk in dezelfde klas. Na het profiel van hun keuze volgen ze in andere samenstellingen het onderwijs.
Het havo en het vwo hebben het zogenoemde studiehuis. De begeleiding van de leerlingen is erop gericht dat de leerlingen in toenemende mate zelfstandig hun werk kunnen doen en dat ze dat op verschillende manieren kunnen doen.
De hoeveelheid werk voor de leerlingen wordt uitgedrukt met het begrip studielast. Dit is de hoeveelheid tijd die de gemiddelde leerling nodig heeft om te leren. Het gaat om het volgen van de lessen, het maken van de opdrachten thuis en het leren, zodat de leerlingen de teksten kennen en kunnen toepassen.
Bij de studielast horen ook het schrijven van werkstukken, het lezen van boeken, het bezoeken van de mediatheek, bibliotheek en het deelnemen aan excursies.

REGIONAAL BEROEPSONDERWIJS

Voor het beroepsonderwijs op mbo-niveau en het volwassenenonderwijs (het Regionaal Onderwijs Centrum) zijn er 59 scholen met 460.000 deelnemers. Er wordt zo'n 2750 miljoen euro per jaar uitgegeven voor deze leerlingen, die officieel deelnemers worden genoemd.
Beroepsonderwijs wordt gegeven op scholen voor voortgezet onderwijs (vmbo), scholen voor middelbaar beroepsonderwijs (mbo) en scholen voor hoger beroepsonderwijs (hbo).

Het middelbaar beroepsonderwijs zoals dat is georganiseerd, bestaat sinds 1996. Met de Wet educatie en beroepsonderwijs (WEB) in 1996 is het regionaal opleidingencentrum ontstaan (ROC). Het ROC biedt ook onderwijs voor volwassenen aan. Gemiddeld heeft een ROC zo'n achtduizend leerlingen.
Het middelbaar beroepsonderwijs leidt op voor een groot aantal beroepen, variërend van bakker en slager tot verpleegkundige, kapper, boekhouder of secretaresse. Elk jaar kiezen zo'n half miljoen jongeren voor een vakopleiding in het middelbaar beroepsonderwijs.
Leerlingen kunnen de opleidingen volgen op vier verschillende niveaus:
– de assistentenopleiding (zes maanden tot een jaar) leidt op voor eenvoudige uitvoerende werkzaamheden;

- de basisberoepsopleiding (twee tot drie jaar) leidt op voor uitvoerende werkzaamheden;
- de vakopleiding (twee tot vier jaar) leidt op tot volledige zelfstandige uitvoering van werkzaamheden;
- de middenkaderopleiding (drie tot vier jaar) en de specialistenopleiding leiden op tot volledig zelfstandige uitvoering van werkzaamheden, met een brede inzetbaarheid of specialisatie.

Een leerling die een opleiding op niveau vier heeft behaald, kan doorstromen naar het hoger beroepsonderwijs.
Alle opleidingen combineren leren op school met leren in de praktijk. Er zijn twee varianten: de beroepsopleidende leerweg (BOL) en de beroepsbegeleidende leerweg (BBL). Bij de BOL-opleiding is het leren belangrijk; de BBL is beide: leren en werken. Voor het werken gaat de leerling naar een leerbedrijf. De leerling doet mee in het bedrijf en leert hoe het is in een bedrijf. Vaak krijgt de leerling een opdracht van school om tijdens de praktijk ook uit te voeren.
Wat een leerling moet weten en kunnen en welke houding een leerling moet hebben voor het uitoefenen van een bepaald beroep, staat beschreven in de eindtermen van de opleiding. Met de invoering van onderwijs waarbij leerlingen moeten laten zien wat ze weten en kunnen (competentiegericht onderwijs) worden de eindtermen ook wel competenties genoemd. Competenties zijn een combinatie van kennis, kunde en houdingsaspecten.

VOLWASSENENONDERWIJS (VANAF 18 JAAR)

Volwasseneneducatie is bedoeld voor iedereen die ouder dan achttien jaar is. Het onderwijs aan volwassenen is tot stand gekomen om mensen alsnog een diploma te laten halen. Het onderwijs aan volwassenen wordt aangeboden in de regionale opleidingencentra (ROC's) samen met het middelbaar beroepsonderwijs.
Het voortgezet algemeen volwassenenonderwijs heeft opleidingen die kunnen leiden tot een diploma of deel van een diploma (deelcertificaat) voor vmbo, havo of vwo.
De overige opleidingen bieden cursussen aan. Dat kan zijn spreken, luisteren, lezen of rekenen en taalvaardigheid.
Het NT-onderwijs (Nederlandse-taalonderwijs) is bedoeld om de taal beter te leren spreken. Er doen Nederlanders en niet-Nederlanders aan mee. De cursus wordt afgesloten met een landelijke eindtoets of staatsexamen. De cursussen en opleidingen vergroten de kans op werk. De cursussen taalvaardigheid geven mensen de mogelijkheid om zich beter verstaanbaar te maken en vergroten hierdoor de mogelijkheid tot een zelfstandig bestaan.
De meeste opleidingen en cursussen worden 's avonds gegeven.

Dat geldt niet voor het behalen van een diploma op vmbo-, havo- of vwo-niveau.

HET HOGER ONDERWIJS (VANAF 17 JAAR)

De hbo-studenten worden voorbereid op een beroep of beroepsmogelijkheden. De wo-studenten worden voorbereid op het doen van onderzoek in een vakgebied of deel van een vakgebied. Dat betekent overigens niet dat de studenten die een wo-opleiding hebben gedaan geen beroep kunnen uitoefenen. Het gaat veel meer om een andere manier van denken en analyseren. De onderzoeksgerichtheid veronderstelt een nieuwsgierige houding en verplicht een student tot het observeren en niet zomaar aannemen van een bewering of conclusie.

Het hoger beroepsonderwijs in Nederland bestaat uit zo'n vijftig hogescholen, dertien universiteiten en een Open Universiteit. Leerlingen met een mbo-diploma op niveau vier of havo-/vwo-diploma kunnen zich inschrijven voor een hbo-beroepsopleiding. Voor inschrijving aan de universiteit heeft de leerling een geldend vwo-diploma nodig.
Het hbo heeft zo'n tweehonderd opleidingen en leidt op voor een beroep op hoger niveau.
Het hbo heeft dagonderwijs en avondonderwijs, verspreid over het hele land.
De dertien universiteiten in Nederland zijn gevestigd in Groningen, Tilburg, Maastricht, Delft, Rotterdam, Leiden, Amsterdam (twee), Nijmegen, Utrecht, Eindhoven, Wageningen en Enschede. De universiteiten hebben verschillende richtingen en vakgebieden, geven onderwijs en verrichten onderzoek.
De veertiende universiteit is de Open Universiteit. Deze heeft verschillende vestigingen. De Open Universiteit heeft verschillende opleidingen, cursussen en modules en verzorgt verschillende vormen van onderwijs, waaronder onderwijs op afstand. Dat betekent dat studenten vanuit huis onderwijs kunnen volgen: schriftelijk of per computer. Een combinatie van de verschillende vormen komt ook voor.
De docenten van het hbo en de universiteit hebben allemaal een eerstegraads onderwijsbevoegdheid en zijn daarnaast bij voorkeur ook praktisch geschoold.
Op de universiteit geven ook hoogleraren colleges. Deze hoogleraren hebben een aantal taken, waaronder het doen van onderzoek, het geven van colleges, het begeleiden van studenten tijdens hun afstuderen of tijdens hun promotieonderzoek en het begeleiden van studenten die in een verdere fase van de opleiding al studen-

ten kunnen begeleiden (de zogenoemde student-assistenten).
De puntentoekenning is ook gebaseerd op Europese standaarden en wordt nu European Credit Transfer System (ECTS) genoemd. Elke credit staat voor 28 uur werken. Elk jaar kent 60 punten. De opleidingen bestaan bijna allemaal uit 240 EC's, verdeeld over vier jaar. Op deze manier kunnen opleidingen goed met elkaar worden vergeleken. Studenten kunnen zo delen van het programma ook in andere landen volgen (uitwisselingsprogramma's). De opleiding staat centraal. Zo worden de afgestudeerden van de hogeschool bachelor genoemd (B). De titel ingenieur wordt in de praktijk ook gebruikt na de invoering van het bachelor-mastersysteem. Iedereen die een hbo-opleiding heeft behaald kan een master-studie volgen aan een universiteit. Afgestudeerden dragen dan ook de titel master.
De opleidingen duren gemiddeld vier jaar. Voor het wetenschappelijk onderwijs zijn er daarna nog een aantal onderzoeksplaatsen voor studenten die graag onderzoek willen doen. Opleidingen voor rechters en medici hebben allemaal nog een specialistisch vervolgtraject.
In het hoger onderwijs zijn er zo'n 44 scholen met in totaal 370.000 studenten. Het wetenschappelijk onderwijs heeft 14 universiteiten, verdeeld over heel Nederland met circa 210.000 studenten.
Per jaar melden zich rond de 112.000 studenten aan voor het hbo en zo'n 30.000 voor de universiteit. Voor welke opleiding of hogeschool ze zich aanmelden, wisselt nogal. Dat hangt samen met de interesse van de studenten en de economische ontwikkelingen in Nederland. Ook telt de kwaliteit van de opleiding mee bij de keuze.

Kwaliteit van de opleidingen

Opleidingen van de hogescholen en universiteiten worden regelmatig bezocht door een commissie die de kwaliteit van het onderwijs onderzoekt. Onafhankelijke, door het ministerie van Onderwijs erkende instanties voeren kwaliteitscontroles uit (accreditatie). De uitkomsten van de controles zijn openbaar en soms voor studenten aanleiding om wel of juist niet voor een bepaalde opleiding van die hogeschool te kiezen.
Naast de kwaliteitscontroles worden scholen ook beoordeeld door studenten zelf. Die onderzoeken worden jaarlijks gepubliceerd. Vaak hebben deze onderzoeken betrekking op met name de faciliteiten en mogelijkheden van de hogeschool en universiteit.
Veel studenten kiezen voor de hogeschool of universiteit die het dichtst in de buurt ligt van hun woonplaats.
Wanneer er maar weinig opleidingen van een bepaalde richting bestaan, dan kiezen studenten wel voor een verder gelegen opleiding binnen hogeschool of universiteit. Ook speelt de populariteit

van de stad waarin de hogeschool of universiteit staat een rol bij de keuze. Dat heeft ook te maken met de leeftijd waarop de student kiest voor de opleiding. De meeste studenten zijn achttien jaar of ouder wanneer ze met een hbo-opleiding of universitaire studie beginnen en kiezen ervoor om zelfstandig ('op kamers') te gaan wonen of in een studentenhuis of studentenflat.

Het Onderwijs- en Examenreglement (OER)

Alle opleidingen in Nederland op hbo- en wo-niveau worden geregeld en beschreven in de Wet op het hoger onderwijs en wetenschappelijk onderzoek, de WHW.
De student heeft bij inschrijving aan het hbo een aantal rechten en plichten. Over het algemeen kunnen de studenten naast de uren die voor de eigen opleiding staan, ook een aantal andere lesuren volgen. Binnen de opleiding zijn verschillende keuzemomenten.
De basis van de studie beslaat één jaar. Dit is de propedeuse. Na het behalen van de propedeuse volgt de hoofdfase van drie jaar (en in een paar gevallen drieënhalf of vier jaar).
Iedere student heeft naast een aantal keuzemogelijkheden ook een aantal mogelijkheden om de verschillende examenonderdelen te halen (tentamens).
Alle rechten en plichten van de studenten staan in een onderwijs- en examenreglement (OER). In het OER staan ook de studieonderdelen en de punten die te behalen zijn.
Elke hogeschool of universiteit geeft zelf via informatiegidsen, onderwijsbeurzen en websites aan hoe het programma van de opleiding eruitziet. In sommige gevallen is een deel van een opleiding vergelijkbaar met een andere opleiding en worden programma's samen gegeven in hoorcolleges of werkcolleges.

Organisatie en bestuur

De hogescholen bestaan uit een aantal opleidingen die in faculteiten, sectoren of *schools* zijn georganiseerd. Aan het hoofd staat een faculteitscollege, sectordirecteur of *dean*. Een hogeschool wordt geleid door een College van Bestuur.
De universiteiten hebben faculteiten waarin vakgebieden zijn ondergebracht. Aan het hoofd van een faculteit staat een faculteitsbestuur. De officiële leiding is in handen van het College van Bestuur, waarvan de rector magnificus ook lid is. Het College van Bestuur wordt bijgestaan door een college van decanen. Zij hebben een adviesfunctie. De universiteiten hebben vaak ook nog verschillende diensten zoals een universiteitsbibliotheek, onderzoeksinstituten en toegepaste onderzoekstaken binnen instituten ondergebracht. Ook hogescholen kennen een vergelijkbare structuur. Ze kunnen ook bijvoorbeeld uit verschillende scholen bestaan.

De universiteiten en hogescholen hebben allebei een vereniging die de belangen behartigt van de verschillende organisaties bij brancheorganisaties en de overheid. Voor de hbo-scholen is dat de HBO-raad en voor de universiteiten de Verenigde Nederlandse Samenwerkende Universiteiten (VNSU).

Medezeggenschap

Iedere hogeschool beschikt over een medezeggenschapsraad. De medezeggenschapsraad vertegenwoordigt het personeel en de studenten uit de organisatie en adviseert het bestuur over een aantal besluiten.
Voor de kwaliteit van het onderwijs heeft iedere opleiding een opleidingscommissie. De opleidingscommissie bestaat uit een vertegenwoordiging van de studenten van de opleiding die de kwaliteit van het onderwijs in de gaten houden.
De universiteiten kennen allemaal een universiteitsraad. Deze raad vertegenwoordigt het personeel en de studenten bij een besluit van het bestuur.

VRIJE TIJD, SPORT EN SPEL

ALGEMEEN

Het Tijdsbestedingonderzoek (TBO) van het Centraal Bureau voor de Statistiek levert elke vijf jaar een momentopname op van hoe Nederlanders hun tijd besteden. Voor het onderzoek houden meer dan tweeduizend willekeurig uitgekozen mensen tussen 20 en 65 jaar gedurende een week in oktober (buiten de schoolvakantie) een dagboekje bij waarin ze per kwartier opschrijven wat ze doen. In 2005 besteedde men 48,6 uur per week aan verplichtingen (inclusief reistijd). Daarvan werd 26 uur per week besteed aan betaald werk, 2,4 uur aan een opleiding, 15 uur aan huishoudelijk werk en 5 uur aan de verzorging van hun kinderen (in gezinnen met kleine kinderen is dit meer dan het dubbele).
Verder bleek dat Nederlanders van 12 jaar en ouder gemiddeld ruim 8,5 uur per nacht slapen, een kleine 1,5 uur per dag aan eten en drinken besteden en 1 uur per dag aan lichamelijke verzorging (wassen, tandenpoetsen, opmaken en aankleden).

In 2005 hadden Nederlanders gemiddeld 45 uur per week vrije tijd. Daarvan werd ruim 15 uur besteed aan luisteren naar muziek, televisiekijken, en computeren, zo'n 9 uur aan contact met familie, vrienden en kennissen, 3,8 uur aan het lezen van boeken en tijdschriften, 2,7 uur aan uitgaan, 2,6 uur aan sport en bewegen, 1,8 uur aan vrijwilligerswerk en ruim 6 uur aan hobby's en dergelijke.
De zaterdag is voor veel mensen een boodschappen- en winkeldag. Verder zijn sport en spel favoriet en worden er diverse klusjes in en om het huis gedaan, zoals tuinieren of de auto wassen. Op zaterdagavond gaan veel mensen bij vrienden of familie op bezoek of gaan (gezamenlijk) uit. Zondag is van oudsher een familiedag waarop vaak familie- en verjaardagsbezoeken worden afgelegd. Ook wordt er zondags gesport, gefietst of gewandeld.

Veel mensen, vooral mensen met een hogere opleiding, gaan met enige regelmaat naar een musical- of theatervoorstelling, een toneelstuk of een concert. Vooral musicals en cabaretvoorstellingen zijn populair in Nederland. Jeugdvoorstellingen worden in het weekend of in de vakanties over het algemeen ook goed bezocht. Toneel, cabaret, klassieke concerten, opera, operette, pop- en jazzconcerten, musicals en balletuitvoeringen trekken per jaar zo'n 16 miljoen bezoekers. Naar de film gaan per jaar zo'n 25 miljoen mensen. Vooral jongeren vinden het een leuke manier om hun vrije tijd door te brengen.

Gemiddeld tweemaal per jaar gaat men een dagje met het gezin naar een van de pretparken. Vooral tijdens vakanties en in de weekenden is het hier vaak erg druk en zijn er soms lange wachttijden. Nederland heeft het grootste aantal attractieparken per vierkante kilometer van Europa. De bekendste en best bezochte pretparken zijn: de Efteling met rond de 3,3 miljoen bezoekers per jaar, Attractiepark Slagharen (1,3 miljoen), vakantie- en attractiepark Duinrell (1,35 miljoen) en avonturenpark Hellendoorn en Walibi World, die beide rond de miljoen bezoekers per jaar ontvangen.
Verder doen Nederlanders veel aan verschillende spelletjes zoals kaarten en bordspelen. Kinderen in de middelbareschoolleeftijd en studenten kaarten veel in de vakantieperioden en op school tijdens een uur wanneer ze even geen lessen hebben (tussenuur). Verder worden er spelletjesavonden georganiseerd en zijn er familieweekenden met veel spelletjes, kaart- en bordspelen zoals schaken en dammen.

SPORT

Algemeen

Nederlanders doen veel aan sport. Bijna 70 procent van de bevolking sport regelmatig en meer dan de helft is lid van één of meer sportclubs. Een deel van hen sport gemiddeld tot vijf uur per week. Voetbal is veruit de populairste sport, maar ook andere teamsporten als volleybal en korfbal worden veel gespeeld. Van de individuele sporten zijn fitness, skeeleren en schaatsen en vooral ook wandelen en fietsen populair in Nederland.

Fietsen

De Nederlander fietst vaak gewoon voor zijn plezier 'even een stukje' in het weekend en op mooie zomeravonden. Van de Nederlanders fietst 85 procent een uur of meer per week voor zijn plezier en bijna 40 procent doet dat gemiddeld zo'n vijf uur per week. Zij fietsen gemiddeld ruim 900 kilometer per jaar. Jongeren van 12 tot 18 jaar fietsen met gemiddeld 6 kilometer per dag het meest. Er zijn zo'n 1800 fietsroutes en meer dan 10.000 kilometer fietspaden. Overigens wordt in het zuiden van Limburg minder gefietst, wellicht omdat dit gebied voor Nederlandse begrippen tamelijk heuvelachtig is.

In het dagelijkse leven in Nederland is de fiets onmisbaar. Het is het belangrijkste vervoermiddel op korte afstanden en wordt, voorzien van speciale fietstassen, onder meer gebruikt om boodschappen te doen. Verder worden kinderen met de fiets van en naar school, de sportvereniging of andere afspraken gebracht en gehaald. Zolang

kinderen te klein zijn om zelf te fietsen zitten ze in speciale kinderzitjes voor of achter op de fiets van hun ouders. Voor kinderen die nog niet kunnen lopen gaat ook de buggy mee. Kinderen krijgen als ze een jaar of drie zijn hun eerste fietsje. Dat is dan eerst vaak voorzien van zijwielen, zodat ze minder snel omvallen. Wanneer ze zelfstandig zonder zijwielen kunnen fietsen, hebben kinderen vaak een lange plastic stok met oranje vlaggetje achter op het fietsje. Dat zorgt ervoor dat de kinderen in het drukke verkeer goed zichtbaar zijn. Afhankelijk van de buurt waar ze wonen en de verkeersdrukte gaan kinderen vanaf zo'n jaar of tien zelf op de fiets naar school, sportverenigingen of andere afspraken. Als men met de trein gaat, fietst men vaak eerst naar het treinstation. Bij de grotere stations staan dan ook duizenden fietsen in en om de lange rijen fietsenrekken. Nederland telt meer fietsen dan inwoners. Het heeft met achttien miljoen fietsen de hoogste 'fietsdichtheid' van de wereld. Een gemiddeld Nederlands huishouden heeft in elk geval (bijna) altijd minimaal twee fietsen en 26 procent heeft er zelfs zes of meer.

Wandelen

Wanneer het om korte afstanden gaat, loopt de Nederlander veel. Bijvoorbeeld om de dagelijkse boodschappen in de buurt te doen of om de kinderen naar school te brengen. Daarnaast maakt men voor zijn plezier vaak een wandelingetje, 'gaat een blokje om'. De laatste tien jaar is het aantal Nederlanders dat regelmatig voor zijn plezier wandelt met veertig procent gestegen. Meestal wandelt men samen met huisgenoten of vrienden. De gemiddelde Nederlander loopt zo'n 480 kilometer per jaar. Gemiddeld loopt men twee à drie uur en een kwart van de Nederlanders wandelt zelfs meer dan vijf uur per week voor zijn of haar plezier. Het aanbod van wandelroutes is de laatste jaren dan ook sterk toegenomen. De Nederlandse wandelsportbonden verzorgen door het hele land gemarkeerde wandelroutes, waarvan vooral de lange-afstandwandelpaden en nationale streekpaden bekend zijn. Deze zijn gezamenlijk zo'n zesduizend kilometer lang.

Voetbal

Voetbal is de populairste sport in Nederland. Voetbal wordt in alle lagen van de bevolking gespeeld en speelt een grote rol in het leven van veel Nederlandse gezinnen. Ruim een miljoen mensen in Nederland zijn lid van een voetbalclub. Hoewel het van oudsher een echte jongens- en mannensport is, wordt voetbal de laatste jaren ook bij vrouwen en meisjes snel populairder. Er zijn tegenwoordig meer dan 100.000 meisjes of vrouwen lid van een voetbalclub en sinds 2006 is er een professionele vrouwenvoetbalcompetitie. Amateurvoetballers trainen vaak één of twee avonden per week en spelen zaterdag of zondag een wedstrijd. Dit betekent in de dagelijkse praktijk dat de eettijden moeten worden aangepast aan de trainingstijd en ook dat kinderen vaak naar trainingen en wedstrijden gebracht en gehaald moeten worden. Als het elftal een wedstrijd bij een andere voetbalclub (een uitwedstrijd) speelt, moet het vervoer vaak door de ouders geregeld worden. Daarnaast zijn zij ook regelmatig nodig als begeleider. Veel ouders komen kijken naar de wedstrijden van hun kinderen. Na de wedstrijd wordt door de spelers en toeschouwers nog wat gedronken in de sportkantine van de voetbalclub.

Op zondag wordt er veel gekeken naar de samenvattingen van de gespeelde voetbalwedstrijden van de landelijke voetbalcompetitie. De uitzendingen van de internationale wedstrijden van de Nederlandse topclubs en het Nederlands elftal trekken miljoenen televisiekijkers. Belangrijke overwinningen op internationale voetbaltoernooien leiden tot ongekende uitbarstingen van enthousiasme, ook wel 'het oranjegevoel' genoemd. Er worden veel oranje artikelen gemaakt en verkocht, van koek tot sjaal en van slingers tot spuitbussen. Vooral tijdens de beslissende wedstrijden die rechtstreeks op de televisie worden uitgezonden is er vrijwel niemand op straat.

Voetbal is een van de oudste sporten in Nederland. De Nederlandse voetbalbond, de KNVB, is in 1889 opgericht. In 1904 volgde de Internationale Voetbalfederatie (FIFA), de organisatie waarbij de nationale voetbalbonden zijn aangesloten.

Zwemmen

Kinderen in Nederland beginnen meestal al op jonge leeftijd, als zij zo'n jaar of vijf zijn, met zwemles. In een waterrijk land als

Nederland is het behalen van een zwemdiploma door de kinderen voor ouders heel belangrijk. Er zijn diverse zwemdiploma's. Het eerste is diploma A, waarvoor alle basisvaardigheden moeten worden aangeleerd. De kinderen moeten rugzwemmen en onder water zwemmen en oefenen borstcrawl en de vlinderslag. Bij het diploma B gaat het vooral om het uithoudingsvermogen. Kinderen leren dan langere afstanden te zwemmen en moeten ook een grotere afstand onder water overbruggen. Voor beide diploma's moeten de kinderen ook voor een deel met kleding aan zwemmen. Veel basisscholen verzorgen zwemles onder schooltijd. Dat gebeurt vaak in de groepen vier en vijf. De meeste kinderen hebben dan vaak al één of meer diploma's gehaald. Degenen die nog geen zwemdiploma hebben kunnen dat tijdens het schoolzwemmen halen en andere kinderen kunnen een volgend diploma proberen te halen. Na het 'veterstrikdiploma', het leren strikken van de schoenveters, is het zwemdiploma vaak het eerste diploma van een Nederlands kind.
Nederland telt ruim achthonderd openbare zwembaden. Daarnaast zijn er enkele duizenden therapiebaden en zwemgelegenheden die semi-openbaar zijn (bijvoorbeeld in hotels en op campings). In ongeveer 1,2 miljoen huishoudens wordt gezwommen. Behalve kinderen zwemmen vooral vrouwen tussen 25 en 65 jaar veel. Dat geldt zowel voor hoogopgeleide vrouwen als voor huisvrouwen.

Tennis

Tennis wordt vooral in 'rijkere' gemeenten beoefend. Het was van oudsher een sport voor de hogere inkomens, maar tegenwoordig spelen zo'n anderhalf miljoen Nederlanders tennis en dit aantal groeit nog steeds. Het wordt in tegenstelling tot veel andere sporten door ongeveer evenveel mannen als vrouwen gespeeld en heeft zich ontwikkeld tot een echte familiesport. Vaak zijn hele gezinnen (partners, ouders en hun kinderen) lid van een tennisclub. Deze organiseren ook regelmatig ouder-kindcompetities waarin een ouder en kind spelen tegen een andere ouder met kind. Kinderen kunnen vanaf hun zesde of zevende op tennisles en kunnen dit na een bepaalde lesperiode desgewenst combineren met het spelen van toernooien en competitiewedstrijden. Overigens speelt de helft van het aantal tennissers niet in clubverband, maar op een gehuurde of privé-tennisbaan. Vooral in Noord-Holland, Brabant en Utrecht wordt veel getennist. Tennis is een oude sport in Nederland. De Nederlandse Lawn Tennis Bond bestaat al sinds 1899.

Schaatsen

Schaatsen is vooral in Friesland en Noord-Holland, gebieden met veel meren, plassen en sloten, populair. Zodra het een aantal

dagen achter elkaar vriest en het ijs sterk genoeg is, worden de schaatsen te voorschijn gehaald. De vorstperiodes in Nederland zijn vaak kort. Zij duren gemiddeld maar een aantal dagen. Voor de vele winters waarin het niet hard of lang genoeg vriest om op natuurijs te kunnen schaatsen heeft Nederland zo'n 22 overdekte ijsbanen. Hierdoor duurt het schaatsseizoen tegenwoordig van medio oktober tot en met medio maart. Elk seizoen ontvangen de ijsbanen zo'n 2,2 miljoen bezoekers. Nederland telt ongeveer 450.000 actieve schaatsers. Hiervan zijn een kleine 170.000 lid van een van de 755 verenigingen die zijn aangesloten bij de Koninklijke Nederlandse Schaatsenrijders Bond (KNSB). De Nederlandse wedstrijdschaatsers behoren van oudsher tot de medaillekandidaten tijdens internationale wedstrijden.

Het belangrijkste nationale schaatsevenement is de Friese Elfstedentocht. De tweehonderd kilometer lange schaatstocht gaat langs de elf Friese steden: Leeuwarden, Sneek, IJlst, Sloten, Stavoren, Hindeloopen, Workum, Bolsward, Harlingen, Franeker en Dokkum en eindigt weer in Leeuwarden. De deelnemers schaatsen over meren en sloten tussen de weilanden en onder bruggen door en worden aangemoedigd door de honderdduizenden toeschouwers die langs de route staan. Het grootste deel van de overige Nederlanders kijkt naar de rechtstreekse televisie-uitzending van de tocht. De professionele wedstrijdrijders rijden de tocht afhankelijk van de weersomstandigheden en de kwaliteit van het ijs in zeven tot elf uur. De overige schaatsers doen er veel langer over.

Hoewel de tocht al eerder werd geschaatst, vond de eerste officiele Elfstedentocht in 1909 plaats. Sindsdien is de Elfstedentocht vijftienmaal gereden, de laatste keer in 1997. Dat de tocht maar weinig gereden wordt komt doordat voor een Elfstedentocht het ijs op de hele route minimaal vijftien centimeter dik moet zijn. Soms worden er ijstransplantaties uitgevoerd op die stukken waar gaten in het ijs (wakken) aanwezig zijn, en op te zwakke plekken in de route worden 'kluunvoorzieningen' gebouwd. Dit zijn houten betimmeringen die over de zwakke plekken in het ijs of op de kant zijn geplaatst en waar de schaatsers overheen kunnen lopen (klunen). Zodra het langere tijd vriest, ontstaat de zogenoemde elfstedenkoorts, waarbij heel Nederland in spanning zit of de tocht kan doorgaan. De dikte van het ijs op de route wordt soms meerdere malen per dag gemeten en hiervan wordt op de televisie verslag gedaan.

Er rijden tegenwoordig maximaal 250 wedstrijdrijders en 16.000 toerrijders mee. Het aantal Nederlanders die de tocht willen rijden is vele malen groter dan het maximumaantal deelnemers. Maar men kan de Elfstedentocht alleen rijden als men lid is van de Vereniging De Friese Elfsteden. De vereniging heeft een maximaal aantal leden en een jarenlange wachtlijst. Vaak is men tegen de tijd dat men lid kan worden te oud om de tocht te rijden. De wedstrijdrijders rijden elk jaar de alternatieve elfstedentocht in het buitenland.

Hockey

Vooral in rijke gemeenten wordt gehockeyd. Daarmee lijkt hockey, net als tennis, een sport die vooral door de mensen met 'hogere inkomens' wordt beoefend. Behalve in rijke gemeenten wordt er vooral veel gehockeyd in de provincie Noord-Brabant en rond de steden Amsterdam en Utrecht. Hockey is al lang populair in Nederland. In 1895 werd het eerste Nederlandse kampioenschap gehouden. De vele internationale successen van zowel het herenals het dameshockeyteam hebben bijgedragen tot de populariteit van hockey in Nederland. Tegenwoordig heeft de Koninklijke Nederlandse Hockeybond meer dan 150.000 leden.

Volleybal

Volleybal is na voetbal de meest beoefende teamsport in Nederland en wordt ook veel op scholen gespeeld. Het Nederlandse herenvolleybalteam heeft nog niet zo lang geleden veel internationale successen behaald, waaronder het Europese en wereldkampioenschap. Er zijn circa 1500 volleybalclubs in Nederland. De volleybalbond NeVoBo heeft ongeveer 130.000 leden en bezet daarmee de zesde plaats in de top-15 van grote sportbonden in Nederland. De sport is favoriet in de grensgebieden met Duitsland en in de noordelijke provincies. De sport is vooral na de Tweede Wereldoorlog snel populair geworden. De Nederlandse Volleybal Bond werd in 1947 opgericht.

Korfbal

Korfbal is in Nederland, na voetbal, volleybal en hockey, de vierde teamsport in Nederland. Het is van oudsher een typisch Nederlandse sport die in 1902 is ontwikkeld door de Amsterdamse onderwijzer Nico Broekhuysen. Het is in tegenstelling tot andere teamsporten een gemengde sport, waarbij jongens en meisjes of mannen en vrouwen samen in één team spelen onder precies dezelfde omstandigheden. Veel basisscholen hebben korfbalteams die in de regio wedstrijden tegen elkaar spelen. Er zijn ruim honderdduizend korfballers, van wie ruim veertigduizend jonger dan negentien jaar zijn. Er zijn verspreid over Nederland zo'n 640 korfbalverenigingen. Korfbal wordt niet alleen in Nederland beoefend. Internationaal gezien zijn er bijna vijftig landen waar de korfbalsport beoefend wordt. Korfbal is vooral in Friesland en in delen van Noord-Brabant populair.

Overige sporten

Fitness is de laatste jaren na voetbal de populairste manier van sportbeoefening in Nederland. Zo'n 2,5 miljoen mensen sporten wekelijks in meer dan 1800 sportscholen en fitnesscentra in Nederland. Vooral volwassenen fitnessen, vaak om hun conditie of hun figuur te verbeteren. Veel fitnesscentra hebben ook andere faciliteiten zoals een sauna en zonnebank. Fitness is misschien in vergelijking met andere sporten meer gericht op de uiterlijke resultaten.

Vroeger reden vooral rijkere Nederlanders paard voor hun plezier. Doordat er nu veel plaatsen zijn waar men in beslotenheid kan paardrijden en paarden kan huren of verzorgen (maneges), is paardrijden in principe voor iedereen mogelijk. Toch behoort het nog tot de duurdere sporten, omdat de paardrijkleding en het volgen van de lessen niet goedkoop zijn. Nederland telt naar schatting tussen de 900 en 1300 maneges. Een gemiddelde manege heeft zo'n driehonderd ruiters. Negen van de tien rijden op een manegepaard en één op een eigen paard dat bij de manege gestald is. Daarnaast zijn er nog de Nederlanders die één of meer eigen paarden uit een eigen stal berijden.

Basketbal is wereldwijd een van de populairste en meest beoefende sporten, maar in Nederland behoort de sport met zo'n 50.000 bij de basketbalbond aangesloten spelers tot de 'kleinere' sporten.

Maar veel Nederlanders spelen zonder lid te zijn van een vereniging wel eens basketbal op school of op een pleintje in de buurt. De Nederlandse Basketbal Bond werd in 1947 opgericht en telt nu zo'n 450 verenigingen en telt zo'n 400.000 spelers. De sport is vooral in enkele grote steden populair.
Skeeleren is een betrekkelijk nieuwe, maar erg populaire sport in Nederland, die het hele jaar door beoefend kan worden. Skeelers zijn een soort schaatsen op wieltjes. Er is een groeiend aantal professionele skeelerwedstrijden, skeelertoertochten en skeelerverenigingen in Nederland. Er zijn tegenwoordig zo'n 220 centra en scholen, skeelerbanen, verenigingen, stichtingen en parkoersen. Ook bij de meeste overdekte ijsbanen zijn 's zomers voorzieningen om te skaten en te skeeleren. Vaak kan men hier ook skeelers en skates huren en worden er lessen gegeven in de basistechniek. De sport wordt in ongeveer 620.000 huishoudens vooral in Zuidwest-Nederland beoefend en vooral in de gebieden net buiten de grote steden en in Brabant.

BIBLIOTHEEK

Algemeen

Zo'n vier miljoen mensen zijn lid van een van de ongeveer dertienhonderd openbare bibliotheken in Nederland. Daarnaast zijn er ook veel mensen die geen lid zijn, maar wel gebruikmaken van de bibliotheek. Hier kunnen behalve boeken cd's, cd-rom's, dvd's en soms bladmuziek geleend worden. Ook zijn er kranten, tijdschriften en naslagwerken als encyclopedieën aanwezig. Deze worden niet uitgeleend, maar kunnen wel in de bibliotheek worden gelezen of ingekeken. Alle vestigingen van de bibliotheek zijn openbaar, dus voor iedereen toegankelijk. Tijdens de openingsuren kan men er iets lezen of opzoeken, studeren of werken. Hiervoor hoeft men geen lid van de bibliotheek te zijn. De meeste bibliotheken hebben ook werkplekken waar men kan internetten, tekstverwerken, printen en kopiëren. Om materialen, boeken, cd's of dvd's te lenen moet men wel lid van de bibliotheek zijn.

De collectie

De boeken zijn ingedeeld in verschillende categorieën zoals informatieve boeken, romans en kinderboeken. In de bibliotheken staan informatieve boeken op onderwerp bij elkaar. Leesboeken of romans staan op alfabetische volgorde van de achternaam van de schrijver van het boek. In de meeste bibliotheken wordt door middel van een sticker met een symbool aangegeven wat voor soort boek het is (bijvoorbeeld een roman, een detective of sciencefiction). In de bibliotheek kan men uitleg krijgen over de betekenis van de symbolen. De meeste bibliotheken en vooral de grotere hebben collecties boeken in verschillende talen. Ook zijn er voor ouderen en slechtzienden zogenoemde groteletterboeken verkrijgbaar. Elke bibliotheek heeft een uitgebreide collectie voor de jeugd, variërend van eerstewoordjesboeken tot prentenboeken en van leesboeken tot informatieve boeken. Bij kinderboeken geeft een gekleurde sticker aan voor welke leeftijd het boek geschikt is. Ook wordt aangegeven voor welk leesniveau het bedoeld is. Ook zijn er vaak kinderboeken in verschillende talen aanwezig.

Veel bibliotheken organiseren speciale activiteiten als lezingen, voordrachten, exposities en voorleesmiddagen voor (kleine) kinderen. Er zijn ook bibliotheken met zogenoemde leeskringkoffers. In deze koffers zitten meerdere exemplaren van een boek, zodat alle deelnemers van een zogenoemde leeskring tegelijk hetzelfde boek kunnen lezen en bespreken. Elke bibliotheek heeft een informatiebalie waar men vragen over de bibliotheek en de collectie kan stellen en boeken kan reserveren.

Bijzondere bibliotheken

In Nederland rijden zo'n zeventig zogenoemde bibliobussen rond. Dit zijn vrachtwagens met een oplegger waarin een kleine bibliotheek is gevestigd. De ene helft van de bibliobussen rijdt door de buitenwijken van de grote steden en de andere helft heeft zijn route op het platteland. Er zijn speciale bibliotheken met boeken in brailleschrift voor blinden en slechtzienden, die men met de vingertoppen kan lezen. Ook zijn er zogenoemde gesproken of luisterboeken. Dit zijn boeken die zijn ingesproken op een cassettebandje of cd-rom. De plaatselijke bibliotheek kan hierover meer informatie geven. Er is vaak ook een speciale bibliotheekservice voor ouderen. In de zomermaanden zijn er in de populaire kustplaatsen veertien zogenoemde strandbibliotheken geopend.

Hoe word je lid?

Iedereen kan lid worden van de bibliotheek door zich in te schrijven bij een bibliotheek in de woonplaats. Voor de inschrijving moet een geldig legitimatiebewijs worden meegenomen en meestal ook een bewijs waarop het woonadres staat. Voor kinderen jonger dan zestien jaar moet het inschrijfformulier door de ouders worden ondertekend. Een lidmaatschap is een jaar geldig en wordt hierna telkens automatisch verlengd, tenzij het lidmaatschap wordt opgezegd. De kosten van het lidmaatschap zijn per gemeente verschillend. Kinderen tot achttien jaar kunnen gratis lid worden van de bibliotheek.

De geschiedenis van de bibliotheek

Lezen en schrijven waren in Nederland tot de twaalfde, dertiende eeuw voornamelijk voorbehouden aan de kerk. Boeken werden niet zoals nu gedrukt, maar met de hand overgeschreven. Dit werd gedaan door monniken in kloosters (hier komt overigens de uitdrukking 'monnikenwerk' vandaan). De kloosters hadden daardoor hun eigen bibliotheken. Het oudste bewaard gebleven bibliotheekgebouw is de Zutphense librije. Deze werd in de tweede helft van de zestiende eeuw gebouwd. Er stonden houten banken en tafels (lessenaars) waaraan de boeken met kettingen vastzaten. Boekverzamelingen waren ook na de uitvinding van de boekdrukkunst lange tijd uitsluitend in het bezit van kerken, kloosters en rijke mensen. De weinige bibliotheken waren alleen toegankelijk voor 'geleerde' mannen. Vrouwen en kinderen hadden net als het gewone volk geen toegang tot de bibliotheek. Dit veranderde toen de predikant Jan Nieuwenhuyzen in 1784 de Maatschappij tot Nut van 't Algemeen oprichtte. De stichting vond het belangrijk dat de bevolking kon lezen en dat boeken voor iedereen toegankelijk waren. In 1794 werd de eerste Nutsbibliotheek in Haarlem opgericht. De collectie telde dertig boeken. Omdat de vereniging de verzameling blijkbaar ook wat aan de kleine kant vond, werden een paar dikke boeken in verschillende stukken gedeeld. Er meldden zich meteen na de opening van de bibliotheek al 73 lezers. In 1870 waren er 310 Volksbibliotheken met een totale boekenvoorraad van 130.000 exemplaren en 23.000 ingeschreven lezers. In 1892 werd in Utrecht de eerste openbare leeszaal in Nederland geopend. In de periode hierna ontstonden veel verschillende bibliotheken, waaronder algemene, katholieke en christelijke. Tegenwoordig bestaan er, naast besloten en universiteitsbibliotheken, uitsluitend de voor iedereen toegankelijke openbare bibliotheken.

MUZIEKSCHOLEN, CREATIVITEITSCENTRA EN CENTRA VOOR DE KUNSTEN

Algemeen

Er bestaan in Nederland muziekscholen, creativiteitscentra en een combinatie van deze twee. De benaming en organisatie verschillen per gemeente, maar bij elkaar vormen zij zo'n 230 centra voor de kunsten. De helft hiervan zijn muziekscholen en een vierde deel zijn creativiteitscentra. Bijna een half miljoen Nederlanders volgt lessen of een cursus bij een muziekschool, creativiteitscentrum of een gecombineerde instelling. Van hen volgt ruim 60 procent muziekonderwijs en een kwart dans en beeldende vorming. Muziekscholen worden het meest door jongeren bezocht. Van het aantal leerlingen bij een muziekschool is 5 procent dansleerling. Vooral bij creativiteitscentra, maar ook bij de gecombineerde instellingen, zijn in verhouding meer volwassenen ingeschreven.

Op muziekscholen kunnen kinderen maar ook volwassenen, naast school of werk een instrument leren bespelen, noten leren lezen en in een ensemble of band spelen. Bij creativiteitscentra kunnen volwassenen, maar ook kinderen bijvoorbeeld leren boetseren of beeldhouwen en tekenen of schilderen. Het aanbod van cursussen is per muziekschool en creativiteitscentrum verschillend. Het hangt onder meer af van de grootte en de financiële tegemoetkoming van de overheid (subsidie). De meeste muziekscholen en creativiteitscentra krijgen subsidie van de gemeente. Dit bedrag is per gemeente verschillend. Ook de eigen bijdrage die een cursist moet betalen is per gemeente verschillend en soms afhankelijk van het eigen inkomen of dat van de ouders. Men kan meestal alleen les krijgen op de muziekschool of het creativiteitscentrum in de gemeente waar men woont.

De muziekschool

Hoewel het cursusaanbod per muziekschool heel verschillend kan zijn, begint dit meestal al met muziekcursussen voor peuters en kleuters. Deze leren hier kinderliedjes zingen en bewegen op muziek. Er zijn voor kleuters en leerlingen van de eerste klassen van de basisschool oriëntatiecursussen waar kinderen kunnen kennismaken met de verschillende instrumenten en het notenschrift. Hierna volgt over het algemeen een keuze voor het instrument dat men wil leren bespelen. De populariteit van de verschillende instrumenten verschilt per periode en per regio, maar over het algemeen zijn keyboard, gitaar, drums, piano en viool veel bespeelde instrumenten. De lestijd verschilt per muziekschool en is vaak afhankelijk van de hoogte van de gemeentelijke subsidie. Een leerling kan alleen les hebben of in een groep en afhankelijk hiervan varieert de lestijd van twintig tot 45 minuten per week. De meeste muziekscholen hebben ook een schoolorkest en verschillende ensembles waar men het samenspelen kan beoefenen. Een leerling van een muziekschool volgt hier gemiddeld gedurende zo'n vijf à zes jaar lessen. Heel goede, talentvolle en gemotiveerde leerlingen van de muziekschool kunnen als zij dit willen na hun examen van de middelbare school toelatingsexamen voor het conservatorium doen. Het conservatorium is een onderdeel van de Hogeschool voor de Kunsten. Hier worden hogere beroepsopleidingen voor creatieve beroepen gegeven. Voor toelating tot het conservatorium wordt overigens wel minimaal een havo-diploma gevraagd.

Aanmelden
De meeste muziekscholen, creativiteitscentra en centra voor de kunsten hebben eenmaal per jaar, meestal in het voor- of najaar, een open dag. Kinderen en hun ouders kunnen dan vrijblijvend kennismaken met de instelling en krijgen informatie over het cursusaanbod en de werkwijze. Ook wordt op de open dag informatie gegeven over de verschillende mogelijkheden, de kosten en de wijze van inschrijven. Het kan overigens voorkomen dat er vooral voor muziekonderwijs een wachtlijst voor bepaalde instrumenten of cursussen bestaat. Bij de eerste oriëntatie of kennismakingscursussen voor jonge kinderen wordt over het algemeen gebruikgemaakt van muziekinstrumenten van de muziekschool zelf. Als kinderen of volwassenen een keuze hebben gemaakt voor het instrument dat ze willen gaan bespelen, zullen ze zelf het instrument moeten aanschaffen. In een aantal gevallen bestaat ook de mogelijkheid om een instrument te huren.

VRIJWILLIGERSWERK

Algemeen
Vrijwilligerswerk is werk dat onverplicht en onbetaald wordt verricht voor anderen of voor de samenleving. De naam vrijwilligerswerk is ontstaan in de negentiende eeuw. In die tijd zetten vooral rijke vrouwen zich vrijwillig in voor armen en zieken. Ook veel nonnen werkten als vrijwilliger in vooral de ziekenzorg en het onderwijs. Veel van dit vrijwilligerswerk werd later betaald werk. Het aantal Nederlanders dat vrijwilligerswerk doet stijgt de laatste jaren. Bijna 40 procent van de volwassen bevolking van Nederland, ruim zes miljoen mensen, doet vrijwilligerswerk.

Wat is vrijwilligerswerk?
Om te voorkomen dat de naam vrijwilligerswerk niet goed wordt gebruikt, moet het voldoen aan een aantal voorwaarden:
- het werk moet een algemeen maatschappelijk belang dienen;
- het werk mag geen winstoogmerk hebben (er mag geen winst gemaakt worden);
- het werk mag niet concurrerend zijn met betaald werk;
- het werk moet een aanvullend karakter hebben en niet in de plaats komen van betaald werk.

Waarom vrijwilligerswerk?
Er zijn veel verschillende redenen om vrijwilligerswerk te doen. Het kan leuk zijn om iets voor een ander, de sportvereniging of voor de eigen wijk te doen. Het is vaak erg dankbaar werk dat een opstap en aanloop kan zijn naar andere activiteiten of zelfs naar

betaald werk. Voor degenen die nog niet lang in Nederland wonen is vrijwilligerswerk een heel goede manier om meer te leren over de Nederlandse taal, cultuur, omgangsvormen en gewoonten. Het kan ook meehelpen om sociaal isolement te voorkomen. Men leert met vrijwilligerswerk andere mensen kennen en is zinvol bezig.

Organisaties voor vrijwilligers

Er is in Nederland altijd een tekort aan vrijwilligers. Wie interesse heeft kan natuurlijk zelf op zoek gaan naar vrijwilligerswerk en bijvoorbeeld informeren bij de sportvereniging of school van de eventuele eigen kinderen. Daarnaast zijn er een aantal landelijke en heel veel regionale, gemeentelijke en wijkvrijwilligersorganisaties. Grote bekende landelijke organisaties zijn De Vrijwilligerscentrale en De Unie Van Vrijwilligers (UVV). Landelijke organisaties die veel gebruikmaken van vrijwilligers zijn bijvoorbeeld: het Rode Kruis en Stichting De Zonnebloem. Iedereen die dat wenst kan contact opnemen met een van deze organisaties om te vragen wat de mogelijkheden zijn. Het soort vrijwilligerswerk is per organisatie heel verschillend.

Vrijwilligerswerk in de gezondheidszorg

In de gezondheidszorg werken veel vrijwilligers in de ontmoetingsruimten voor ouderen en gehandicapten. Maar ook bij activiteiten zoals (volks)dansen, zwemmen, zingen, gymnastiek en lees- en gespreksgroepen worden zij ingezet. De meesten van de begeleiders bij uitjes of vakanties van chronisch zieken of gehandicapten zijn vrijwilligers. Men kan als vrijwilliger zieke of eenzame mensen bezoeken en ze begeleiden of vervoeren naar bijvoorbeeld een arts of ziekenhuis. Ook veel ziekenhuizen en verpleeghuizen maken gebruik van vrijwilligers voor werkzaamheden als gastvrouw of gastheer bij opname in polikliniek, huiskamer of sociëteit, het ronddelen van boeken en tijdschriften, begeleiding naar therapie en kerkdiensten, het verzorgen van bloemen en het werken in het ziekenhuiswinkeltje.

Vrijwilligerswerk in buurthuis of speeltuin

In het sociaal-cultureel werk, waaronder bijvoorbeeld buurthuizen en speeltuinen vallen, werken zo'n 25.000 werknemers en zo'n 76.000 vrijwilligers. In de 900 speeltuinen werken enkele tientallen betaalde werknemers en ongeveer 23.000 vrijwilligers. Zonder vrijwilligers zouden de speeltuinen en buurthuizen niet (op deze manier) kunnen bestaan. Dit geeft aan hoe belangrijk vrijwilligerswerk ook hier is. Het betekent ook dat er heel veel verschillende soorten vrijwilligerswerk zijn. Voor de buurthuizen kunnen die bijvoorbeeld bestaan uit het geven van cursussen of het begeleiden van activiteiten. Bij speeltuinen moet toezicht worden gehouden en moeten de speeltoestellen worden onderhouden en gerepareerd.

Vrijwilligerswerk bij een sportclub

Van de 30.000 sportclubs in Nederland heeft maar 17 procent betaalde werknemers in dienst en deze werken bovendien meestal in deeltijd. Er werken bij alle sportclubs in totaal zo'n 540.000 vrijwilligers. Zij doen het werk waarvoor, zonder vrijwilligers, 50.000 betaalde werknemers nodig zouden zijn. Zonder vrijwilligers zou het lidmaatschap voor veel mensen niet meer te betalen zijn. Het betekent wel dat iedereen onbetaald moet helpen. Bij veel sportclubs is er behoefte aan scheidsrechters, elftalbegeleiders, ouders die competitiespelers met hun auto willen vervoeren, onderhouds- en administratieve klusjes willen doen, kantinewerkzaamheden willen verrichten en activiteiten willen organiseren en begeleiden.

Bestuurswerkzaamheden

Ruim een kwart miljoen mensen hebben één of meer bestuursfuncties waarvoor zij niet betaald worden. Zij besteden een deel van hun vrije tijd aan het runnen van sportclubs, scholen, instellingen en politieke partijen. Daarnaast zijn er tienduizenden mensen actief in besturen van belangenorganisaties (minderhedenplatforms, beroepsverenigingen, vakbondscommissies en wijkverenigingen) en enkele duizenden die zich inzetten voor solidariteitsverenigingen als Amnesty International. Volgens een schatting op basis van geregistreerde verenigingen en stichtingen zijn er 170.000 bestuursleden werkzaam bij sportverenigingen, 60.000 bij kerken, 50.000 in het onderwijs, 28.000 bij amateurkunst en -cultuur, 16.000 bij professionele kunst en cultuur, 12.000 in de politiek, 7000 bij welzijn en 1000 bij natuur en milieu.

Doordat er veel bestuurders nodig zijn, is er vaak een tekort aan bestuursleden. Hierdoor vervullen bestuursleden hun functie langer dan zij zouden willen. Ook kan het voorkomen dat een bestuursfunctie niet (op tijd) opgevuld wordt. De soort functies, de werkzaamheden en de 'zwaarte' ervan hangen natuurlijk af van club of vereniging, en de grootte hiervan. Bestuursfuncties zijn leerzaam en worden gezien als waardevolle aanvulling op werkervaring en netwerk.

Allochtonen zijn sterk ondervertegenwoordigd in het vrijwilligerswerk, vooral in bestuurlijke functies. Dit geldt ook voor bestuursfuncties bij sportverenigingen. Uit een onderzoek door NOC*NSF blijkt dat, hoewel zij 10 procent van de bevolking vormen, zij nog geen 2 procent van de bestuurlijke functies uitoefenen.

ETEN EN DRINKEN

ALGEMEEN

De oorspronkelijk Nederlandse keuken is eenvoudig. De meeste traditioneel Nederlandse gerechten zijn een mengsel van aardappelen en groente waaraan soms vlees is toegevoegd (stamppotten). Ze zijn vooral en waarschijnlijk zelfs alleen bij de Nederlanders zelf populair.

De laatste tientallen jaren zijn de Nederlandse eetgewoonten meer beïnvloed door buitenlandse keukens. Er worden tegenwoordig ook veel gerechten gegeten die van oorsprong uit China, Italië, Spanje of Turkije afkomstig zijn. Deze andere eetgewoonten bestaan naast de Nederlandse kooktraditie en hebben de oorspronkelijke keuken niet beïnvloed. Nog steeds staat bij Nederlanders drie tot viermaal per week de klassieke combinatie aardappelen, vlees en groente op tafel. Bij oudere Nederlanders is dit zelfs vijf tot zes keer per week. De meeste Nederlanders eten samen met het gezin aan tafel. Zo'n 85 procent van de gezinnen heeft vier tot vijf keer per week een gezamenlijke maaltijd en twee derde van de Nederlanders eet zelfs zes tot zeven keer per week met elkaar.

GESCHIEDENIS VAN HET HOLLANDSE ETEN

In Nederland bestaat het idee dat een traditionele Nederlandse maaltijd altijd al bestond uit afzonderlijk bereide en opgediende aardappelen, groente en vlees met jus. Toch is dit eten pas na 1850 algemeen bekend geworden. Daarvoor waren eenpansgerechten heel gewoon. Het eten van aardappelen, oorspronkelijk afkomstig uit Zuid-Amerika, vond pas ingang vanaf het begin van de zeventiende eeuw. Voor die tijd at men vooral maaltijden op basis van peulvruchten, granen of boekweit. Vanaf het midden van de negentiende eeuw beschikten steeds meer huishoudens over een kookkachel of fornuis. Daardoor kon men met meerdere pannen tegelijk een maaltijd bereiden.
In de zeventiende eeuw begonnen rijke Nederlanders de maaltijd met een salade van koude, gekookte groente of groene sla, aangemaakt met zout, azijn, olijfolie en lekker ruikende bloemen en kruiden. Hierna werd een pastei met vis, vlees of gevogelte gegeten. Tot slot at men graag iets van gebak, bijvoorbeeld wafels, vlaaien, oliekoeken of pannenkoeken. Ook pudding, pap en kandeel (een warm wijngerecht) waren populair.

NEDERLANDSE EETGEWOONTEN EN -TIJDEN

Algemeen

De dagindeling voor eten en drinken ligt in Nederland traditioneel gezien tamelijk vast. De dag begint met een al dan niet gezamenlijk ontbijt. Om halfelf is het koffietijd en drinkt men zo'n twee kopjes koffie. Om een uur of één 's middags is het lunchtijd. Om een uur of drie drinkt men thee of koffie. 's Avonds om een uur of zes is de avondmaaltijd. Om een uur of acht 's avonds drinkt men koffie of thee. Rond elf uur gaan de meeste mensen naar bed.

Het ontbijt

Vroeger was het gebruikelijk dat een gezin de dag begon met een gezamenlijk ontbijt. De tafel werd gedekt met een ontbijtkleed en ontbijtservies, brood, beschuit en broodbeleg. Bij het ontbijt en andere broodmaaltijden eten Nederlanders vooral gesneden bruin of wit brood (boterhammen). Het typisch Nederlandse broodbeleg bestaat vaak uit suiker, stroop, hagelslag, jam, chocoladepasta, pindakaas en kaas of worst. Bij het ontbijt wordt thee of melk gedronken. Ook havermoutpap, cornflakes en muesli worden tegenwoordig veel gegeten, net als het drinkontbijt. Dit is meestal een kant-en-klaar mengsel van een yoghurtdrank met vruchtensap. Tegenwoordig wordt steeds minder vaak gezamenlijk ontbeten. Driekwart van de Nederlanders ouder dan twaalf jaar ontbijten dagelijks.

Het middageten

De middagmaaltijd, de lunch, vindt meestal plaats rond één uur. De lunch is bijna altijd een broodmaaltijd. Vroeger werd vooral op het platteland tussen de middag een warme maaltijd gegeten. Maar omdat steeds minder mensen, ook op het platteland, 's middags naar huis kunnen om te eten, wordt ook hier tegenwoordig meestal brood gegeten.

Het avondeten

Uit onderzoek naar de hedendaagse eetgewoonten van Nederlanders blijkt dat er de laatste tientallen jaren grote verschillen zijn ontstaan tussen de eetgewoonten van jongeren tot 35 jaar en ouderen vanaf 55 jaar. Die verschillen uiten zich onder meer in de gerechten die men eet. Bij ouderen zijn dat nog bijna altijd gekookte aardappelen met groente en vlees, de traditionele 'Hollandse pot'. Jongeren eten steeds vaker pasta of rijst. De middengroep, van 35 tot 55 jaar, scoort daar precies tussenin. Zij eten zowel traditioneel met aardappelen met groente en vlees als pasta en rijstgerechten. Ook blijkt dat de tijd waarop de warme maaltijd wordt gebruikt verandert. Dat was vroeger bijna standaard rond zes uur 's avonds. Jongeren blijken nogal eens van eettijd te wisselen; de ene dag kan het vijf uur 's middags zijn, de andere dag weer halfacht. De middengroep gaat bijna altijd tussen halfzes en zes uur aan tafel. Datzelfde geldt overigens ook voor de groep ouderen, maar een deel van hen gebruikt de warme maaltijd nog tussen de middag en eet 's avonds een broodmaaltijd.

Het merendeel van de volwassen vindt, zo blijkt uit onderzoek, het eten van de warme maaltijd een plezierig moment van de dag. Kinderen denken daar weer anders over; de helft vindt het zonde van de tijd en heeft liever brood. En hoewel de meeste Nederlanders de warme maaltijd nog met het hele gezin tegelijk gebruiken, valt op dat er toch steeds meer mensen met het bord op schoot voor de televisie zitten te eten. Een groot deel van alle Nederlanders ouder dan twaalf jaar blijkt de maaltijden wel eens te prakken en een deel doet dat zelfs vrijwel elke dag.
Populaire toetjes (nagerechten) zijn fruit, of vla of pudding. Op zon- en feestdagen wordt er vaak soep als voorgerecht geserveerd. Op zaterdagavond eten veel gezinnen in plaats van een warme maaltijd een broodmaaltijd.
Men vindt, blijkt uit onderzoek, de gezamenlijke avondmaaltijd belangrijk omdat de gezinsleden elkaar onder het eten kunnen spreken. Jongeren praten tijdens de warme maaltijd meestal over het werk en over vrienden en kennissen, terwijl de middengroep meer geïnteresseerd blijkt te zijn in werk, school en hobby's. Ouderen praten meer over de familie en het nieuws, terwijl dit ook de groep is waar nog het meest gebeden wordt voor het eten.

TYPISCH HOLLANDS ETEN

Stamppot

Nederlanders eten van oudsher graag stamppot. Dit zijn gekookte aardappels met groente als boerenkool of zuurkool die na apart gekookt te zijn samen met rookworst of zuurkoolspek in een pan of schaal gestampt worden. Een bekende Hollandse stamppot is hutspot. Deze wordt gemaakt van gekookte aardappelen, wortelen en uien die door elkaar worden gemengd. Eventueel wordt hutspot met klapstuk (vlees) geserveerd. De stamppot wordt op een bord opgeschept, de berg wordt wat aangestampt en vervolgens wordt er in het midden een kuiltje gemaakt. Hierin wordt de jus gegoten. Vervolgens wordt er voorzichtig vanaf de buitenrand gegeten, waarbij de vork met stamppot eerst in het kuiltje met jus gedoopt wordt. Het spel is over als de rand te dun wordt en de jus over het

bord loopt. De traditie van het bouwen van dijken waar de Nederlanders groot in zijn geworden zet zich zo voort in de stamppot met jus.

Boerenkoolstamppot met rookworst is de populairste stamppot in Nederland. Nederlanders beginnen stamppot te eten als het kouder wordt en het liefst als het vriest.
Ook andere stamppotten dan boerenkool worden nog veel gegeten in Nederland. Het recept van stamppot leert men van de ouders of grootouders. Het overgrote deel van de Nederlanders vindt de stamppot thuis het lekkerst, maar zal hem niet zo gauw klaarmaken als er bezoek komt. Mannen zijn, blijkt uit onderzoek naar de Nederlandse eetgewoonten, grotere stamppotliefhebbers dan vrouwen.

Andere typisch Hollandse gerechten

Traditionele Nederlandse gerechten zijn, naast stamppot, bruine bonen met uitgebakken spek en kapucijners met uitgebakken spek en stroop. Nederlanders zijn ook grote soepeters. Meer dan 90 procent van de Nederlanders eet regelmatig soep. In bijna de helft van de gevallen kopen Nederlanders kant-en-klare soep. Maar ook maken ze de soep vaak zelf want dat is, vinden ze, niet alleen gezellig, maar ook gezond. Tot ver in de jaren zestig werd soep vaak helemaal zelf gemaakt: een eigenhandig getrokken bouillon, verse groenten, wat balletjes gehakt of stukjes worst en aan tafel een flinke scheut zoute smaakstof met lavas (maggi) om het af te maken. Tegenwoordig maakt nog maar een kleine minderheid soep op deze manier. De meeste Nederlanders kopen een kant-

en-klare soep en voegen daar zelf nog wat kleine ingrediënten zoals groente of kruiden aan toe. De bekendste Nederlandse soep is erwtensoep. Het is een dikke soep gemaakt van erwten, groenten en stukken worst en spek. Erwtensoep wordt vaak geserveerd met roggebrood met spek. De meest gegeten soep in Nederland is de heldere groentesoep.
Andere typisch Nederlandse gerechten zijn hachee, gebakken ui met kruiden en vlees geserveerd met gekookte aardappelen; hete bliksem, zoete appeltjes, gekookt en geserveerd met spekjes en aardappelen, en pannenkoeken: meel, ei en melk geroerd met zout en in boter gebakken. Poffertjes, de iets kleinere uitvoering van pannenkoeken worden gegeten met gesmolten boter en poedersuiker. Ook gehaktballen en bruinebonensoep en de groenten andijvie en rodekool worden veel gegeten, evenals de papsoorten gortenpap, griesmeelpap, havermoutpap. Ook typisch Nederlands is de oliebol, die voornamelijk genuttigd wordt met oud en nieuw. Als lunchgerecht is de uitsmijter populair. Dit zijn twee spiegeleieren (aan één kant gebakken eieren met een hele dooier) met ham of kaas op twee sneetjes witbrood. De meest gegeten Hollandse snacks zijn frikadel, kroket, gehaktbal, bamischijf, hamburger, kaassoufflé, kipcorn, nasischijf, gehaktstaaf en saté.
Typisch Nederlandse lekkernijen zijn drop, pepernoten, speculaas, paas- en kerststollen, oliebollen en rauwe haring. De eerste maanden van het haringseizoen worden er in Nederland zo'n 160 miljoen haringen gegeten. Men pakt de haring, al dan niet in gesneden rauwe ui gedoopt, aan de staart vast en hapt deze zo met het hoofd achterover af. Nederland is ook een echt koffieland. De gemiddelde Nederlander drinkt zo'n 165 liter koffie per jaar.
Nederlanders in het buitenland schijnen vooral de Nederlandse koffie, drop, pindakaas, hagelslag, zoute haring, gerookte makreel, witlof, bloemkool, speculaas, nasi, kroketten en stamppotten met een kuiltje jus te missen.

SNOEPEN

Nederland behoort tot de wereldtop als het gaat om snoepen. Zo'n 8,5 procent van het budget voor eten wordt uitgegeven aan snoep. Nederlanders eten per persoon per jaar ruim dertig kilo snoep. Biscuit en andere koeksoorten, cake en snijkoek worden het meest gegeten, gevolgd door drop, kauwgom, pepermunt en dergelijke. Op de derde plaats staat chocolade, gevolgd door de hartige zoutjes. Van de hartige zoutjes wordt het meest uitgegeven aan pinda's, noten en rijstcrackers, gevolgd door chips, sticks en cocktailsnacks.

RECEPTEN VAN NEDERLANDSE GERECHTEN

Stamppot boerenkool met worst

Benodigdheden voor vier personen: een kilo boerenkool, een kilo aardappelen, 500 gram rookworst, twee kopjes melk, een kopje water, nootmuskaat, peper, zout, azijn. Extra een pakje jus, of een restantje van de vorige dag. Bereid dit volgens de gebruiksaanwijzing op de verpakking en serveer dit in een apart schaaltje bij de stamppot. Snijd de boerenkool in kleine stukjes en kook deze in water met zout. Doe er, als de kool geslonken is, de geschilde aardappelen bij. Leg de worst erop. Breng alles aan de kook en laat het zachtjes doorkoken tot alles goed gaar is. Dit duurt ongeveer twintig minuten. Neem de worst uit de pan en houd hem warm. Stamp alles goed door elkaar en roer daar de boter, melk, een scheutje azijn en naar smaak zout, peper en nootmuskaat door. Leg de worst erbovenop.

Stamppot zuurkool met spek

Benodigdheden voor vier personen: anderhalve kilo aardappelen, 750 gram zuurkool, 300 gram mager (zuurkool)spek, twee kopjes melk, een kopje water of vocht uit de zuurkool, zout en peper. Extra een pakje jus. Bereid dit volgens de gebruiksaanwijzing op de verpakking en geef dit in een apart schaaltje bij de stamppot. Laat het spek in kokend water een kwartier koken. Doe dan de zuurkool erbij en laat dit geheel zachtjes koken. Kook de aardappelen apart. Stamp dan alles goed door elkaar en warm het geheel nog even goed op. Overigens wordt bij zuurkool met spek ook vaak rookworst gegeten.

Hutspot met klapstuk

Benodigdheden voor vier personen: anderhalve kilo aardappelen, een kilo winterwortelen, een halve kilo vlees (klapstuk), een halve kilo uien, drie kopjes water, twee kopjes melk, 80 gram boter of margarine, zout, peper en nootmuskaat.
Zet het vlees op met kokend water en zout en laat het ruim een uur doorkoken. Schil de aardappelen en boen de wortelen goed schoon. Pel de uien en snijd ze in grove stukken. Doe de aardappelen, wortelen en uien bij het vlees. Breng alles weer aan de kook en laat het doorkoken tot het gaar is. Neem het vlees uit de pan en houd het warm. Stamp de aardappelen en groenten goed door elkaar. Roer de melk en het vet, peper en wat nootmuskaat door de stamppot. Leg het vlees erbovenop.

Hete bliksem

Benodigdheden voor vier personen: een kilo aardappelen, 500 gram zoete appelen, 500 gram zure appelen, 300 gram gerookt spek. Kook het spek dertig minuten in ruim kokend water. Schil de appelen en haal de klokhuizen eruit. Doe de geschilde en in stukjes gesneden aardappelen in de pan en daarbovenop in vieren gesneden zoete appelen. Daarbovenop komen de in vieren gesneden zure appelen. Laat alles in ongeveer twintig minuten gaarkoken en giet het water eraf. Haal de spek uit de pan en snijd het in plakken of kleine stukjes. Stamp de afgegoten aardappelen en appelen door elkaar en leg het spek erbovenop.

Oliebollen

Benodigdheden voor twintig oliebollen: 500 gram oliebollenmeel of zelfrijzend bakmeel, 200 gram rozijnen, 100 gram krenten, een ei, een halve liter melk, zonnebloemolie, poedersuiker, een schuimspaan (lepel met gaatjes), twee metalen eetlepels en keukenpapier

Haal de melk zo'n vijftien minuten voor gebruik uit de koelkast. In een zeef onder koud stromend water rozijnen en krenten afspoelen. Laat de rozijnen en krenten in een kom met ruim warm water zo'n tien minuten wellen. Laat ze hierna uitlekken en droog ze met keukenpapier af. Klop een ei in een schaaltje. Zeef het meel boven een grote kom en doe er twee eetlepels zout bij. Maak in het midden van het meel een kuiltje, doe hier het ei in. Voeg al roerend de melk toe. Zo'n vijf minuten blijven roeren tot glad beslag ontstaat. Rozijnen en krenten erdoor roeren. Kom afdekken met plasticfolie. Beslag daarna niet meer roeren. Zet alvast een met keukenpapier beklede vergiet klaar.

In een frituurpan olie verhitten tot 175 graden Celsius of tot er witte damp vanaf komt. Met een eetlepel beslag uit de kom scheppen en met de andere lepel in de olie schuiven. Oliebollen met circa vijf tegelijk in ongeveer zes minuten goudbruin frituren, halverwege keren. Neem de oliebollen met de schuimspaan uit de pan en laat ze uitlekken op het keukenpapier. Leg de oliebollen op een schaal en bestrooi ze met poedersuiker.

AFVALINZAMELING

ALGEMEEN

Elke inwoner van Nederland heeft per jaar ongeveer 561 kilo afval. Dit betekent dat alle Nederlandse huishoudens gezamenlijk circa negen miljard kilo huishoudelijk afval per jaar produceren. In totaal heeft Nederland inclusief industrie- en bouwafval per jaar zo'n zestig miljard kilo afval. Het afval wordt zoveel mogelijk hergebruikt, of als dit niet mogelijk is verbrand. Een klein deel komt terecht op een gemeentelijke vuilnisstortplaats. Per jaar worden zo'n anderhalf miljard kilo groente-, fruit- en tuinafval (gft) en een miljard kilo oud papier ingezameld.

AFVALSCHEIDING

Het is belangrijk voor het milieu om het afval zo veel mogelijk te scheiden. Het kan dan zo eenvoudig en goedkoop mogelijk hergebruikt of vernietigd worden. Afval kan onderverdeeld worden in papier, glas, groente, fruit en tuinafval (gft) en chemisch afval. Alle papier, kranten, tijdschriften en (kartonnen) dozen en papieren verpakkingen kunnen in de papiercontainer. Er staat in elke wijk of dorp wel een aantal. Oud papier wordt (her)gebruikt om nieuw (kringloop)papier van te maken. Er zijn ook scholen en verenigingen die oud papier inzamelen. Ze brengen dit naar speciale inzamelingspunten waar ze voor elke kilo oud papier een klein bedrag ontvangen. Op deze manier verdienen ze wat geld voor de school of vereniging. Flessen en glazen potten kunnen in de glasbak gegooid worden. Hier kan weer nieuw glaswerk van gemaakt worden. In sommige gemeenten wordt het glas ook op kleur gesorteerd. Groente-, fruit- en tuinafval wordt in veel gemeenten gescheiden ingezameld en opgehaald. In veel gemeenten heeft elk gezin een groene en een grijze afvalcontainer. Groenteafval, etensresten, bloemresten en tuinafval horen in de groene container. Van dit afval wordt nieuwe tuingrond (compost) gemaakt. Het afval dat overblijft na gescheiden inzameling van papier, glas en groente-, fruit- en tuinafval (gft-afval) wordt huishoudelijk restafval genoemd. Dit komt meestal gemengd in de grijze container of vuilniszak terecht.

Op het platteland wordt het afval veel vaker en beter gescheiden dan in de steden. Op het platteland wordt bijna 60 procent van het afval gescheiden ingezameld tegen een derde in grote steden. Doordat het afval in de landelijke gebieden beter gescheiden wordt is het aanbod van gemengd huishoudelijk restafval per inwoner kleiner dan in de grote steden.

GROFVUIL

Met grofvuil wordt al het huisvuil bedoeld dat niet in een vuilniszak of container past. Dit zijn bijvoorbeeld oude meubelen, bedden, kasten en dergelijke. Voor het ophalen van grofvuil moet meestal een afspraak gemaakt worden. Het wordt in de meeste gemeenten eenmaal per week of veertien dagen opgehaald. Dit is niet in alle gemeenten gratis. Vaak kan men het dan wel gratis afleveren bij het inzamelingspunt van grofvuil. Informatie over het ophalen of wegbrengen van grof afval is verkrijgbaar bij de gemeente.

BOUW- EN SLOOPAFVAL

Voor het ophalen van bouw- en sloopafval en puin moet bijna altijd betaald worden. Ook het afleveren bij het inzamelingspunt is niet altijd gratis. De tarieven verschillen per gemeente. De prijs voor het inleveren van bouw- en sloopafval wordt per m^3 berekend. Er zijn bij de gemeente en bij particuliere bedrijven voor bouw- en sloopafval tegen betaling speciale containers in verschillende maten te huur. Deze worden volgens afspraak opgehaald zodra ze vol zijn of binnen de daarvoor afgesproken termijn.

HUISHOUDELIJKE APPARATUUR

De inzameling van oude televisies, koelkasten, was- en droogmachines, computers en dergelijke wordt betaald uit de zogenoemde verwijderingsbijdrage. Iedereen betaalt deze bijdrage bij aankoop van nieuwe elektrische en elektronische apparatuur. Oude apparaten kan men gratis inleveren bij elektronicawinkels of bij gemeentelijke inzamelpunten. De bedoeling is dat de kapotte apparatuur wordt hergebruikt (gerecycled). De inzamelpunten ontvangen per jaar zo'n vijfhonderdduizend koel- en vrieskasten en driehonderdduizend tv's, en hetzelfde aantal was- en droogmachines en kleinere apparaten. Televisies en koelkasten bevatten gevaarlijke stoffen en het is belangrijk dat deze goed en verantwoord worden verwerkt.

KLEIN CHEMISCH AFVAL

Klein chemisch afval zijn bijvoorbeeld batterijen, verfresten, terpentine en verfafbijtmiddelen. Deze mogen niet bij het gewone huisvuil worden weggegooid. Dit is heel slecht voor het milieu, de schadelijke stoffen kunnen in het grondwater terechtkomen en dit zo ernstig vervuilen. Klein chemisch afval kan gratis ingeleverd worden bij een zogenoemde chemokar. Dit is een speciale vrachtauto die in de meeste gemeenten eens in de paar weken op een vast punt in elke buurt staat. Het afval kan ook ingeleverd worden bij het afvalinzamelingspunt in de eigen gemeente of bij sommige winkels.

AANBIEDEN VAN AFVAL

Afval mag volgens de gemeentelijke verordeningen officieel pas de ochtend van de inzameling op straat gezet worden. Het te vroeg buiten zetten of het niet goed aanleveren van afval is zelfs strafbaar; er kan een boete voor gegeven worden. Ook zijn er in de meeste gemeenten voorschriften voor de manier waarop het huisvuil en grofvuil aangeboden moeten worden. Vaak zijn er ook bepaalde plaatsen waar men het vuil of de containers kan neerzetten. Als vaste afvalcontainers vol zijn mag het afval er niet naast gezet worden. Als de container vol is, neemt men het afval weer zolang mee naar huis.

KRINGLOOPWINKELS

In veel gemeenten zijn kringloopwinkels. Men kan hier gebruikte spullen naartoe brengen. Grotere meubelen en apparaten worden vaak gratis opgehaald en worden vervolgens voor een klein bedrag verkocht. In plaats van huishoudelijke apparaten, kleding, meubelen, kasten, bedden, boeken en dergelijke weg te gooien, kan men deze ook naar een kringloopwinkel brengen. Het geeft minder afval en men maakt iemand anders er weer blij mee.

DAGELIJKSE OMGANGSVORMEN

ALGEMEEN

De wijze waarop Nederlanders in het dagelijks leven met elkaar omgaan en wat als gepast of ongepast gedrag beschouwd wordt, verschilt per regio. Ook zijn er verschillen tussen het platteland en de grote steden. Van invloed zijn verder het opleidingsniveau en zoiets ongrijpbaars als het sociale en maatschappelijke milieu. In Nederland is iedereen gelijk, vinden veel Nederlanders, maar tegelijk spreekt men vaak over 'ons soort mensen'. Hiermee worden mensen met een gelijke achtergrond, schoolopleiding en carrière bedoeld. Onder de oppervlakte van gelijkheid is men zich er wel degelijk van bewust dat niet iedereen in alle opzichten even gelijk is.

OP BEZOEK GAAN

In Nederland maakt men eerst een afspraak om bij iemand op bezoek te gaan. Ook als men even langs wil gaan bij familie of goede vrienden belt men even van te voren. Als het niet goed is zal men zeggen dat het niet uitkomt. Er wordt bijna altijd een afspraak voor een bepaalde tijd gemaakt. Bij een zakelijke afspraak hoort men precies op de afgesproken tijd te komen, tenzij men in Brabant of Limburg woont. Dan is een klein beetje te laat juist precies goed (een 'academisch' kwartiertje). Bij een bezoek aan vrienden of goede bekenden mag men tot een kwartier na de afgesproken tijd komen. Het gebruikelijkst in Nederland zijn afspraken voor de avond. Deze duren van ongeveer kwart over acht tot een uur of elf. Er wordt eerst koffie of thee gedronken. Daarna wordt wijn, bier of fris geserveerd, vaak vergezeld van kleine hapjes. Een afspraak om gezamenlijk te eten is meestal vanaf een uur of zes à zeven en duurt tot een uur of tien à elf, en in het weekend wat later. Middagbezoeken duren tot het avondeten, tenzij duidelijk anders is afgesproken. Als men in Nederland zonder afspraak rond etenstijd op bezoek komt wordt men over het algemeen niet uitgenodigd om mee te eten. Soms krijgt men iets te drinken aangeboden terwijl het gezin eet of de maaltijd beëindigt. In Nederland is de aankondiging dat men gaat eten meestal niet als uitnodiging, maar als teken voor vertrek van de gasten bedoeld.

Bij een gezamenlijke maaltijd kan de gastvrouw of gastheer voor aanvang om stilte vragen. Dit betekent dat wie dit wil, kan bidden voor het eten. Degenen die dit niet doen wachten in stilte tot de tafelgenoten het gebed beëindigen. Na afloop van het eten blijft men vaak nog even aan tafel zitten om met elkaar te praten (natafelen). In Nederland vindt men het onbeleefd als de televisie tijdens het bezoek aanstaat. Dat leidt te veel af van het bezoek en bemoeilijkt een gesprek. Als men bij vrienden of bekenden op bezoek gaat neemt men vaak bloemen of een fles wijn mee.

VOORSTELLEN, BEGROETEN EN AFSCHEID NEMEN

Op een kleine bijeenkomst of feestje worden niet alleen bekenden, maar ook onbekenden begroet. Aan onbekenden stelt men zich eerst voor. Een man noemt bij een formele bijeenkomst meestal alleen zijn achternaam en bij andere gelegenheden zijn voor- en achternaam. Een vrouw stelt zichzelf voor als mevrouw gevolgd door haar achternaam of noemt haar voor- en achternaam. Als mensen aan elkaar voorgesteld worden door een wederzijdse bekende wordt de ‘ mindere’ aan de ‘meerdere’ voorgesteld. In werksituaties wordt formeel degene met een lagere functie voorgesteld aan degene met een hogere functie en in overige situaties de oudste aan de jongste en de man aan de vrouw. Na het voorstellen geeft men elkaar een hand. Het niet aanvaarden van een uitgestoken hand geldt als een belediging. Op een grotere bijeenkomst of feest of bij een receptie worden de gastheer en gastvrouw met een hand en als men ze goed kent eventueel met een kus op de wang begroet. De overige aanwezigen geeft men een knikje of een glimlach. Als mensen zitten terwijl men ze een hand geeft staan ze meestal niet op, maar maken hooguit een beweging alsof ze dat wel van plan zijn.

Familie, vrienden en goede bekenden zoenen elkaar op de wang. Vroeger was dat op één of op beide wangen. Tegenwoordig kust men elkaar vaak drie keer. De lippen raken zelden de wang, het is meer ‘lucht kussen’. Het zoenen gaat volgens vaste regels. Gebruikelijk is eerst links dan rechts en dan weer links. Wie rechts begint, botst snel. Tijdens of tussen de kussen door wordt wat gezegd. Wie veel zoent en veel wordt gezoend, hoort erbij.

Onbekenden worden met u aangesproken, tenzij ze jonger zijn dan een jaar of twintig. Familie, vrienden en goede bekenden mogen met je en jij aangesproken worden. Bij twijfel is het beter om mensen met u en meneer of mevrouw aan te spreken. De oudere of meerdere in functie geeft toestemming om je en jij te zeggen (officieel heet dit: tutoyeren). Deze kan dan iets zeggen als ‘zeg maar jij hoor’.

ETEN IN EEN RESTAURANT

Als men gezamenlijk in een restaurant iets eet dan zal men vaak apart willen afrekenen. Het voordeel hiervan is, volgens Nederlanders, dat men zich dan vrij voelt om iets duurs te bestellen omdat een ander hier dan niet aan mee hoeft te betalen. Maar misschien vindt men het ook wel prettig om niet mee te hoeven betalen als iemand anders iets duurs bestelt. Veel restaurants vinden het niet prettig als alle gasten apart afrekenen. Het is meer werk en het is maar de vraag of het totaalbedrag uiteindelijk klopt. Het wordt steeds meer gebruikelijk om de rekening te delen. Iedereen betaalt een gelijk deel en het totaalbedrag wordt in één keer afgerekend. Er kan ook sprake zijn van een uitnodiging. Degene die de uitnodiging doet, zal dan iets zeggen in de trant van 'wij trakteren' of 'de rekening is voor ons'. In geval van twijfel kan altijd even geïnformeerd worden wat de bedoeling precies is. Als men gezamenlijk iets drinkt in een café of restaurant biedt men elkaar om de beurt een drankje aan (geeft men een rondje).

EEN GESPREK

Nederlanders zijn vaak erg direct in hun manier van spreken. Ze beginnen een gesprek vaak meteen met wat hen bezighoudt en wat ze belangrijk vinden. Ze geven snel, duidelijk en ongevraagd hun mening en hebben er geen moeite mee om de gesprekspartner te vertellen dat die ongelijk heeft, het fout ziet of dat het gewoon niet waar is wat deze zegt. Als een Nederlander iets wil weten vraagt hij dat, ook als het om persoonlijker zaken gaat. En bij een ontwijkend antwoord legt hij graag nog even uit wat hij precies wil weten en waarom. Men vindt dit, als de toon aardig is, niet onbeleefd.

Een onderwerp waar men in Nederland van oudsher liever niet over praat is geld. De vraag wat iemand verdient of de hoogte van zijn bankrekening is min of meer taboe. Vragen over deze onderwerpen zullen door Nederlanders genegeerd of niet beantwoord worden.

Voor Nederlanders is oogcontact in een gesprek heel belangrijk, omdat dit voor hen een teken van interesse en belangstelling is. Iemand niet aankijken wordt als onbeleefd beschouwd. Nederlanders vinden algauw dat mensen te dicht bij hen staan. Als een Nederlander in een gesprek of in een rij een stapje opzij of achteruit doet, betekent dit waarschijnlijk dat de ander te dichtbij staat. Iemand aanraken of vastpakken in een gesprek doet men over het algemeen alleen bij familie en goede vrienden. Nederlanders vinden het onbeleefd als zij onderbroken worden als zij aan het woord zijn of als andere mensen door een gesprek heen praten, hoewel zij dit zelf ook erg vaak doen. In een andere taal praten dan de rest van het gezelschap wordt als heel onbeleefd gezien. Als de reden hiervan is dat niet iedereen de Nederlandse taal spreekt, is het attent als men dit even uitlegt en vertelt waarover men sprak.

TELEFONEREN

Het is in Nederland gebruikelijk om als man de telefoon op te nemen met het noemen van de achternaam of met de voor- en achternaam. Een vrouw neemt op met mevrouw, gevolgd door haar achternaam of met haar voor- en achternaam. Als men zelf belt noemt men eerst de eigen naam voordat men vraagt naar degene die men wil spreken. Het is altijd attent om te vragen of het telefoongesprek gelegen komt.

Het is tegenwoordig gebruikelijk om overal mobiel te bellen. Als men belt in een situatie waar anderen noodgedwongen meeluisteren, hoort men zachter te praten. Het bellen in een restaurant wordt door de andere gasten vaak niet op prijs gesteld. Bellen terwijl men bij een loket of kassa staat is erg onbeleefd. Voordat men aan de beurt is hoort het gesprek beëindigd te zijn. De mobiele telefoon hoort in de bioscoop en het theater en bij voorkeur ook in een restaurant te worden uitgeschakeld.

NEDERLANDERS LEREN KENNEN

Contact met de buren

Het was in Nederland van oudsher gebruikelijk om zich, als men ergens nieuw kwam wonen, voor te stellen aan de buren en deze voor een kennismakingsbezoek uit te nodigen. Vooral in de grote steden gebeurt dit niet altijd meer, maar het is een eenvoudige en vanzelfsprekende manier om mensen te leren kennen. Men kan in de meeste gevallen gewoon aanbellen, zich voorstellen en de buren voor een kennismakingsbezoek uitnodigen.

Het contact met de buren is belangrijk voor Nederlanders. Een bekend Nederlands gezegde is 'beter een goede buur dan een verre vriend'. Een uitspraak van 'Loesje' luidt: 'Alles wordt zoveel makkelijker als je van je buurman houdt in plaats van je vaderland'. Uit het Burenonderzoek dat in opdracht van het tijdschrift *Reader's Digest* in Nederland is uitgevoerd, blijkt dat de relatie die Nederlanders hebben met hun buren nog steeds een belangrijk onderdeel is van het dagelijks leven. Doorgaans is de verstandhouding zeer goed. Bijna twee derde van de Nederlanders kent zijn naaste buren persoonlijk. Over het algemeen zijn Nederlanders redelijk tot zeer tevreden over hun buren. Ruim driekwart meent het getroffen te hebben met degene die naast, boven of onder hen woont. Van de inwoners van West-Nederland is zelfs gemiddeld meer dan 80 procent blij met hun buren. Daarnaast bestempelt een derde de relatie met zijn buren zelfs als vriendschap. In het noorden van Nederland beschouwt zelfs meer dan de helft zijn buren als vrienden. Een conflict met de buren wordt als heel vervelend ervaren. Van de Nederlandse bevolking ondervindt 12 procent last van de buren. Eén op de tien Nederlanders is zelfs ooit verhuisd vanwege een slechte verstandhouding met de buren.

Ouderen onderhouden meer contact met buren dan de jonge generatie. Van de zestigplussers kent 75 procent buren persoonlijk. Bij de generatie tot dertig jaar ligt het percentage op 40 procent. Uit het onderzoek blijkt dat 60 procent alle buren bij naam kent en zelfs 66 procent weet hoe de buurkinderen heten. Bijna de helft weet wat voor beroep de buren uitoefenen. Dat Nederlandse buren regelmatig initiatieven ondernemen, blijkt uit het feit dat er in 40 procent van de buurten wel eens een feest of barbecue wordt georganiseerd. Maar liefst 85 procent van de buren neemt hieraan deel. Meer dan de helft van de buren maakt regelmatig een praatje met elkaar, maar toch houdt veel burencontact op bij de voordeur. Maar 28 procent van de Nederlandse buurtbewoners komt bij elkaar op bezoek.
In de provincies Zeeland, Noord-Brabant en Limburg kent men de buren het best. Dit is niet verwonderlijk, aangezien men in één op de acht gevallen familie van elkaar is. Er wordt vaker dan elders een praatje gemaakt, men kent de namen van de buren en komt het meest bij elkaar over de vloer.

Burenhulp

Buren kunnen in veel gevallen op elkaar rekenen. Een ruime meerderheid helpt regelmatig een buur uit de brand door postpakketjes aan te nemen, op het huis te passen of planten water te geven. Bijna de helft van de Nederlanders heeft de sleutel van de buren. In het bijzonder voor bewoners van rijtjeshuizen is dit normaal. Van de flatbewoners geeft een kwart een sleutel aan een buurman of buurvrouw af. Dat buren een belangrijke rol spelen als het gaat om een gevoel van veiligheid, geldt voor bijna 45 procent van de Nederlanders. Zij voelen zich veiliger in huis dankzij de aanwezigheid van buren. Opvallend is dat dit vooral voor de bewoners van grote steden geldt.

Hoe leg je contact met Nederlanders?

Nederlanders hebben de naam wat afstandelijk te zijn. Naast de eerder beschreven manieren om contact met Nederlanders te krijgen

nog een paar praktische tips om Nederlanders te leren kennen:
Veel Nederlandse gemeenten en wijken hebben een zogenoemd buurthuis of ontmoetingscentrum. Hier worden vaak cursussen gegeven. Deze vinden zowel overdag als 's avonds plaats en variëren van bijvoorbeeld bloemschikken en kookles tot computergebruik en het leren van een vreemde taal. Vooraf, in de pauze en na afloop wordt er vaak gezamenlijk iets gedronken. Ook worden er wel ontmoetingsochtenden of -avonden georganiseerd. De kosten zijn laag en in principe kan iedereen de cursussen volgen en de speciale activiteiten bijwonen. De gemeente kan hierover meer informatie geven.
Men kan ook lid worden van een sportvereniging. Vooral door het beoefenen van een teamsport leert men in elk geval de medespelers kennen. Na afloop wordt vaak nog iets gedronken en als dit niet standaard gebeurt, is dit eenvoudig voor te stellen. Het doen van vrijwilligerswerk voor een sportclub, buurthuis of vereniging is ook een manier om de kennissenkring uit te breiden. Zie het hoofdstuk vrijwilligerswerk.

Contact tussen moeders

Contacten tussen vrouwen onderling zijn in Nederland informeler en daardoor ook wat eenvoudiger. Veel vrouwen ontmoeten elkaar regelmatig op het schoolplein of bij de sportverenigingen en clubjes van de kinderen. De meeste Nederlandse ouders, in praktijk vaak de moeders, brengen hun kinderen afhankelijk van de afstand en situatie tot een leeftijd van minimaal zo'n zeven jaar naar school, sportvereniging of clubje en halen ze hier ook weer op. Tijdens het wachten op de kinderen is er vaak veel contact tussen de moeders onderling. Zij gebruiken deze gelegenheid om de opvoeding van de kinderen door te spreken, afspraken te maken en kinderpartijtjes te regelen. Ook blijven zij zo op de hoogte van de wijze waarop andere ouders, kinderen en school omgaan met kinderfeestjes en hoe aan verschillende projecten van de school wordt deelgenomen. Ook wordt informatie uitgewisseld over bijvoorbeeld de nieuwste kinderclubs, feestjes of mode, maar ook over het gedrag van sommige kinderen. Het zijn ook vaak de moeders die de afspraakjes voor hun kinderen regelen. In overleg met de kinderen nodigen de moeders vriendjes en vriendinnetjes van hun kinderen uit om thuis te komen spelen of eten. Zo ontstaan contacten waarmee men elkaar eenvoudig kan uitnodigen om eens een kopje koffie of thee te komen drinken. De oorsprong van veel Nederlandse vrouwenvriendschappen ligt op het schoolplein van hun kinderen.

DAGELIJKSE ERGERNISSEN VAN NEDERLANDERS

Veel van de kleine dagelijkse ergernissen dicht bij huis kunnen grotendeels opgelost worden door rekening met elkaar te houden. Als iedereen zich zou gedragen volgens het oude Nederlandse gezegde: 'wat gij niet wilt dat u geschiedt, doe dat ook een ander niet' zou het leven al veel aangenamer zijn.

De overlast van hondenpoep stond decennia op de eerste plaats van dagelijkse ergernissen in Nederland. Men hield uit angst om in de hondenpoep te trappen de blik vooral op de grond gericht. Opvallend genoeg is de ergernis over hondenpoep van oudsher het grootst onder hondenbezitters zelf. Onder meer door een intensieve voorlichtingscampagne van de overheid ruimt de hondenbezitter uitwerpselen van zijn hond tegenwoordig vaker op. Maar het feit dat hondenpoep nog steeds hoog scoort op de lijst van dagelijkse ergernissen, betekent dat nog steeds niet iedereen zijn hond uitlaat met een plastic zakje bij de hand.

Uit onderzoek blijkt dat geluidsoverlast tegenwoordig op de eerste plaats staat van dagelijkse ergernissen van Nederlanders. Oorzaken hiervoor zijn onder meer de dichte bebouwing van Nederland en de toename van het auto- en vliegverkeer. Dit leidt tot meer overlast van verkeerslawaai. Daarbij komt dat drukke verkeerswegen vaak dicht bij woonwijken liggen. Een andere oorzaak van vooral zomerse geluidsoverlast is harde muziek. Deze kan eenvoudig voorkomen worden door buiten geen muziek op te zetten en de ramen en deuren dicht te doen als men in huis of de auto harde muziek draait.

Het gebrek aan parkeerplaatsen wekt ook veel ergernis op. Nederlanders parkeren hun auto bij voorkeur voor de deur of in elk geval in hun eigen straat. Het aantal parkeerplaatsen is achtergebleven bij de sterke groei van het autobezit. In veel grote steden zijn er weinig mogelijkheden voor uitbreiding van het aantal parkeerplaatsen. Men probeert het parkeerprobleem onder meer op te lossen door het afgeven van parkeervergunningen voor bewoners en het heffen van hoge parkeergelden voor bezoekers. Bewoners van dure parkeergebieden klagen nu dat zij door de hoge parkeertarieven bijna geen gasten meer durven uitnodigen. Deze betalen aan parkeergeld net zoveel als voor een kaartje voor theater of concert.
In het openbaar bellen is een reden voor ergernis bij ruim veertig procent van de Nederlanders. Dit heeft veel te maken met het volume waarop de gesprekken worden gevoerd. Vaak lijkt degene

die telefoneert zich niet voldoende te realiseren dat de telefoonmaatschappij het gesprek versterkt, zodat men ook als men zacht spreekt aan de andere kant goed te verstaan is. Het komt regelmatig voor dat mensen in een volle treincoupé op luid niveau telefoongesprekken voeren over de persoonlijkste onderwerpen. Medepassagiers kunnen zo ongevraagd meeluisteren met gesprekken over verliefdheden, ruzies met partners en conflicten op het werk. Onderwerpen die men normaal nooit met vreemden zou bespreken en waar deze overigens ook geen belangstelling voor zouden hebben. Maar men lijkt vaak niet te bedenken dat men niet alleen tegen de telefonische gesprekspartner spreekt, maar ook tegen alle andere mensen binnen gehoorsafstand.

Andere redenen voor ergernis zijn de zogenoemde hangjongeren, de buurtkinderen, mensen die voordringen bij de kassa en vooral in het openbaar urineren.

OMGANGSREGELS EN GOEDE MANIEREN

Tot in de jaren zestig van de vorige eeuw was het voor Nederlanders duidelijk tot welke bevolkingslaag men behoorde en welke gedrag daarbij hoorde (standsbesef). Men kende de omgangsregels, wist hoe men zich passend moest kleden en gedragen en hield rekening met de maatschappelijke status van anderen. In de periode erna werd de persoonlijke ontwikkeling belangrijk. Men vond dat iedereen gelijk moest zijn en officiële omgangsregels (etiquette) raakten uit, omdat ze de verschillen tussen milieus aangaven. Er waren geen vaste omgangsregels meer, maar iedereen gaf in plaats hiervan een eigen invulling aan het begrip 'goede manieren'. In de praktijk leidde dit niet tot een prettigere wijze van omgaan met elkaar. Het is een van de redenen dat de laatste tijd in Nederland weer veel gesproken wordt over manieren om aardig en respectvol met elkaar om te gaan. Er is weer aandacht voor omgangsregels en goede manieren. Als men deze kent, respecteert en naleeft, zorgt dit voor een aangenamere samenleving.

Niet doen:
- in de neus of oren peuteren;
- kiezen uitpeuteren;
- krabben, en al helemaal niet tussen de benen (in het kruis);
- gassen uit de maag laten ontsnappen (boeren laten);
- gassen uit de darmen laten ontsnappen (winden laten);
- op straat spugen;
- kauwgom kauwen, vooral niet met open mond;
- een zonnebril ophouden als men met iemand praat;

- het gebruik van vloeken, scheldwoorden en schuttingtaal;
- gapen. Als een gaap niet tegen te houden valt, houd dan in elk geval een hand voor de mond;
- fluisteren in gezelschap;
- in een taal praten die de overige aanwezigen niet verstaan;
- een voet over een knie te leggen of elke houding waarbij de schoenzool te zien is;
- voordringen of duwen;
- papier, afval of kauwgom op straat gooien;
- in het openbaar plassen;
- de middelvinger omhoogsteken.

Wel doen:

- groeten en bedanken;
- glimlachen;
- iemand aankijken (oogcontact maken);
- vaker 'sorry' zeggen;
- bedanken voor cadeautjes of vriendendiensten;
- de deur openhouden;
- iemand voor laten gaan;
- voor iemand opstaan;
- opzij gaan als men in de weg staat;
- de wc na gebruik schoon achterlaten.

TAFELMANIEREN

Tafelmanieren kunnen per cultuur en per land verschillen. Onderstaand een overzicht van de belangrijkste tafelmanieren in Nederland.

Wel doen:

- met mes en vork eten;
- mes en vork bij het handvat (heft) vasthouden;
- bij meerdere bestekken, met het buitenste beginnen;
- handen boven tafel houden;
- servet in de schoot leggen;
- de lepel en vork naar de mond brengen en niet omgekeerd;
- voor het drinken de lippen met een servet deppen, zodat er geen vette lipafdruk op het glas komt;
- als men klaar is het bestek sluiten. Mes en vork op het bord evenwijdig naast elkaar leggen van rechtsboven naar links midden.

Niet doen:

- meer opscheppen dan men kan eten;
- het eten prakken. Dit is overigens iets wat veel Nederlanders juist wel doen;
- te veel alcohol drinken;

- met volle mond praten en drinken;
- smakken en slurpen;
- servet om de hals, behalve bij kleine kinderen en hoogbejaarden;
- met de ellebogen op tafel eten;
- een arm rond het bord leggen;
- iets voor iemand langs pakken;
- voor iemand langs met iemand anders praten;
- tijdens het eten van tafel opstaan;
- roken aan tafel.

LICHAMELIJKE VERZORGING

Het verspreiden van een zweetgeur of een ongewassen lichaamsgeur wordt als heel vervelend en storend ervaren. Persoonlijke hygiëne is heel belangrijk in een tijd waarin we zo vaak met zo velen op een kleine oppervlakte samen zijn. Men kan de lichaamsgeur van anderen helaas vaak letterlijk niet ontlopen. Elke dag onder de douche en het gebruik van deodorant voorkomen of verminderen een lichaams- en/of transpiratielucht. Net als het dragen van schone of geluchte kleding.
Praten met een slechte adem is heel vervelend voor degene in de naaste omgeving. Het regelmatig poetsen van de tanden, het gebruik van mondwater of een mondspray en pepermuntjes zorgen voor een frisse adem.

GEDRAG OP STRAAT

Meisjes en vrouwen vinden het meestal niet prettig om aangestaard of nagefloten te worden. Zeer onfatsoenlijk en streng te veroordelen zijn ongewenste aanrakingen en het maken van obscene gebaren naar meisjes en vrouwen. Hetzelfde geldt voor het aanspreken van meisjes en vrouwen met al dan niet seksueel getinte opmerkingen. Uit het uiterlijk en de kleding van meisjes en vrouwen mag nooit afgeleid worden dat zij openstaan voor of vragen om dergelijke vormen van ongewenst contact.

IMMIGRATIE EN EMIGRATIE

IMMIGRATIE IN NEDERLAND

Algemeen

Er zijn in de geschiedenis veel perioden geweest waarin mensen alleen of in groepen tijdelijk of voorgoed naar Nederland zijn gekomen. Van gevluchte joden en rondtrekkende zigeuners tot vervolgde protestanten (hugenoten) uit Frankrijk, Duitse seizoenarbeiders, Chinese zeelui, Belgische vluchtelingen, gastarbeiders en politieke vluchtelingen (asielzoekers).

Het aantal immigranten dat naar Nederland komt verschilt sterk per jaar. Deze verschillen hebben te maken met de situatie in de wereld (internationale ontwikkelingen). Aan het eind van de vorige eeuw steeg de immigratie door het grote aantal asielzoekers. In 2001 kwam het grootste aantal asielzoekers uit de geschiedenis naar Nederland: ruim 130.000. Doordat het de laatste jaren minder goed gaat met de Nederlandse economie en er tegenwoordig een strenger toelatingsbeleid is, zijn er in de jaren hierna veel minder mensen naar Nederland gekomen. Vooral het aantal immigranten uit Turkije, Marokko, Suriname en de Nederlandse Antillen is sterk afgenomen.

Hoewel vaak wordt aangenomen dat immigranten zich hier voorgoed vestigen, verblijft volgens het Centraal Bureau voor de Statistiek meer dan veertig procent van de immigranten maar kort in Nederland of migreert heen en weer tussen Nederland en het land van herkomst.

De redenen voor migratie naar Nederland zijn verschillend. Van de ruim een half miljoen migranten die sinds 1995 naar Nederland gekomen zijn, kwam ruim een kwart voor gezinsvorming en bijna een kwart om hier te werken. Ongeveer twintig procent van de immigranten zocht asiel, tien procent kwam voor het volgen van een studie en zeven procent voor gezinshereniging. Bij het overige deel ging het onder meer om meekomende gezinsleden, mensen die als au pair, voor een stage of voor medische behandeling naar Nederland kwamen.

Niet alle groepen immigranten vonden in de loop der tijden even makkelijk hun plaats in de Nederlandse samenleving. Zij veroorzaakten soms door hun andere gewoonten en geloof voor verwarring en wantrouwen bij de Nederlandse bevolking. Zo werden de joden die in het verleden naar Nederland kwamen niet altijd zo eenvoudig geaccepteerd. Zeker in de Middeleeuwen hield men het Joodse volk verantwoordelijk voor de dood van Jezus Christus. Ook Turkse en Marokkaanse emigranten worden in Nederland regelmatig met gemengde gevoelens bekeken. De eisen die hun geloof aan hun manier van leven stelt, die hierdoor vaak zo afwijkt van de Nederlandse, spelen hierbij een rol. Voor velen lijkt ook het land van herkomst belangrijker te zijn dan de Nederlandse samenleving. Dit leidt er mede toe dat hun aanpassing en die van hun kinderen in Nederlandse ogen soms moeizaam verloopt.

Immigratie door de eeuwen heen

Vanaf het einde van de zestiende eeuw komen veel mensen uit andere landen naar de Noordelijke Nederlanden. In de zojuist zelfstandig geworden Republiek worden aan geschoolde arbeiders hoge lonen betaald. Ondernemers en kooplieden doen goede zaken door de bezetting van de Zuidelijke Nederlanden door Spanje. Zowel godsdienstige als economische vluchtelingen zijn welkom. Duizenden ondernemende en rijke buitenlanders dragen in deze periode, die ook wel de 'Gouden Eeuw' wordt genoemd, bij tot de snelle modernisering en rijkdom. Ze kwamen als vluchtelingen uit katholieke landen als Vlaanderen, Brabant, Frankrijk en Spanje en uit antisemitische gebieden in Oost-Europa. De Nederlandse samenleving was verdraagzaam en goed ontwikkeld en er was in vergelijking met andere landen een grote godsdienstvrijheid. Velen van deze nieuwkomers krijgen algauw vooraanstaande posities als kooplieden, wetenschappers en kunstenaars. Aan het eind van de zeventiende eeuw komen de protestantse hugenoten uit Frankrijk. De Franse vluchtelingen waren voor het merendeel ondernemende kooplieden, vaardige arbeiders (ambachtslieden) en knappe geleerden. Zij werden hartelijk ontvangen, kregen het burgerrecht van grote steden aangeboden en werden vrijgesteld van het betalen van belastingen.

In 1900 is 1 procent van de Nederlandse bevolking afkomstig uit landen als Duitsland, België, Frankrijk en Groot-Brittannië. En in deze periode is minder dan één op de duizend Nederlanders afkomstig uit verder gelegen landen als Scandinavië en Oost- en Zuid-Europa.

De Chinese bevolking is een van de oudste migrantengemeenschappen in Nederland. Rond 1890 komen de eerste Chinezen naar Nederland om als zeelieden te werken op Nederlandse schepen. Het aantal in Nederland werkende Chinezen groeide tot enige duizenden in 1910–1911, toen een aantal Nederlandse rederijen actief Chinezen ging werven met het doel een langdurige staking van

Hollandse zeelieden te breken. Voorzover de Chinese arbeiders niet op zee waren, woonden zij vooral in Katendrecht (Rotterdam) en in de Nieuwmarktbuurt (Amsterdam). Op deze plaatsen ontstonden kleine Chinese wijken. Door de economische crisis van de jaren dertig en de daarop volgende Tweede Wereldoorlog (1940–1945), zagen veel Chinezen zich gedwongen om terug te keren naar China. De Chinezen die in Nederland achterbleven, probeerden zich in leven te houden met de verkoop van pindakoekjes. Anderen werden afhankelijk van liefdadigheid.
Het aantal Chinezen dat nu in Nederland woont, is moeilijk te schatten. Niet alle Chinezen in Nederland zijn afkomstig uit China. Een groot deel van de in Nederland wonende Chinezen is de afgelopen eeuwen vanuit China naar andere delen van de wereld getrokken en uiteindelijk in Nederland terechtgekomen. Het aantal in Nederland wonende Chinezen wordt geschat op 70.000 tot 100.000.

Na 1900 zou de échte periode van de immigratie aanbreken. Nederland werd in de eerste maanden van de Eerste Wereldoorlog (1914–1918) overspoeld door een miljoen Belgische vluchtelingen. Ongeveer honderdduizend van hen bleven voorgoed in Nederland.
In de jaren dertig, aan de vooravond van de Tweede Wereldoorlog, begon in Duitsland de vervolging van joden en politieke tegenstanders van het nazibewind. Velen van hen kwamen naar Nederland. Het aantal joden afkomstig uit Duitsland en Oost-Europa steeg kort voor de Tweede Wereldoorlog tot 140.000.

De grootste groep immigranten na de Tweede Wereldoorlog waren terugkerende Nederlanders (repatrianten) uit Indië en Indische Nederlanders (mensen van gemengd Nederlands-Indonesische afkomst). Ze verlieten Nederlands-Indië tijdens de oorlog met Nederland of na de Indonesische onafhankelijkheid. Tussen 1945 en 1963 liep het aantal immigranten uit Indonesië op tot ruim 300.000, onder wie 255.000 Indische Nederlanders. Omdat ze vaak goed opgeleid waren en de Nederlandse taal en gewoonten al kenden, werden zij snel en eenvoudig opgenomen in de Nederlandse maatschappij.

Eind jaren vijftig en begin jaren zestig was het tekort aan personeel in de fabrieken zo groot dat veel bedrijven personeel zochten in de landen rondom de Middellandse Zee. Dat gebeurde in Griekenland, Spanje, Portugal, Italië en Joegoslavië en later ook in Turkije en Marokko. Eerst kwamen uitsluitend alleenstaande mannen naar Nederland. Ze werden gastarbeiders genoemd en door hun werkgevers ondergebracht in pensions of in barakken. Iedereen verwachtte dat de buitenlanders in korte tijd zoveel mogelijk geld wilden verdienen om daarna terug te keren. In de contracten die de Nederlandse overheid met de landen van herkomst had gesloten stond echter dat de gastarbeiders het recht hadden te blijven en na twee jaar hun familie konden laten overkomen. Vooral de Turkse en Marokkaanse gastarbeiders maakten massaal van dit recht gebruik. In 1975 werd de werving gestopt. In 1960 hadden nog maar 22 Turken en 3 Marokkanen een geldige werkvergunning; in 1966 waren die aantallen opgelopen tot respectievelijk 7000 en 5500. Inmiddels wonen er in Nederland bijna 350.000 mensen, van wie ten minste één van de ouders uit Turkije afkomstig is. De Turken vormen hiermee de grootste niet-westerse bevolkingsgroep in Nederland. Het aantal Marokkanen bedraagt circa 315.000.

In 1975 werd Suriname onafhankelijk. In de jaren die hieraan voorafgingen, kwamen zo'n 80.000 Surinamers naar Nederland. Het gaat aanvankelijk vooral om Hindoestanen en Javanen, die vreesden dat de onafhankelijkheid zou leiden tot conflicten met de creolen. Het aantal mensen van Surinaamse afkomst is intussen opgelopen tot bijna 330.000.
Tussen 1975 en 1981 komen ongeveer 5000 Vietnamese (boot)-vluchtelingen naar Nederland. De eersten komen direct na het eind van de oorlog in 1975, gevolgd door degenen die vertrekken bij de invoering van het communisme in 1978 en de oorlog met Cambodja.

In de jaren zeventig groeide de Joegoslavische gemeenschap in Nederland sterk. Vele Joegoslavische mannen kwamen als gastarbeiders om te werken in de scheepsbouw, de reiniging en de metaal- en textielindustrie. De helft van deze gastarbeiders is na een aantal jaren weer teruggegaan naar het geboorteland. De oorlogen in het voormalige Joegoslavië leidden vanaf 1992 tot een omvangrijke stroom vluchtelingen, vooral uit Bosnië en Kosovo. Tegenwoordig wonen zo'n kleine 80.000 mensen uit het voormalige Joegoslavië in Nederland.
Vanaf 1990 kwamen er veel asielzoekers uit landen als Afghanistan, Irak, Iran en Somalië. De laatste periode is er een toenemende immigratie uit de nieuwe EU lidstaten Polen, Roemenië en Bulgarije. De immigratie uit Turkije en Marokko is de laatste jaren sterk gedaald.

EMIGRATIE IN NEDERLAND

Algemeen

In de loop der tijden zijn veel Nederlanders naar andere landen geëmigreerd. De meeste mensen vertrokken omdat men dacht in het nieuwe land een beter leven op te kunnen bouwen dan in Nederland mogelijk was. Tegenwoordig zijn Nederlanders die willen emigreren vaker hoog opgeleid en hebben zij vaker een hoger inkomen dan de emigranten van vroeger. Een verbetering van het inkomen lijkt tegenwoordig niet de belangrijkste reden om te emigreren. Veel mensen met emigratieplannen verwachten eerder minder dan meer te gaan verdienen. De belangrijkste redenen voor emigratie zijn tegenwoordig de natuur en ruimte, de bevolkingsdichtheid, de stilte en de mentaliteit van de bevolking van het nieuwe land.

Emigratie door de eeuwen heen

De eerste keer dat veel Nederlanders emigreerden, is in 1847, toen door een mislukte aardappeloogst een voedseltekort ontstond. Er stierven zoveel mensen dat de bevolking in Nederland afnam; het sterftecijfer was hoger dan het geboortecijfer. Er vertrokken in de periode tussen 1820 en 1910 ruim 220.000 Nederlanders, vooral boerenarbeiders, naar de Verenigde Staten.

Na de Tweede Wereldoorlog was er in Nederland angst voor overbevolking en werkloosheid. De armoede van de jaren na de Tweede Wereldoorlog en de angst voor het communisme (de Koude Oorlog) in Europa waren nu een reden voor vertrek. De Nederlandse regering moedigde de emigratie aan en ondersteunde deze ook financieel. 'Een deel van ons volk moet het aandurven zijn toekomst te zoeken in grotere gebieden dan eigen land,' zei minister-president Drees in zijn nieuwjaarstoespraak van 1950. In de jaren vijftig van de vorige eeuw vertrokken gemiddeld 33.000 Nederlanders per jaar naar landen als Canada, Australië, Nieuw-Zeeland, Zuid-Afrika en de Verenigde Staten, veelal gezinnen met kinderen. De emigratie bereikte een hoogtepunt in 1952 toen meer dan 50.000 Nederlanders emigreerden. In totaal vertrokken in de jaren vijftig ruim een half miljoen Nederlanders voorgoed naar het buitenland.

In de daarop volgende periode nam de emigratie af, maar vanaf het eind van de jaren negentig nam deze weer sterk toe. In 2006 vertrokken ruim 130.000 mensen uit Nederland. Dit aantal was nooit eerder zo hoog. In 2007 daalde het aantal emigranten voor het eerst sinds 1999. Meer dan de helft van de emigranten is niet in Nederland geboren. Zij gaan na een aantal jaren in Nederland te hebben gewoond terug naar hun geboorteland. Het aantal in Nederland geboren mensen dat is vertrokken is met 49.000 het hoogste sinds 1954. Veel Nederlanders vertrekken tegenwoordig naar de buurlanden en naar andere Europese landen. Naast werk en relaties zijn de belastingen en de huizenprijzen een reden voor verhuizing naar België en Duitsland.

De terugkomers

De helft van de in Nederland geboren emigranten keert na verloop van tijd weer terug naar Nederland. Er bestaan grote verschillen in terugkeerpercentages tussen de emigratielanden Australië, Canada, Nieuw-Zeeland, de Verenigde Staten en Zuid-Afrika. Gemiddeld keert de helft van de emigranten naar deze landen terug naar Nederland, maar dit aantal varieert van 30 procent voor Canada en Nieuw-Zeeland tot een kleine 60 procent voor Australië en de Verenigde Staten. Het aantal terugkomers (retourmigranten) bereikte aan het eind van de jaren negentig een hoogtepunt. In 1998 keerden zo'n 25.000 geëmigreerde Nederlanders terug naar hun geboorteland.

Toelatingseisen voor Nederlanders

Mensen die naar Nederland willen komen om hier een nieuw leven op te bouwen moeten aan bepaalde toelatingseisen voldoen. Hetzelfde geldt voor Nederlanders die willen emigreren. Van de Nederlanders met emigratieplannen wil 35 procent naar Canada of Australië emigreren. Velen van hen zullen niet worden toegelaten. Deze landen voeren net als Nieuw-Zeeland een streng beleid met betrekking tot de toelating van immigranten. Door middel van een puntensysteem kan iedereen zelf zien hoe groot de kans is om in een van deze landen toegelaten te worden. Het aantal punten bepaalt de kans op een verblijfsvergunning. Onder meer leeftijd, kennis van de Engelse taal, het hebben van familieleden in het land, opleiding en werkervaring brengen punten op. Het aantal punten dat nodig is om toegelaten te worden kan elk moment veranderen. Hoeveel er nodig zijn wordt bepaald door de immigratiedienst van deze landen. Deze gaat hierbij uit van het aantal mensen dat men wil toelaten en in welke beroepen er een tekort aan arbeidskrachten is. De mogelijkheid om te emigreren is dus sterk afhankelijk van de selectie-eisen van het moment. De Verenigde Staten heeft een soortgelijk immigratiebeleid als Canada en Australië. In de Verenigde Staten geeft een zogenoemde *Green Card* toegang tot het land.

BELANGRIJKE EN BEKENDE NEDERLANDERS

ALGEMEEN

Het onderstaande overzicht bevat de namen van belangrijke Nederlanders en hun prestaties door de eeuwen heen. Het is gerangschikt op geboortedatum. Het geeft hierdoor een indruk van de ontwikkelingen op het gebied van kunst, wetenschap en politiek door de eeuwen heen. De lijst vermeldt ook een aantal Nederlandse idolen op het gebied van sport en entertainment. Hoewel hun namen in tegenstelling tot die van belangrijke Nederlanders over vijftig jaar waarschijnlijk vergeten zijn, zijn zij nu bekend en worden hun namen vaak genoemd. De reden van hun vermelding in onderstaand overzicht is dat zij door de Nederlandse televisiekijkers gekozen werden in de top-100 van de grootste Nederlander aller tijden.

Televisiekijkers konden als onderdeel van het programma telefonisch hun stem uitbrengen op een van de kandidaten van een vooraf opgestelde lijst. De score van deze verkiezing van de grootste Nederlander is tussen haakjes vermeld. Als er geen score vermeld is, betekent dit dat de kandidaat in de televisieverkiezing niet meedeed bij de eerste honderd, maar wel een plaats in onderstaand overzicht heeft.

OVERZICHT VAN BELANGRIJKE EN BEKENDE NEDERLANDERS

Thomas a Kempis (ca. 1380–1471)
Thomas van Kempen, zoals hij eigenlijk heette, werd opgeleid door de theoloog Geert Groote. Onder de invloed van zijn leermeester schreef Thomas a Kempis het spirituele werk *Imitatio Christi* ('de *Navolging van Christus*'). (71)

Jeroen Bosch (ca. 1450–1516)
Officiële naam: Jheronimus van Aken, maar noemde zich naar 's-Hertogenbosch, zijn geboortestad. Hij schilderde veel godsdienstige taferelen met bizarre figuren, waaronder *Het laatste oordeel, De tuin der lusten* en *De bruiloft te Kana.* (63)

Adrianus VI (1459–1523)
Adriaan Florensz Boeyens wordt in 1522 tot de eerste niet-Italiaanse en enige Nederlandse paus gekozen. Na zijn studie theologie

vertrekt hij naar Spanje, geeft les aan de latere keizer Karel V en neemt het bestuur over Spanje op zich tijdens diens reizen.

Desiderius Erasmus (1469–1536)
Een geleerde van wereldfaam en een veelzijdig en vernieuwend humanistisch denker en schrijver. Zijn bekendste boek is *De lof der zotheid*, een aanklacht tegen de maatschappelijke en vooral kerkelijke misstanden uit zijn tijd. (5)

Kenau Simonsdr. Hasselaar (1526–1596)
Deze weduwe zou volgens de overlevering dapper strijd hebben geleverd bij het beleg van Haarlem voordat dit door de Spanjaarden werd ingenomen. De term kenau wordt ook wel gebruikt in de betekenis 'brutale vrouw' of 'manwijf'. (73)

Willem van Oranje (1533–1584)
'Vader des Vaderlands', stond aan de basis van de onafhankelijkheid van Nederland. Hij was voorstander van godsdienstvrijheid, werd protestant en begon de opstand tegen de Spaanse overheersers. (1)

Johan van Oldenbarnevelt (1547–1619)
Landsadvocaat en Nederlands staatsman tijdens de Tachtigjarige Oorlog en oprichter van de Verenigde Oostindische Compagnie (VOC). Naar aanleiding van een conflict met prins Maurits werd Van Oldenbarnevelt na een partijdig proces ter dood veroordeeld. (24)

Simon Stevin (1548–1620)
Wiskundige en ingenieur, adviseur van het Spaanse leger, leermeester van prins Maurits en administrateur van diens financiën. Schreef boeken, bedacht de decimale breuken en ontwierp onder meer een systeem van vestingbouw. (90)

Willem Barentsz (1550–1597)
Stuurman op een door Jacob van Heemskerk geleide derde expeditie 'om de Noordpool'. Zij strandden en overwinterden op Nova Zembla. Barentsz overleed op de terugweg. De Barentszee is naar hem vernoemd. (56)

Jan Pietersz. Sweelinck (1562–1621)
Componist en organist van de Oude Kerk in Amsterdam. Zijn vocale én instrumentale composities werden beïnvloed door Italiaanse en Engelse muzikale stromingen, en worden nog altijd uitgevoerd.

Jan Adriaensz. Leeghwater (1575–1650)
Timmerman en molenmaker. Onder zijn leiding waren er veel droogmakerijen, waaronder die van de Beemster, de Purmer en de Wormer. Hij was daarnaast uurwerkmaker en uitvinder van een duikerklok. (28)

Piet Heyn (1577–1629)
Zeeheld die onder meer het Braziliaanse San Salvador en de Spaanse zilvervloot veroverde. De laatste gebeurtenis wordt nog altijd, vooral bij sportwedstrijden, bezongen met: 'Piet Heyn zijn naam is klein, zijn daden benne groot'.(26)

Willebrordus Snell van Royen (1580–1626)
Als wiskundige en astronoom berekende hij de omtrek van de aarde, maar hij werd vooral bekend door zijn ontdekking van de brekingswet van het licht, die resulteerde in de naar hem genoemde Wet van Snellius.

Pieter Cornelisz. Hooft (1581–1647)
Dichter, toneel- en geschiedschrijver en jurist. Hooft schreef lyrische gedichten, toneelstukken en blijspelen, maar zijn hoofdwerk is de *Nederlandsche Historiën* waarin hij de geschiedenis van de gewesten beschrijft.

Hugo de Groot (1583–1645)
Rechtsgeleerde en staatsman, van wiens hand de werken *Over het recht van oorlog en vrede* en *De vrije zee* zijn, waarmee hij de grondlegger van het volkenrecht werd. Ook bekend van zijn legendarische ontsnapping in een boekenkist uit slot Loevenstein. (31)

Joost van den Vondel (1587–1679)
Wordt beschouwd als de grootste dichter en dramaschrijver van de Gouden Eeuw. Hij schreef vele werken, maar is als dichter en schrijver vooral bekend van het toneelstuk *Gijsbrecht van Aemstel*, dat nog altijd wordt uitgevoerd. (53)

Maarten Harpertsz. Tromp (1598–1653)
Opperbevelhebber van de Nederlandse vloot tijdens de eerste Engelse oorlog. Versloeg als luitenant-admiraal de tweede Spaanse armada. Kwam om het leven bij de slag bij Ter Heide. (95)

Abel Tasman (1603–1659)
De ontdekker van Tasmanië en Nieuw-Zeeland zocht in opdracht van de Verenigde Oostindische Compagnie (VOC) het onbekende Zuidland, het huidige Australië, waar hij als eerste omheen zeilde. (50)

Rembrandt van Rijn (1606–1669)
Schilder uit de Gouden Eeuw, bekend door zijn unieke kleurgebruik en lichtval. Zijn productie bestaat uit onder meer (zelf)portretten, en beroemde werken als *De Nachtwacht, Het joodse bruidje, De staalmeesters* en *De anatomische les van dr. Nicolaas Tulp.* (9)

Michiel de Ruyter (1607–1676)
Admiraal ter zee, die veel overwinningen boekte in de diverse zeeoorlogen met de Engelsen. Begon als 11-jarige en werkte zich op tot stuurman in de koopvaardij en op de walvisvaart. Tijdens zeeslagen bleek zijn grote tactisch inzicht. (7)

Anna Maria van Schurman (1607–1678)
Theologe met een grote talenkennis, die correspondeerde met de beroemdste geleerden van haar tijd. Zij sloot zich aan bij de Franse gereformeerde predikant Jean de Labadie, tot wiens sekte zij toetrad en die zij na diens dood leidde. (76)

Johan de Witt (1625–1672)
Staatsman, beschouwd als onkreukbaar, rechtschapen, krachtig en doortastend. De Witt maakte van Nederland in de Gouden Eeuw een wereldmacht, maar werd desondanks samen met zijn broer Cornelis vanwege zijn anti-Oranjepolitiek bruut vermoord. (32)

Christiaan Huygens (1629–1695)
Natuurkundige en astronoom, zoon van staatsman Constantijn Huygens. Christiaan deed onder meer onderzoek naar de slingerbewegingen van uurwerken en ontdekte samen met zijn broer Constantijn de ringen van Saturnus. (12)

Antoni van Leeuwenhoek (1632–1723)
Bioloog en wetenschapper; de ontdekker van onder meer de bacterie, de spermacel en aspecten van de weefselleer van planten en dieren. Een van de grondleggers van wat later de celbiologie en de microbiologie zou heten. (4)

Baruch de Spinoza (1632–1677)
Zoon van een Portugees-joodse koopman en de belangrijkste filosoof van zijn tijd. Spinoza was een leerling van Descartes en schreef onder meer *Ethica* en *Theologisch-politiek traktaat* over de scheiding van kerk en staat. (21)

Johannes Vermeer (1632–1675)
Schilder van stadsgezichten en binnenhuistaferelen, die samen met Rembrandt en Frans Hals tot de grootste Nederlandse schil-

ders van de 17de eeuw wordt gerekend. Zijn bekendste schilderijen zijn *Het melkmeisje* en *Gezicht op Delft.* (66)

Willem III (1650–1702)
Stadhouder van Holland; was getrouwd met de dochter van de koning van Engeland, Mary Stuart. Hij werd op verzoek van zijn schoonvader Jacobus II koning van Engeland en bood in Holland tegenwicht aan de expansiedrift van koning Lodewijk XIV. (72)

Herman Boerhaave (1668–1738)
Geneeskundige, scheikundige en botanicus. In zijn praktijk probeerde Boerhaave als een van de eerste medici ziekten te genezen op basis van zijn kennis van het gezonde lichaam; als botanicus bracht hij planten onder in zijn eigen systeem. (77)

Betje Wolff (1738–1804) en **Aagje Deken** (1741–1804)
Betje Wolff studeerde letteren en theologie. Na het overlijden van haar man, een predikant, woonde zij samen met Aagje Deken. Zij schreven onder meer de briefroman *De historie van mejuffrouw Sara Burgerhart.*

Belle van Zuylen (1740–1805)
Officiële naam: Isabella van Tuyll van Serooskerken. Ze was van adel en groeide op op kasteel Zuylen. Ze schreef onder meer over de vooroordelen van haar stand, de huwelijksproblematiek en de maatschappelijke positie van de vrouw. (98)

Gijsbert Karel van Hogendorp (1762–1834)
Politicus die onder meer voorzitter was van de commissie voor een nieuwe grondwet, en die met zijn ideeën hierover – een verbod op kinderarbeid en oog voor de belangen van boeren en arbeiders – zijn tijd ver vooruit was.

Johan Rudolf Thorbecke (1798–1872)
Liberaal staatsman, grondlegger van de parlementaire democratie. Thorbecke maakte in opdracht van koning Willem II een nieuwe grondwet, waarin rechtstreekse verkiezingen voor de Tweede Kamer en ministeriële verantwoordelijkheid centraal stonden. (15)

Guillaume (Willem) Groen van Prinsterer (1801–1876)
Historicus en politicus, onder meer belast met het archief van het Koninklijk Huis, waarover hij zestien boeken schreef. Hij was kabinetssecretaris van koning Willem I, maar veroordeelde diens liberale beleid. (91)

Nicolaas Beets (1814–1903)
Dichter, schrijver en promovendus in de theologie. Naast gedichten schreef hij onder het pseudoniem Hildebrand zijn bekendste werk, *Camera Obscura,* waarin hij de werkelijkheid weergeeft zoals vele gegoede burgers die zagen.

Christophorus Hendricus Didericus Buys Ballot (1817–1890)
Wis- en natuurkundige, oprichter van het Koninklijk Nederlands Meteorologisch Instituut (KNMI). Vooral bekend door de naar hem genoemde barische windwet, de wet van Buys Ballot.

Multatuli (1820–1887)
Pseudoniem van Eduard Douwes Dekker, een van Nederlands grootste schrijvers. Ambtenaar in Nederlands-Indië die onder de naam Multatuli de *Max Havelaar* schreef, een aanklacht tegen de Nederlandse exploitatie van het land en zijn inwoners (34)

Abraham Kuyper (1837–1920)
Deze theoloog, politicus, hoogleraar en predikant stichtte een eigen gereformeerde hogeschool, de latere Vrije Universiteit van Amsterdam. Hij richtte een politieke partij en een dagblad op, en was respectievelijk lid van de Eerste Kamer, minister en minister-president. (94)

Louis Couperus (1843–1923)
Schrijver van onder meer psychologische romans en reisimpressies. Bekende werken zijn onder meer *Eline Vere, De boeken der kleine zielen* en *De stille kracht.* Zij beschrijven de Haagse aristocratie en de vermoeide sfeer rond de eeuwwisseling.

Ferdinand Domela Nieuwenhuis (1846–1919)
Hij was predikant, uitgever van 'Recht voor allen', leider van de politieke partij De Democratische Beweging en kamerlid. Hij werd veroordeeld tot een jaar gevangenisstraf voor majesteitsschennis en eindigde als anarchist.

Vincent van Gogh (1853–1890)
Expressionistisch schilder die tijdens zijn leven weinig erkenning kreeg. Hij schilderde onder meer *De aardappeleters* en *De zonnebloemen.* Hij leed aan depressies, sneed een stuk van zijn oor af en pleegde uiteindelijk zelfmoord. (10)

Hendrik Petrus Berlage (1854–1934)
Architect. Beroemd citaat: 'Bouwen is dienstbaar zijn aan de gemeenschap.' Hij bouwde onder meer wijken in Amsterdam,

Rotterdam, Utrecht en Groningen en zijn bekendste creatie is de Beurs van Berlage in Amsterdam.

Aletta Jacobs (1854–1929)
De eerste vrouw die afstudeerde (geneeskunde) en de eerste vrouwelijke promovendus aan een Nederlandse universiteit. Aletta Jacobs zette zich in voor de armen en was in 1894 medeoprichtster van de Vereniging voor Vrouwenkiesrecht. (11)

Cornelis Lely (1854–1929)
Waterbouwkundig ingenieur, ontwerper van het plan voor de Afsluitdijk en de drooglegging van de Zuiderzee. Was minister van Waterstaat in drie kabinetten. Lelystad, de hoofdstad van Flevoland, is naar hem vernoemd. (43)

Pieter Jelles Troelstra (1860–1930)
Politicus en Fries dichter, en oprichter van de Sociaal Democratische Arbeiders Partij (SDAP), de voorloper van de Partij van de Arbeid. Troelstra riep in 1918 de arbeiders op tot het plegen van een staatsgreep, maar kreeg geen steun. (84)

Jac. P. Thijsse (1865–1945)
Onderwijzer, bekend door de *Verkade Albums*, oprichter van het tijdschrift *De levende natuur* en de Nederlandse Natuurhistorische Vereniging. Was de drijvende kracht achter de Vereniging tot Behoud van Natuurmonumenten en de Vogelbescherming. (87)

Piet Mondriaan (1872–1944)
Schilder, aanvankelijk van landschappen, maar ontwikkelde zich via het kubisme tot een schilder van horizontale en verticale lijnen en primaire kleuren. Was naast Bart van der Lek en Theo van Doesburg medeoprichter van het tijdschrift *De Stijl*. (89)

Anton Philips (1874–1951)
Zoon van de oprichter van het Philips-concern, dat onder zijn leiding uitgroeide tot de multinational die het nu is. In eerste instantie werden uitsluitend gloeilampen geproduceerd. Later kwamen daar röntgenbuizen en tal van huishoudelijke apparaten bij. (17)

Koningin Wilhelmina (1880–1962)
Vorstin. Werd op 18-jarige leeftijd staatshoofd. Tijdens de Tweede Wereldoorlog verbleef ze samen met het kabinet in ballingschap in Engeland. De Britse premier Winston Churchill noemde haar 'de enige man in het kabinet'. (20)

Titus Brandsma (1881–1942)
Deze in 1985 zalig verklaarde priester en hoogleraar promoveerde in Rome in de filosofie en was sinds 1923 hoogleraar in Nijmegen. Hij werd wegens verzet tegen de nazi's opgepakt en overleed in het concentratiekamp Dachau. (42)

Willem Drees (1886–1988)
Staatsman. Leidde tussen 1948 en 1958 vier kabinetten, die de basis legden voor de huidige verzorgingsstaat. Hij speelde onder meer een grote rol bij de invoering van de Algemene Ouderdomswet (AOW), het weduwen- en wezenpensioen en de kinderbijslag. (3)

Gerrit Thomas Rietveld (1888–1964)
Architect en meubelontwerper. Hij ontwierp onder meer huizen, fabrieken, de Rietveldstoel, het Rietveldhuis en de Nederlandse paviljoens op de Biënnale van 1953 in Venetië en de Wereldtentoonstelling in 1958 in Brussel.

Albert Plesman (1889–1953)
Organiseerde in 1919 de eerste Luchtverkeer Tentoonstelling, die kort daarop leidde tot de oprichting van de KLM. Hij werd directeur van 's werelds eerste luchtvaartmaatschappij en bouwde deze uit tot een van de grootste ter wereld. (68)

Antony Fokker (1890–1939)
Vliegtuigbouwer en stichter van de Nederlandse Vliegtuigenfabriek Fokker, die in eerste instantie internationaal bekend werd met zijn militaire vliegtuigen, maar later ook en vooral door de bouw van burgervliegtuigen. (33)

Anton Pieck (1895–1987)
Kunstschilder, tekenaar en graficus. Zijn tekeningen zijn sprookjesachtig en nostalgisch van karakter. Pieck was een van de initiators van de ontwikkeling van sprookjespark De Efteling in Kaatsheuvel, dat in de jaren vijftig op grond van zijn ideeën werd opgezet. (81)

M. C. Escher (1898–1972)
Lithograaf die twee- en driedimensionale tekeningen maakte die met hun perspectief en weerspiegelingen zorgen voor optisch bedrog. Het werk van Escher wordt tentoongesteld in een eigen museum in Den Haag. (37)

Jan Hendrik Oort (1900–1992)
Astronoom. Bouwer van de eerste radiotelescoop ter wereld en oprichter van het eerste Europese astronomische samenwerkings-

verband. Legde de fundamenten voor het wereldwijde onderzoek naar kometen en de structuur en dynamica van de melkweg.

Koningin Juliana (1909–2004)
Vorstin. Juliana stond bekend om haar afkeer van het protocol en haar eenvoud. Zij zorgde ervoor dat het koningshuis populair bleef tijdens de democratisering, het studentenoproer en de links georienteerde kabinetten van de jaren zestig en zeventig. (14)

Prins Bernhard (1911–2004)
Echtgenoot van koningin Juliana, oorlogsheld en medeoprichter van het Wereld Natuurfonds. Hij streed in de oorlog actief tegen Duitsland, zijn oude vaderland, en verwierf hiermee grote populariteit, met name bij de oud-strijders. (35)

Wim Kan (1911–1983)
Cabaretier. Deze ministerszoon was vooral bekend vanwege zijn sterk politiek gerichte oudejaarsavondconferences, die eerst op de radio en later op de televisie te horen waren. De liedjes uit zijn shows zijn onder de oudere generatie nog steeds heel bekend. (96)

Willem Kolff (1911–2009)
Internist. Kolff was onder meer uitvinder van de eerste werkende kunstnier en oprichter van de eerste bloedbank van Europa. Hij deed onderzoek naar kunstmatige organen, ontwikkelde een hart-longmachine en bracht als eerste een kunsthart in bij een mens. (47)

Joseph Luns (1911–2002)
Diplomaat en politicus. Luns was de langstzittende minister van Buitenlandse Zaken en was gedurende dertien jaar secretaris-generaal van de NAVO. Hij weigerde Nederland als klein land te zien en streed tegen het overwicht van Frankrijk en West-Duitsland in de Europese Unie. (45)

Annie M.G. Schmidt (1911–1995)
Auteur van klassieke kinderboeken als *Jip en Janneke, Abeltje, Wiplala* en *Pluk van de Petteflet* en kinderversjes als 'Het fluitketeltje', 'Dikkertje Dap' en 'Het beertje Pippeloentje'. Schmidt schreef daarnaast musicals en songteksten voor volwassenen (13)

Marga Klompé (1912–1986)
De eerste vrouwelijke minister (1956) van Cultuur, Recreatie en Maatschappelijk Werk. Klompé bracht in 1963 de Algemene Bijstandwet tot stand. Later werd zij minister van Staat en voorzitter van de pauselijke commissie Justitia et Pax. (65)

Godfried Bomans (1913–1971)
Schrijver met een parodiërende en ironische stijl, schreef onder meer *Erik of het klein insectenboek*, de *Pa Pinkelman*-boeken, *Pieter Bas* en bundels als *Kopstukken*. Hij was een scherp observator, columnist en bekende tv-persoonlijkheid. (48)

Majoor Bosshardt (1913-2007)
Luitenant-kolonel van het Leger des Heils. Begint met werken in een kindertehuis, en richt in 1948 het Amsterdamse Goodwill-centrum voor dak- en thuislozen op. Vanuit dit centrum bezoeken de heilsoldaten de kroegen en bordelen. (16)

Toon Hermans (1916–2000)
Cabaretier, behoorde met Wim Kan en Wim Sonneveld tot de bekendste cabaretiers van Nederland. Hij was niet alleen populair door zijn theatershows, maar ook vanwege zijn filosofisch getinte liedjes en gedichten. (22)

Erik Hazelhoff Roelfzema (1917-2007)
Verzetsheld die in de Tweede Wereldoorlog naar Engeland vluchtte en van daaruit verzetsacties pleegde in bezet Nederland. Later werd hij adjudant van koningin Wilhelmina. Hij schreef het autobiografische en verfilmde boek *Soldaat van Oranje*. (39)

Wim Sonneveld (1917–1974)
Cabaretier met eigen theater- en televisieshows. Speelde bovendien in films en musicals, waaronder *My fair lady*. Hij nam een aantal ook nu nog bekende liedjes op, zoals het nostalgische *Het dorp*. (60)

Fanny Blankers-Koen (1918–2004)
Atlete, uitgeroepen tot 's werelds beste atlete van de 20ste eeuw. Blankers-Koen won als dertigjarige moeder met hardlopen vier gouden medailles op de Olympische Spelen en behaalde 5 Europese en 58 nationale titels en 21 wereldrecords. (29)

Hella Haasse (1918–2011)
Deze in voormalig Nederlands-Indië geboren schrijfster heeft bijna alle Nederlandse literaire prijzen gewonnen. Haasse schreef over haar geboorteland (onder meer *Oeroeg, Heren van de thee*) en schreef daarnaast onder meer historische romans als *Het woud der verwachting* en *De scharlaken stad*. (70)

Joop den Uyl (1919–1987)
Oud-premier voor de Partij van de Arbeid. Verhoogde de uitkerin-

gen en het minimumloon en zorgde dat Suriname onafhankelijk werd. Zijn niet-vervulde streven was de winstdeling van bedrijven met hun werknemers. (27)

Abe Lenstra (1920–1985)
Legendarisch voetballer, die in de jaren veertig en vijftig als linksbuiten bij Heerenveen speelde. Lenstra kwam 47 keer uit voor het Nederlands elftal, maar wilde ondanks vele aanbiedingen nooit naar een buitenlandse club. (100)

Hannie Schaft (1920–1945)
Verzetsheldin. Verrichtte koeriersdiensten en liquideerde samen met enkele anderen NSB'ers, provocateurs en collaborateurs. Ze werd bij een routinecontrole opgepakt, herkend aan haar rode haar en door de Duitsers doodgeschoten. (19)

Willem Frederik Hermans (1921–1995)
Auteur. Wordt samen met Harry Mulisch en Gerard Reve beschouwd als een van de grootste drie naoorlogse auteurs. Hij schreef onder meer *De donkere kamer van Damokles* en *Onder professoren* en ontving de P.C.-Hooftprijs. (83)

Freddy Heineken (1923–2002)
Heineken bouwde de brouwerij van zijn vader uit tot een wereldwijd imperium. Dankzij zijn goede gevoel voor marketing en reclame en zijn slagzin 'Heerlijk, helder Heineken', kreeg zijn bier een ongekende naamsbekendheid. (18)

Johnny Kraaykamp sr. (1925–2011)
Acteur. Met zijn voormalige partner Rijk de Gooijer had Kraaykamp een lange carrière als komiek en nam hij vele televisieshows op. Daarna brak hij door als serieus acteur in toneelproducties en won verschillende prestigieuze prijzen, waaronder de Louis d'Or. (64)

Jan Wolkers (1925-2007)
Schrijver van onder meer *Terug naar Oegstgeest* en *Turks fruit*, dat later werd verfilmd. Tevens beeldend kunstenaar: van zijn hand is het Auschwitzmonument in Amsterdam. (88)

Prins Claus (1926–2002)
Echtgenoot van koningin Beatrix. Hij was zeer populair dankzij zijn innemende persoonlijkheid en intellectuele gaven. Hij bracht een deel van zijn jeugd door in Afrika en was expert op het gebied van ontwikkelingssamenwerking. (23)

Dick Bruna (1927)
Bruna's vader wilde dat hij uitgever zou worden, net zoals zíjn vader en grootvader, maar hij werd een wereldberoemd illustrator van kinderboeken over Nijntje. Ze werden in tientallen talen vertaald en er zijn tegen de honderd miljoen van verkocht. (67)

Albert Heijn (1927–2011)
Hij trad na de oorlog in dienst van het familiebedrijf en werd, via manager ontwikkeling zelfbediening, directeur marketing en voorzitter van de raad van bestuur. Later bekleedde hij diverse commissariaten en maatschappelijke functies. (85)

Harry Mulisch (1927–2010)
Romanschrijver, een van de zogenoemde 'grote drie' (naast Hermans en Reve). Veel van zijn boeken spelen in de oorlog en hebben klassieke thema's als het noodlot en het oedipuscomplex. Bekende werken zijn *Het stenen bruidsbed, De aanslag* en *De ontdekking van de hemel.* De laatste twee titels werden verfilmd. (93)

Rinus Michels (1928–2005)
Michels speelde aanvankelijk als voetballer bij Ajax, maar was later als voetbaltrainer onder meer werkzaam bij Ajax en het Nederlands elftal. Hij won met Ajax onder meer de Europacup en werd met het Nederlands elftal Europees kampioen in 1988. (54)

Mies Bouwman (1929)
Was in 1951 een van de eerste tv-omroepsters, maar werd vooral bekend met een 24 uur durende televisie-uitzending ten bate van een liefdadigheidsactie. Daarna presenteerde ze bekende en populaire televisieshows. (55)

Anne Frank (1929–1945)
Schrijfster van het oorlogsdagboek *Het Achterhuis.* Het dagboek van Anne Frank is vertaald in zestig talen en er zijn meer dan dertig miljoen exemplaren van verkocht. Het is daarmee veruit het bestverkochte Nederlandse boek. (8)

Frits Bolkestein (1933)
VVD-leider, minister van defensie en eurocommissaris. Hij voorzag als één van de eersten problemen met de inburgering van migranten. Zijn meningen zijn nu gemeengoed, maar destijds kregen zijn uitspraken over dit onderwerp veel kritiek. (62)

Ramses Shaffy (1933–2009)
Hij vierde als chansonnier, acteur en zanger successen met zijn

eigen cabaretgezelschap, zijn theatershows met zangeres Liesbeth List, zijn rollen in televisieseries, films, toneel- en musicalproducties en als zanger van hits als *Sammy* en *Laat me.* (99)

Joke (Kool-)Smit (1933–1981)
Ze was een vertegenwoordigster van de vrouwenbeweging en richtte samen met de latere minister Hedy d'Ancona de actiegroep Man Vrouw Maatschappij (MVM) op, die een belangrijke rol speelde bij de emancipatiebeweging in de vorige eeuw. (61)

Koningin Beatrix (1938)
Toen onze huidige vorstin in 1980 haar moeder opvolgde, breidde zij het protocol uit en voerde de aanspreektitel 'majesteit' weer in. Ze dwingt onder meer respect af vanwege haar gedetailleerde kennis van en betrokkenheid bij staatszaken. (41)

Wim Kok (1938)
Hij was achtereenvolgens vakbondsleider, minister en minister-president en is nu onder meer minister van Staat. Zijn kabinetten voerden een streng bezuinigingsbeleid, onder andere op de WAO, waardoor in zijn periode als minister-president de werkgelegenheid groeide. (36)

Paul Verhoeven (1938)
Regisseur van Nederlandse films als *Turks fruit* en *Soldaat van Oranje.* In de Verenigde Staten maakte hij furore met *Basic Instinct* met Sharon Stone en Michael Douglas, *Robocop* en *Totall Recall* met in de hoofdrol Arnold Schwarzenegger.(97)

Ruud Lubbers (1939)
De ondernemer werd minister van Financiën en was met 12 jaar de langst zittende minister-president van Nederland. Hij was bekend als onnavolgbare bedenker van politieke compromissen. Later werd hij Hoge Commissaris voor de Vluchtelingen. (58)

Van Kooten & De Bie (respectievelijk 1941 en 1939)
Kees van Kooten en Wim de Bie verzorgden gedurende een lange reeks van jaren maatschappijkritische televisieprogramma's waarin zij met tal van zaken de spot dreven. Ook schreven zij (afzonderlijk en samen) verschillende boeken. (30)

Joop van den Ende (1942)
Van den Ende houdt zich sinds de verkoop van zijn televisieproductiebedrijf Endemol vooral bezig met het produceren van theaterproducties. Hij maakte van Nederland een echt musicalland en heeft inmiddels eigen theaters in Nederland en daarbuiten. (51)

Boudewijn de Groot (1944)
De Groot begon zijn zangcarrière als protestzanger en had een aantal grote hits, waaronder *Welterusten, meneer de president*, over de oorlog in Vietnam, en *Meisje van zestien*. Hij zingt, acteert, componeert en treedt op in musicals. (82)

Rutger Hauer (1944)
Acteur, speelde in de bekende jeugdtelevisieserie *Floris* en later in films als *Turks fruit* en *Soldaat van Oranje*. Hij vertrok naar Amerika en speelde daar in films als *Blade Runner* en *Nighthawks*. Hauer won onder meer een Gouden Kalf en een Rembrandt. (92)

Freek de Jonge (1944)
Vormde ooit samen met Bram Vermeulen de cabaretgroep Neerlands Hoop in Bange Dagen. Ging daarna als soloartiest verder, en maakte vele programma's voor theater en televisie. De Jonge schrijft boeken, maakt films en verzorgde regelmatig oudejaarsconferences. (80)

Wubbo Ockels (1946)
Ockels was in 1985 de eerste Nederlandse ruimtevaarder en was verbonden aan het Europese ruimtevaartcentrum ESA. Tegenwoordig is hij hoogleraar Lucht- en Ruimtevaarttechnologie aan de Technische Universiteit in Delft. Er werd een planetoïde 'Ockels' naar hem vernoemd. (75)

Joop Zoetemelk (1946)
Deze wielrenner behaalde na zijn debuut als prof al snel een tweede plaats in de Tour de France. Hij deed zestien keer mee en won de Tour de France in 1980. Hij was ook winnaar van onder meer het wereldkampioenschap wielrennen en de Ronde van Spanje. (69)

Johan Cruijff (1947)
Voetbalde bij Ajax, Feyenoord en Barcelona. Werkte als trainer bij Ajax en Barcelona en is tegenwoordig onder meer werkzaam als commentator bij voetbalwedstrijden. Bekend om zijn techniek, snelheid, technisch inzicht en karakteristiek taalgebruik. (6)

André van Duin (1947)
Echte naam: André Kyvon. Van Duin verwierf grote roem met zijn imitaties en typetjes. Hij maakte vele radio- en televisieprogramma's, tv-series, bioscoopfilms, revues en theatershows en carnavalshits. (52)

Pim Fortuyn (1948–2002)
Hoogleraar sociologie en later (controversieel) politicus, die in korte tijd ongekend populair werd. Zijn omstreden politieke opvattingen zorgden voor veel verwarring. Met een grote verkiezingszege in zicht werd hij vermoord door een dierenrechtenactivist. (2)

Monique van de Ven (1952)
Actrice, werd op jonge leeftijd bekend door haar rol in de film *Turks fruit* en speelde nadien in vele film- en televisieproducties. Ze ontving tweemaal het prestigieuze Gouden Kalf, waarvan één keer voor haar gehele oeuvre. (79)

Theo van Gogh (1957–2004)
Film-, radio- en televisiemaker, een ver familielid van de schilder Van Gogh, werd vanwege zijn controversiële uitspraken op brute wijze vermoord door een moslimextremist. Na zijn dood bleek dat Van Gogh onder meer werkte aan een serie voor de moslimomroep.

Ruud Gullit (1962)
Voetballer, speelde voor Feyenoord, PSV en AC Milan, waarmee hij tweemaal de Europa Cup won, en behaalde met het Nederlands elftal in 1988 het Europees kampioenschap. Gullit werd verkozen tot Europees voetballer van het jaar en is tegenwoordig trainer. (78)

Paul de Leeuw (1962)
Cabaretier, zanger en presentator van komische, soms wat controversiële radio- en televisieprogramma's. De Leeuw werd voor twee van zijn televisieprogramma's bekroond met een Bronzen Roos in Montreux (1992) en twee Zilveren Nipkowschijven. (86)

Marco van Basten (1964)
Voetballer bij achtereenvolgens Ajax en AC Milan. Met deze clubs en het Nederlands elftal won hij onder meer de Europacup en het Europees kampioenschap. Hij werd geprezen om zijn techniek en werd tweemaal gekozen tot Europees voetballer van het jaar. Later werd hij bondscoach van het Nederlands elftal. (25)

Marco Borsato (1966)
Populaire zanger die in 1994 doorbrak met het nummer *Dromen zijn bedrog*. Het lied stond 13 weken nummer één in de Nederlandse hitparade. Sindsdien scoorde Borsato vele hits. Daarnaast zet hij zich actief in voor de stichting War Child. (38)

Hans Teeuwen (1967)
Cabaretier, won in 1991 het Delftse Camerettenfestival en heeft sindsdien veel theatershows en radio- en televisieoptreden gehad. Hij kondigde in 2005 aan te stoppen met zijn theatershows en is tegenwoordig onder meer actief als regisseur. (44)

DJ Tiësto (1969)
Techno-dj. Echte naam: Tijs Verwest. Werd in 2004 voor de derde achtereenvolgende keer uitgeroepen tot beste dj van de wereld. Won daarnaast nog diverse andere prijzen, waaronder verschillende MTV- en TMF-awards en de Nederlandse Popprijs. (40)

Leontien Zijlaard-Van Moorsel (1970)
Zij beheerste de wielersport voor vrouwen jarenlang en won onder meer tweemaal de Tour de France voor vrouwen en veroverde zes Olympische medailles (vier gouden, één zilveren en één bronzen). Daarnaast werd ze zes keer tot sportvrouw van het jaar gekozen.

NEDERLANDSE NOBELPRIJSWINNAARS

Jacobus Henricus van 't Hoff (1852–1911)
Chemicus, hield zich bezig met organische scheikunde, de leer van koolstofverbindingen. Zijn theorie van chemische evenwichten en osmose vond aanvankelijk weinig weerklank, maar leverde hem in 1901 de Nobelprijs voor de scheikunde op.

Hendrik Antoon Lorentz (1853–1928)
Natuurkundige. Ontving in 1902 de Nobelprijs voor zijn onderzoek naar elektrodynamica en heeft hierdoor mede de grondslag gelegd voor Einsteins relativiteitstheorie. Hij was ook voorzitter van de Zuiderzeecommissie voor inpoldering. (49)

Pieter Zeeman (1865–1943)
Natuurkundige. Ontving in 1902 samen met Hendrik Lorentz de Nobelprijs voor de natuurkunde voor het leveren van experimenteel bewijs dat een atoom elektronen bevat. Hij toonde de wisselwerking tussen licht en magnetisme aan – het zogenoemde Zeemaneffect.

Johannes Diderik van der Waals (1837–1923)
Natuurkundige. Kreeg in 1910 de Nobelprijs voor de natuurkunde voor zijn theorie over de aantrekkingskracht van moleculen. Hij betoogde in zijn proefschrift dat moleculen echt bestaan, wat destijds nog niet algemeen werd aanvaard. (74)

Tobias Michael Carel Asser (1838–1913)
Jurist, wordt vanwege zijn rol bij het totstandkomen van het permanente hof van arbitrage beschouwd als grondlegger van het internationaal recht. Hij ontving hiervoor in 1911 de Nobelprijs voor de vrede.

Heike Kamerlingh-Onnes (1853–1926)
Deze hoogleraar in de experimentele natuurkunde bestudeerde het gedrag van gassen. Hij ontving in 1913 de Nobelprijs voor de natuurkunde voor het laten afkoelen van helium tot 270 graden Celsius onder nul, waardoor het vloeibaar werd.

Willem Einthoven (1860–1927)
De uitvinder van het elektrocardiogram. Doordat Einthoven verband legde tussen afwijkingen in standaardcurves, konden verschillende soorten hartfalen beter gediagnosticeerd worden. Hiervoor ontving hij in 1924 de Nobelprijs voor geneeskunde.

Christiaan Eijkman (1858–1930)
Ontdekte bij onderzoek naar de tropische en vaak dodelijke ziekte *beriberi* de antineuritische vitamine B1 en het belang ervan voor de genezing en voorkoming van beriberi. Voor deze ontdekking ontving hij in 1929 de Nobelprijs voor geneeskunde.

Petrus Josephus Wilhelmus Debije (1884–1966)
Natuurkundige die zich bezighield met de structuur van atomen en moleculen. In 1936 ontving hij de Nobelprijs voor scheikunde voor zijn onderzoek naar de wisselwerking van straling en materie en zijn meetmethoden.

Frits Zernike (1888–1966)
Natuurkundige. Leverde onder meer belangrijke theoretische bijdragen aan de statistiek, maar ontving in 1953 de Nobelprijs voor natuurkunde voor zijn uitvinding van de fasecontrastmicroscoop, een verbetering van de klassieke microscoop.

Jan Tinbergen (1903–1994)
Deze hoogleraar ontving in 1969 de Nobelprijs voor economie voor zijn wiskundige modellen voor economische analyses. Hij wordt gezien als de grondlegger van de econometrie, een combinatie van economie, statistiek en wiskunde. (59)

Nikolaas Tinbergen (1907–1988)
Broer van Jan Tinbergen, kreeg in 1973 de Nobelprijs voor geneeskunde voor zijn onderzoek naar het gedrag van dieren en zijn hier-

uit voortvloeiende verklaring van de biologische achtergronden van het menselijk gedrag.

Tjalling Koopmans (1919–1985)
Fysicus die in 1975 onderscheiden werd met de Nobelprijs voor economie voor zijn theorie van de optimale toewijzing van productiemiddelen – het vervoer van middelen tegen minimale kosten.

Nicolaas Bloembergen (1920)
Hij leverde een belangrijke bijdrage aan de ontwikkeling van de laserspectroscopie, die onder meer gebruikt wordt voor het bekijken van inwendige organen en weefsels, en ontving hiervoor in 1981 de Nobelprijs voor de natuurkunde.

Simon van der Meer (1925)
Natuurkundige, ontving in 1984 de Nobelprijs voor natuurkunde voor het ontwerp van een experiment waarmee deeltjes van de zwakke wisselwerking werden ontdekt. Hij bewees op grond van een formule het bestaan van het zogenoemde W- en Z-deeltje.

Martinus Veltman (1931)
Veltman ontving in 1999 samen met Gerard 't Hooft de Nobelprijs voor natuurkunde voor hun theorie voor de berekening van het gedrag van elementaire deeltjes. Zij vonden hiermee de grondregels van de hele familie van elementaire deeltjes.

Paul Crutzen (1933)
Deed onderzoek naar het gat in de ozonlaag en ontving hiervoor in 1995 de Nobelprijs voor scheikunde. Zijn carrière staat nog altijd in het teken van de invloed van menselijk handelen op het milieu op aarde, met name op de atmosfeer.

Gerard 't Hooft (1946)
Ontving in 1999 samen met Martinus Veltman de Nobelprijs voor de natuurkunde (zie hierboven).

HONDERD BELANGRIJKE JAARTALLEN

754	De missionaris Bonifatius wordt door Friese rovers bij Dokkum vermoord.
1421	St.-Elisabethsvloed, een van de grootste van de vele overstromingen in deze periode.
1441	Kampen sluit zich aan bij de machtige handelssteden (Hanzesteden) rond de Oostzee.
1464	Eerste bijeenkomst van de Staten-Generaal.
1568–1648	Tachtigjarige Oorlog tegen Spanje.
1575	De universiteit van Leiden, de eerste universiteit van Nederland, wordt gesticht.
1584	Willem van Oranje wordt te Delft vermoord.
1602	Oprichting van de Verenigde Oost-Indische Compagnie (VOC), een verbond van kooplieden.
1605	De Molukse eilanden komen in Nederlandse handen.
1609–1621	Wapenstilstand tussen Spanje en de Republiek der Zeven Verenigde Nederlanden.
1609	Oprichting van de Amsterdamse Wisselbank.
1618–1619	De Synode van Dordrecht besluit om de bijbel in het Nederlands te vertalen.
1625	Stichting van Nieuw Amsterdam, het latere New York.
1625	Drooglegging en inpoldering van het eerste grote Hollandse meer, 'de Wormer'.
1628	Verovering van de Spaanse Zilvervloot door Piet Heyn.
1630	Delen van Brazilië worden veroverd.
1632	Trekvaart Amsterdam–Haarlem geopend.
1652–1654	Eerste oorlog tegen Engeland.
1665–1667	Tweede oorlog tegen Engeland.
1667	Definitieve verovering van Suriname, verlies van Nieuw Amsterdam.
1672	In dit rampjaar vallen Engeland, Frankrijk, Keulen en Munster de Republiek aan.
1780–1784	Vierde Engelse oorlog.
1791	Opheffing West-Indische compagnie, die zich voornamelijk met slavenhandel bezighield.
1794–1795	Frankrijk valt Nederland binnen.
1798	Oprichting Rijkswaterstaat.
1810–1813	Inlijving bij Frankrijk.
1814	Oprichting van de Nederlandsche Bank.

1816	Oprichting van de Nederlands Hervormde Kerk.
1839	Nederland erkent na de afsplitsing de nieuwe Belgische staat.
1848	Basis voor huidige Grondwet van het Koninkrijk der Nederlanden.
1848	Drooglegging van de Haarlemmermeer.
1849	Oprichting Nederlandse Maatschappij tot bevordering van de Geneeskunde.
1851	Oprichting van de Koninklijke Nederlandse Akademie der Wetenschappen.
1854	Opening van het Koninklijk Nederlands Meteorologisch Instituut (KNMI).
1863	Nederland schaft de slavernij in zijn koloniën af.
1874	Het werken in fabrieken door kinderen jonger dan twaalf jaar wordt verboden.
1876	Opening van het Noordzeekanaal, waarmee Amsterdam toegang tot de Noordzee krijgt.
1883	Oprichting ANWB, Algemene Nederlandse Wielrijders Bond.
1884	Oprichting van het Conservatorium in Amsterdam.
1889	Arbeidswet, met een regeling voor arbeid voor vrouwen en kinderen tot 16 jaar.
1900	Invoering van de Leerplichtwet.
1891	Oprichting Philips & co., fabrikant van gloeilampen, het latere Philips.
1894	Oprichting van de Vereniging voor Vrouwenkiesrecht.
1905	Oprichting van de Technische Hogeschool, de latere universiteit, in Delft.
1907	Fusie van Nederlandse Petroleummaatschappij en het Britse Shell.
1909	Eenheidstijd ingevoerd waardoor Nederland één tijdzone krijgt.
1914–1918	Eerste Wereldoorlog, waarin Nederland neutraal bleef.
1918	Het parlement neemt de wet 'tot afsluiting en droogmaling van de Zuiderzee' aan.
1918	Oprichting van de Hoogovens, een staalfabriek in IJmuiden, het tegenwoordige Corus.
1919	Invoering vrouwenkiesrecht.
1919	Oprichting van de Koninklijke Luchtvaartmaatschappij (KLM).
1919	Eerste proefuitzending van de radio.
1921	Vestiging van het Internationale Hof voor Justitie in Den Haag.

1926 Invoering van de wegenbelasting.
1928 In Amsterdam worden de negende Olympische Spelen gehouden.
1932 De Afsluitdijk wordt voltooid, waarmee de Zuiderzee voortaan het IJsselmeer heet.
1932 Oprichting van TNO, de organisatie voor Toegepast Natuurwetenschappelijk Onderzoek.
1933 Wegens de werkloosheid neemt de overheid geen getrouwde vrouwen meer in dienst.
1934 Het KLM-vliegtuig *De Uiver* wordt tweede in de Londen-Melbournerace.
1935 Oprichting van het Algemeen Nederlands Persbureau (ANP).
1937 Officiële oprichting van de Nederlandse Spoorwegen, onofficieel al in 1917.
1939 Invoering kinderbijslagwet.
1940–1945 Tweede Wereldoorlog.
1941 De 'Februaristaking', een algemene staking als protest tegen de jodenvervolging.
1945 Oprichting van het Nederlands Instituut voor de Publieke Opinie (NIPO).
1946 Oprichting van de Nederlandse Vereniging voor Seksuele Hervorming (NVSH).
1947 Invoering van de Algemene Ouderdomswet (AOW).
1948 Oprichting van de Benelux, een douaneverdrag tussen België, Nederland en Luxemburg.
1949 Nederland erkent de zelfstandigheid van Indonesië.
1949 Oprichting Raad van Europa.
1949 Oprichting van de Noord-Atlantische Verdragsorganisatie (NAVO).
1951 Oprichting van de Europese Gemeenschap voor Kolen en Staal, de voorloper van de EU.
1951 De eerste landelijke televisie-uitzending.
1953 De watersnoodramp in Zuidwest-Nederland kost op 1 februari aan 1835 mensen het leven.
1953 Anna de Waal wordt de eerste Nederlandse vrouwelijke staatssecretaris.
1955 Aanname van de motie die het verplichte ontslag van getrouwde ambtenaressen afschaft.
1956 De handelingsonbekwaamheid van de vrouw wordt opgeheven.
1957 Oprichting van de Europese Economische Gemeenschap (EEG) en verdrag van Rome.
1957 Invoering van de Deltawet naar aanleiding van de watersnoodramp van 1953.

1959 Vondst van een grote aardgasbel bij de Groningse plaats Slochteren.

1959 Invoering van de Algemene Weduwen- en Wezenwet (AWW).

1961 Invoering van de vijfdaagse werkweek voor overheidspersoneel.

1963 Invoering van de Algemene Kinderbijslagwet.

1963 Overdracht van de voormalige Nederlandse kolonie Nieuw-Guinea aan Indonesië.

1963 Introductie van de anticonceptiepil.

1964 Invoering van de Wet Werkloosheidsvoorziening (WW).

1965 Invoering van de Algemene Bijstandswet.

1965 Aankondiging van de sluiting van de Limburgse mijnen.

1967 Invoering van de Wet op de Arbeidsongeschiktheid (WAO).

1969 Afschaffing van de wet die de man tot het hoofd van de echtvereniging benoemt.

1969 Invoering van de btw (belasting over de toegevoegde waarde).

1970 Invoering van de Algemene Wet Bijzondere Ziektekosten (AWBZ).

1975 Onafhankelijkheid van Suriname.

1984 Oprichting Landelijke Organisatie Slachtofferhulp.

1988 De grens voor de meerderjarigheid wordt van 21 jaar naar 18 jaar verschoven.

1993 Met het opheffen van de binnengrenzen van de EG ontstaat de Europese Unie.

2001 Het homohuwelijk, volledig gelijkwaardig aan een heterohuwelijk, wordt ingevoerd.

2002 Invoering van de euro, de gemeenschappelijke munt voor 12 lidstaten van de EU.

2002 De politicus Pim Fortuyn wordt door een dierenrechtenactivist vermoord.

2004 Film-, radio- en televisiemaker Theo van Gogh wordt vermoord door een moslimextremist.

2010 Sinds 10 oktober 2010 bestaan de Nederlandse Antillen officieel niet meer. Curaçao en Sint-Maarten zijn met ingang van die datum, net als Aruba, aparte landen binnen het Koninkrijk der Nederlanden. Bonaire, Saba en Sint-Eustatius (de BES-eilanden) zijn bijzondere gemeenten van Nederland.

UITSPRAKEN OVER NEDERLANDERS EN DE NEDERLANDSE VOLKSAARD

UITSPRAKEN VAN NEDERLANDERS OVER NEDERLAND EN DE NEDERLANDERS

De onbestaande typische Nederlander is een moralist. Wij vormen een volk van theologen. En wij zijn de schoolmeesters van Europa.
Godfried Bomans, schrijver

Wie in Nederland niet loodzwaar en zonder een zweem van een glimlach op de zaken ingaat, is niet 'deskundig'.
Godfried Bomans, schrijver

De Nederlandse cultuur – de politieke cultuur incluis – kenmerkt zich traditioneel als zorgzaam, humanitair georiënteerd en relatief feminien. Dit leidt tot een liefde voor overleg en consensus.
Gabriël van den Brink, cultuursocioloog

Hollanders hebben niet de gewoonte om, geconfronteerd met een probleem, zo'n probleem op te lossen. Wij stichten liever een commissie en die commissie, ook niet lui, formeert terstond een subcommissie en daarna gaan allen naar bed met het besef dat er toch iets gebeurd is.
Godfried Bomans, schrijver

De Nederlandse kleinheid is eigenlijk een superioriteitsgevoel waarvoor we niet durven uit te komen.
Abram de Swaan, hoogleraar Sociale Wetenschap

Met een Nederlander valt niet te disputeren. Hij heeft tot het eind toe gelijk en daalt met deze zekerheid opgewekt het graf in.
Godfried Bomans, schrijver

Nederlanders zijn verschrikkelijk eigenwijs. Tegen de stroom in blijven ze volhouden dat er een oplossing is voor elk probleem.
Reinout Meltzer, voorzitter van de Nederlandse Orde van Uitvinders

Hollanders zijn niet gierig, maar zuinig. Als een van de zeer weinige naties ter wereld zijn ze in staat om daartussen een haarfijn onderscheid te maken. Gierigheid is zelfzuchtig, zuinigheid is voor het goede doel.
Herman Vuijsje en Jos van der Lans, schrijvers

Een Nederlander mag in het geheim voor een zaak in vuur en vlam staan, als hij naar buiten toe maar goed laat merken dat hij er lak aan heeft.
Godfried Bomans, schrijver

Nederlanders hebben altijd volgeplande agenda's. Een afspraak kun je pas maken voor over drie weken. Dat is heel weinig hartelijk.
Michel de Lepper, Nederlandse repatriant

Ze zouden aan de grens met Nederland borden moeten zetten met: 'Bewondering van mensen ten strengste verboden'.
Cherry Duyns, journalist

UITSPRAKEN VAN NIET-NEDERLANDERS EN NIEUWE NEDERLANDERS OVER NEDERLANDERS EN DE NEDERLANDSE VOLKSAARD

Geboren in vrijheid, democratie en welvaart zijn Nederlanders altijd bereid hun morele gelijk te halen, desnoods alleen tegenover de hele wereld. Het liefst zouden ze zien dat hun vaderland als voorbeeld functioneert voor andere beschavingen.
Jan Stavinoha, schrijver

Alles, maar dan ook alles is hier door de staat geregeld. Tot en met de rechten voor dieren!
Siamand Banaa, ambassadeur van Irak in Nederland

Wanneer niemand in de wereld meer zou weten hoe het met de mensheid verder moet, dan is er altijd wel een Nederlandse oplossing voorhanden.
Jan Stavinoha, schrijver

Ik heb het idee dat Nederlanders maar een halfjaar werken. Ze hebben het altijd over vakantie.
Li Minghuan, historica

Fietsen is voor Nederlanders hetzelfde als paardrijden voor kozakken.
J. Rentes de Carvalho, schrijver

In dit land weet ik uit eigen ervaring dat het absoluut onmogelijk is om langer dan 500 meter met een kapot remlicht te rijden zonder dat half Nederland met waarschuwende knipperlichten achter je aan jaagt.
Sylvain Ephimenco, schrijver

Een Hollander bidt tot God op de manier die hij wil, en kiest ook zelf de weg die hij naar de hemel neemt. Niets is vreemder dan op hetzelfde moment, in dezelfde straat, mensen op zoveel verschillende manieren God te zien dienen.
Markies de Vérac, 18de-eeuwse Franse diplomaat

Omdat Nederlanders een nogal sterk ontwikkeld moreel bewustzijn hebben, staat elke Nederlander altijd klaar om onrecht te bestrijden. Zwakken, vereenzaamden, hulpelozen en andere arme stakkers worden in dit land als zeldzame vogels beschermd. Zodra de aard van hun misère is vastgesteld worden ze naar passende organisaties doorgestuurd.
Jan Stavinoha, schrijver

Laat je als nieuwkomer niet misleiden door de uitdrukking 'doe maar gewoon, dan doe je al gek genoeg', want in Nederland is niets gewoon.
Ayaan Hirsi Ali

In hun hang naar perfectie en regulering, in hun drang om oneffenheden – daar kun je immers over struikelen – weg te beitelen, in hun drift om met kasten vol draaiboeken en rampenplannen het onvoorstelbare alvast het hoofd te bieden, hebben Nederlanders het onmogelijke gepresteerd door het paradijs op aarde te reconstrueren. Natuurlijk is het paradijs per definitie saai, maar saaiheid heeft heel wat voordelen, omdat het een gevoel van veiligheid, kalmte en vrede verschaft.
Sylvain Ephimenco, schrijver

Als er zoiets als een hemel bestaat waarin na hun dood mensen terechtkomen die deugdzaam, nijver, verantwoordelijk, zuinig, vroom, zorgzaam, betrouwbaar, keurig, gezellig en correct hebben geleefd, dan moet die hemel overbevolkt zijn met Nederlanders. En als dat hiernamaals niet geheel aan de verwachtingen voldoet, dan zouden die Nederlanders daar zeker iets aan gaan doen. Want als geen ander weet een Nederlander hoe de zaken in een ideale leefgemeenschap geregeld moeten worden.
Jan Stavinoha, schrijver

BEKENDE NEDERLANDSE SPREEKWOORDEN EN GEZEGDEN

Doe maar gewoon, dan doe je gek genoeg = *Wees jezelf.*

Hoge bomen vangen veel wind = *Als je in de belangstelling staat wordt er extra op je gelet.*

Zoals het klokje thuis tikt, tikt het nergens = *Het is nergens zo vertrouwd als thuis.*

Oost, west, thuis best = *Reizen is leuk, thuiskomen nog leuker.*

De appel valt niet ver van de stam = *Het kind lijkt op de ouder(s).*

Zoals de waard is, vertrouwt hij zijn gasten = *Hoe je over anderen denkt, zegt veel over hoe je zelf bent.*

Als er één schaap over de dam is volgen er meer = *Nadat iemand is voorgegaan volgen anderen.*

Wat de boer niet kent, dat eet-ie niet = *Niet van onbekende dingen houden.*

De aanhouder wint = *Wie volhoudt krijgt uiteindelijk succes.*

Zonder aanzien des persoons = *Zonder er rekening mee te houden om wie het gaat.*

Weten waar Abraham de mosterd haalt = *Goed op de hoogte zijn.*

Dat is de aard van het beestje = *Zo zit iemand nu eenmaal in elkaar.*

Zuinigheid met vlijt bouwt huizen als kastelen = *Je kunt veel bereiken als je zuinig bent en hard werkt.*

Je weet wat je hebt, niet wat je krijgt = *Wees blij met wat je hebt, neem niet te veel risico's.*

Beter één vogel in de hand dan tien in de lucht = *Wees blij met wat je hebt, richt je niet op het onbereikbare.*

Je moet een gegeven paard niet in de bek kijken = *Als je een geschenk krijgt, moet je het niet al te kritisch bekijken.*

Zich voelen als een vis in het water = *Zich op z'n gemak voelen.*

Het venijn zit in de staart = *In het begin lijkt het in orde, maar aan het eind komt toch nog iets vervelends.*

Je moet geen slapende honden wakker maken = *Vestig de aandacht niet op iets waarvan je vervelende gevolgen kunt verwachten.*

De kat uit de boom kijken = *Een afwachtende houding aannemen.*

Een huishouden van Jan Steen = *Een rommelig, slordig huishouden.*

Eieren kiezen voor zijn geld = *Zo nodig met minder genoegen nemen.*

Hij heeft niet veel in de melk te brokkelen = *Hij heeft niet veel invloed.*

Met de hoed in de hand komt men door het ganse land = *Wie beleefd is, zal het ver brengen.*

Zich op zijn paasbest kleden = *Z'n beste kleren aantrekken.*

De kool en de geit sparen = *Een oplossing zoeken die voor alle partijen acceptabel is.*

Het huis op stelten zetten = *Wanorde maken.*

Het ijzer smeden als het heet is = *Als zich een goede kans voordoet, moet je die meteen met beide handen grijpen.*

Door de mazen van het net kruipen = *Niet gestraft worden terwijl je wel een straf hebt verdiend of op het nippertje aan gevaar ontsnappen.*

Niet veel in zijn mars hebben = *Weinig weten, weinig kunnen.*

Hij heeft oogkleppen voor = *Hij doet net of iets niet bestaat.*

Iemand op sleeptouw nemen = *Iemand helpen bij iets wat hij niet alleen kan.*

De draak steken met iets = *De spot met iets drijven.*

Het is een dubbeltje op zijn kant = *Het is een onzekere zaak, waarvan je niet weet of die goed of slecht zal aflopen.*

In duigen vallen = *Mislukken, instorten.*

Als puntje bij paaltje komt = *Als het erop aankomt.*

Met de deur in huis vallen = *Meteen zeggen waar je voor komt.*

Dat is een heet hangijzer = *Dat is een moeilijke zaak.*

Er schuilt een addertje onder het gras = *Het ziet er onschuldig uit, maar dat is het niet.*

Hij heeft zijn schaapjes op het droge = *Hij heeft goed verdiend en kan er goed van leven.*

Iemand een pluim(pje) geven = *Iemand een compliment(je) geven.*

Kattenkwaad uithalen = *Ondeugend zijn.*

Voor iemand duimen = *Hopen dat iemand succes heeft.*

Op grote voet leven = *Rijk leven.*

De kastanjes voor iemand uit het vuur halen = *Een lastig klusje voor iemand opknappen.*

Iets op eigen houtje doen = *Iets alleen en op eigen initiatief doen.*

Een oogje in het zeil houden = *Opletten of alles goed gaat.*

Alle gekheid op een stokje = *Even serieus nu.*

De zon in het water kunnen zien schijnen = *De positieve kant van iets kunnen zien.*

AANBEVELINGEN

Op de achterzijde van *Hoe hoort het eigenlijk... in Nederland?* kunnen de volledige citaten van Paul Rosenmöller, Nurten Albayrak, Ayaan Hirsi Ali en Jan Franssen vanwege ruimtegebrek niet worden afgebeeld. Voor de volledigheid vermelden wij hier de onverkorte tekst:

'Zelfs voor de oorspronkelijke Nederlanders is dit boek leerzaam. Wie dit allemaal leest, onthoudt en toepast is voor zijn hele leven ingeburgerd.'
Paul Rosenmöller, programmamaker en presentator IKON, voormalig voorzitter PaVEM (Participatie Vrouwen Etnische Minderheden)

'Wat een aangename verrassing om zo met Nederland kennis te maken. Dit is een zeer compleet en prettig leesbaar boek over Nederland, zijn volksaard en zijn gewoonten. Wat mij betreft een goede hulp voor niet-Nederlanders om aan de typisch Nederlandse gebruiken en gedragsregels gewend te raken. Maar ook voor Nederlanders zelf is deze brede schets een aanwinst.'
Nurten Albayrak, oud-directeur Centraal Orgaan opvang Asielzoekers

'Ik vertel nieuwkomers dat ze zich open moet stellen voor een leven vol verrassingen. Dit boek is een inburgeringsboek en naslagwerk in één. Het boek verklaart verrassingen die ik zelf heb ervaren als het gaat om ongeschreven contextgevoelige regels over de balans tussen vrijheid en gezag, links en rechts, gelijkheid en zelfstandigheid en zelfkritiek en trots. Voor nieuwkomers is Nederland niet "gewoon".'
Ayaan Hirsi Ali

'Wie dit veelzijdig compendium leest, begrijpt hoe lastig het is voor een buitenlander om zich in ons land te gedragen zoals het hoort. Maar weten we het zelf wel? Een veelheid van ongeschreven regels en niet expliciet uitgesproken verwachtingen maakt dit boek ook bijzonder nuttig voor geboren Nederlanders.'
Jan Franssen, commissaris van de koningin in Zuid-Holland

REGISTER